Dia a dia com

JOHN WESLEY

DEVOCIONAL DIÁRIO

Dia a dia com

JOHN WESLEY

DEVOCIONAL DIÁRIO

JOHN WESLEY

Dia a dia com John Wesley — Devocional diário
Esta obra é um trabalho de compilação e organização
feita por Marcos Rodrigues Simas e Adriel Moreira Barbosa.
Os textos foram retirados das obras originais de John Wesley.
Copyright © Publicações Pão Diário, 2023

COORDENAÇÃO DO PROJETO: Marcos Rodrigues Simas
COORDENAÇÃO EDITORIAL: Adolfo A. Hickmann
TRADUÇÃO E EDIÇÃO: Adriel Moreira Barbosa
REVISÃO: Dalila de Assis
PROJETO GRÁFICO E CAPA: Audrey Novac Ribeiro
DIAGRAMAÇÃO: Lucila Lis

Dados Internacionais de Catalogação na Publicação (CIP)

WESLEY, John (1703–91)
Dia a dia com John Wesley — Devocional diário
Tradução: Adriel Moreira Barbosa — Curitiba/PR, Publicações Pão Diário
1. Devocional   2. Vida cristã
3. Teologia   4. Fé

Proibida a reprodução total ou parcial, em qualquer formato, sem prévia autorização, por escrito, da editora. Todos os direitos reservados e protegidos pela Lei 9.610 de 19/02/1998.
Permissão para reprodução: permissao@paodiario.org

Exceto quando indicado o contrário, os trechos bíblicos mencionados são da edição Revista e Atualizada de João F. de Almeida © 2009 Sociedade Bíblica do Brasil.

Publicações Pão Diário
Caixa Postal 9740
82620-981 Curitiba/PR, Brasil
publicacoes@paodiario.org
www.publicacoespaodiario.com.br
Telefone: (41) 3257-4028

Capa dura: C7916
ISBN: 978-65-5350-122-5
Capa couro: ZB271
ISBN: 978-65-5350-126-3

1.ª edição: 2023 | 2.ª impressão: 2025

Impresso na China

APRESENTAÇÃO

As leituras devocionais que você tem em suas mãos são fruto de obras originais escritas por John Wesley durante seu longo e intenso ministério. Dentre os seus muitos textos disponíveis para consulta, destacam-se 140 sermões. Wesley escreveu, editou ou resumiu cerca de 400 publicações e escreveu não só sobre teologia, mas também sobre música, relações conjugais, medicina, abolicionismo e política. Ele era um pensador lógico e se expressava de forma clara, concisa e vigorosa quando escrevia. Era também um pregador fluente, poderoso e eficaz, que geralmente pregava de forma espontânea e breve, embora ocasionalmente de forma extensa. Ainda que Wesley tenha se dedicado a diferentes temas relacionados à teologia e prática cristã, há uma ênfase que se destaca em seus escritos: a busca pela santidade, chamada por ele de "perfeição cristã".

Cada um dos devocionais foi selecionado e editado cuidadosamente, procurando manter as características da linguagem e do pensamento do autor. Você perceberá que, algumas vezes, o assunto de um dia é retomado no dia seguinte, como se o autor estivesse dando continuidade àquele pensamento. Isso acontece porque procuramos aproveitar suas reflexões sistemáticas, que exploram exaustivamente os temas abordados por ele. Porém, cada devocional tem uma reflexão própria, concluindo um pensamento sem deixar pontas soltas. Os versículos não foram escolhidos por nós aleatoriamente, mas foram retirados do contexto da reflexão do autor. Wesley explora os versículos de maneira a extrairmos deles as lições que trazem sobre como andar de modo digno diante do Senhor, agradá-lo em tudo, frutificar em toda boa obra e conhecê-lo cada vez mais. Assim também, os títulos procuram refletir alguma frase ou pensamento do conteúdo, para dar à leitura a consistência que um texto devocional requer.

Esperamos que você tenha uma experiência única ao ler as palavras desse gigante da fé, cujo ministério impactou sua nação enquanto ela era sacudida pelos efeitos colaterais das transformações social e intelectual de seu tempo. Devido a esse pano de fundo, você verá que estes devocionais descortinam com ardor a verdade sobre temas como a salvação, a fé, a graça, o pecado, a oração, a prática do jejum, a vida eterna, o amor e até quanto ao uso do dinheiro e ao cuidado com o corpo, conclamando o crente à ação, à mudança, à santidade. Então, não espere de Wesley palavras que eximam o leitor quanto à responsabilidade e o posicionamento pessoal diante das dificuldades. Embora ele soubesse que o cristão passa por muitos problemas e males, sua convicção (externada em seus textos) era de que há, em cada filho e filha do Altíssimo, um poder dado por Deus para prevalecer. Que, nestas páginas, você ouça o chamado de Deus a uma vida cristã íntegra que proclame a Sua glória e, ao final desta leitura, seu coração clame com as mesmas palavras de Wesley: "Senhor, não permita que eu viva inutilmente".

dos organizadores

John
WESLEY

John Wesley
(1703-91)

*Teólogo britânico, evangelista zeloso e
pregador itinerante, considerado um dos maiores
avivacionistas da Grã-Bretanha.*

John Wesley nasceu em 17 de julho de 1703, em Lincolnshire, Inglaterra, em um lar anglicano marcado pela presença da religião e pelo incentivo ao estudo. Viveu em um período de crise da sociedade inglesa, fortemente impactada por efeitos negativos da Revolução Industrial, como o êxodo rural, aumento da pobreza urbana, da prostituição, da orfandade e dos vícios, principalmente do tabaco e do álcool.

Foi o décimo quinto filho de Samuel Wesley, clérigo anglicano graduado pela Universidade de Oxford, poeta e, desde 1696, reitor da Universidade de Epworth, e Susanna Wesley. Sua mãe era uma cristã piedosa, que ensinou religião, moral e bons costumes aos seus 19 filhos (embora apenas nove tenham vivido além da infância).

Como em muitas famílias da época, os pais de Wesley esperavam que seus filhos se tornassem proficientes em latim e grego e aprendessem as principais porções do Novo Testamento. Susanna estudava com cada criança antes da refeição do meio-dia e antes das orações da noite. Quando Wesley tinha cinco anos, um incêndio destruiu a casa da família, e ele ficou preso no segundo andar, mas foi salvo de forma miraculosa. Depois desse acontecimento, ele ficou conhecido como "um tição tirado do fogo" — uma referência a Zacarias 3:1-2.

Aos 17 anos, John Wesley foi para a Universidade de Oxford. Após seis anos de educação na Charterhouse, em 1720, ele ingressou na Christ Church, graduando-se em 1724. Dois anos mais tarde, foi eleito membro do Lincoln College e, depois de ajudar seu pai em Epworth e Wroot, foi ordenado sacerdote em 22 de setembro de 1728. Chamado de volta a Oxford em outubro de 1729 para cumprir os requisitos de sua bolsa de estudos, Wesley se juntou a seu irmão Charles, a Robert Kirkham e a William Morgan em um pequeno grupo de estudo bíblico, conhecido como Clube Santo. No ano seguinte, o grupo acrescentou serviços sociais às suas atividades, visitando prisioneiros para ensinar-lhes a ler, pagando suas dívidas e tentando encontrar emprego para eles. Quando os irmãos Wesley deixaram o Clube Santo em 1735, o grupo se desintegrou.

Após a morte de seu pai em abril de 1735, Wesley foi persuadido a cuidar da vida espiritual dos colonos da colônia da Geórgia e a supervisionar a missão aos nativos na América do Norte. Acompanhado por Charles, que fora ordenado para esta missão, Wesley foi apresentado a alguns emigrantes da Morávia, que pareciam possuir a paz espiritual que Wesley tanto buscava. A missão aos povos indígenas fracassou, e John Wesley também não teve sucesso com sua igreja, voltando para a Inglaterra desiludido.

Em Londres, ele se encontrou com Pedro Böhler, um pastor morávio que o convenceu de que a fé é uma experiência da totalidade da vida humana. John Wesley passou a buscar libertar-se da religião formalista e fria para viver, na prática, os ensinos de Jesus. Em 24 de maio de 1738, ele compareceu a uma pequena reunião em Londres onde foi feita uma leitura de um comentário de Martinho Lutero sobre a carta aos Romanos. Durante essa leitura, John Wesley viveu uma experiência espiritual arrebatadora, narrada em seu diário com as seguintes palavras:

Por volta das oito e quinze, enquanto ouvia o sermão sobre a transformação que Deus opera no coração por meio da fé em Cristo, senti o meu queimar de forma singular. Senti que, verdadeiramente, eu confiava apenas em Cristo para a salvação, e foi-me dada a convicção de que Ele havia retirado os meus pecados.

Depois disso, John Wesley passou a pregar, em média, três sermões por dia, a maior parte deles ao ar livre, chegando a pregar para cerca de 14.000 pessoas em certa ocasião. Graças à sua dedicação a pregar a Palavra e à sua entrega ao serviço de Deus, muitas pessoas tiveram a vida transformada, por dentro e por fora, e os hinos de Charles Wesley passaram a ser entoados por essas pessoas que proferiam e viviam essa nova fé. John e Charles Wesley trouxeram à religião uma nova aurora espiritual, cheia de alegria, renovo e piedade.

Não era sua intenção fundar uma nova denominação, mas as circunstâncias históricas e seu talento organizacional conspiraram contra seu desejo de permanecer na Igreja da Inglaterra. Os seguidores de John Wesley se organizavam em "sociedades" domésticas e, quando estas se tornavam grandes demais para os membros cuidarem uns dos outros, ele as ordenava em "classes", cada uma com 11 participantes e um líder. O movimento cresceu rapidamente, assim como seus críticos. As mulheres também tiveram um papel ativo no Metodismo, sendo encorajadas a ministrar as aulas.

Mais tarde em seu ministério, Wesley se tornou abolicionista, falando e escrevendo contra o tráfico de escravos. Ele denunciou a escravidão como "a soma de todas as maldades" e detalhou seus abusos. Devido ao seu trabalho incansável em prol do Reino, John Wesley cavalgou por cerca de 400 mil quilômetros, o que lhe conferiu o apelido de "o cavaleiro de Deus". Estima-se que tenha pregado 40 mil sermões em 50 anos de ministério, cerca de 800 sermões por ano.

No fim de sua vida, sua saúde declinou drasticamente, e ele precisou parar de pregar. Em 2 de março de 1791, aos 87 anos, John Wesley foi chamado à presença do Senhor. Wesley continua a ser a principal influência teológica dos metodistas, e seus ensinos também serviram de base para o movimento de Santidade, que inclui denominações como a Igreja Metodista Livre, a Igreja do Nazareno, o Exército da Salvação e vários grupos menores, além do movimento pentecostal. O chamado de Wesley à santidade pessoal e social continua a desafiar os cristãos que tentam discernir o que significa participar do reino de Deus da Terra.

NÃO HÁ NADA DE BOM EM NÓS

Porque pela graça sois salvos, mediante a fé; e isto não vem de vós; é dom de Deus; não de obras, para que ninguém se glorie. Pois somos feitura dele, criados em Cristo Jesus para boas obras, as quais Deus de antemão preparou para que andássemos nelas. EFÉSIOS 2:8-10

Todas as bênçãos que Deus concedeu a nós, seres humanos, são obra de Sua graça e generosidade; são dádivas gratuitas e imerecidas. Pela graça somos salvos, mediante a fé! Foi essa graça libertadora que formou o ser humano do pó da terra e soprou nele o fôlego de vida, estampou em sua alma a imagem divina e pôs todas as coisas desse mundo aos seus pés. E essa mesma graça, que nos dá vida e todas as coisas, continua disponível para cada um de nós ainda hoje. Portanto, como o pecador poderá pagar pelo menor dos seus pecados? Com suas próprias obras? É claro que não. Como o ser humano é profano e pecador por natureza, ele precisa de alguém que o redima dos seus pecados. Somos todos frutos podres, gerados em corrupção, por isso, nosso coração é totalmente corrupto e abominável. Portanto, não temos nada, nem justiça, nem obras para oferecer; a gloriosa justiça que foi impressa na alma humana na criação à imagem de seu grande Criador foi perdida. Estamos destituídos da glória de Deus. Não há nada que sejamos, tenhamos ou façamos que nos faça merecer coisa alguma das mãos de Deus. Todas as nossas obras tu, ó Deus, é quem opera em nós, e isso nos mostra como é grande a Tua misericórdia. E qualquer justiça que possa ser encontrada em nós, isso também sempre será dom de Deus. "Somos feitura dele, criados em Cristo Jesus para boas obras."

John Wesley

A VITÓRIA QUE CRISTO CONQUISTOU PARA NÓS

Porque não recebestes o espírito de escravidão, para viverdes, outra vez, atemorizados... ROMANOS 8:15

Somos libertos de toda culpa e de todo medo — daquele medo que traz tormento, por causa do castigo e da ira de Deus. Já não enxergamos a Deus como um mestre severo, mas como um pai gracioso. Somos salvos do medo, mas não da possibilidade de nos afastarmos da graça de Deus e de ficarmos longe das Suas grandes e preciosas promessas. Não recebemos o espírito de escravidão, mas o espírito de adoção, por meio do qual clamamos: "Aba, Pai". Assim, o próprio Espírito Santo testemunha com o nosso espírito que somos filhos de Deus. Por isso, temos paz com Deus por meio de nosso Senhor Jesus Cristo e nos regozijamos na esperança da glória de Deus. E o amor de Deus é derramado em nosso coração por meio do Espírito Santo, que nos é dado. Por esse amor, somos persuadidos de que nem a morte, nem a vida, nem as coisas presentes, nem as coisas futuras, nem a altura, nem a profundidade, nem qualquer outra criatura, serão capazes de nos separar do amor de Deus, que está em Cristo Jesus, nosso Senhor (ROMANOS 8:38-39). Por meio da fé, somos salvos do poder do pecado, bem como da culpa que vem com o pecado. É por isso que o apóstolo declara que Cristo se manifestou para tirar os nossos pecados e em Jesus não existe pecado. Ademais, não devemos nos enganar, pois todo aquele que pratica o pecado é do diabo. Mas todo aquele que permanece em Cristo não vive pecando, porque é nascido de Deus (1 JOÃO 3:3-6).

John Wesley

NÃO DEVEMOS NOS GLORIAR POR SERMOS SALVOS

Se tenho de gloriar-me, gloriar-me-ei no que diz respeito à minha fraqueza. 2 CORÍNTIOS 11:30

A pregação da fé pode levar as pessoas a se tornarem mais orgulhosas? Eu creio que acidentalmente pode; por isso, todo cristão precisa ser seriamente advertido com as palavras do grande apóstolo: "Bem! Pela sua incredulidade, foram quebrados; tu, porém, mediante a fé, estás firme. Porque, se Deus não poupou os ramos naturais também não te poupará." (ROMANOS 11:20-21). Há, portanto, lugar para orgulho em nós? Não! Ele está excluído. Por qual lei? Das obras? Não, mas pela lei da fé! Se um homem fosse justificado por suas obras, ele teria de que se gloriar. Contudo não há glória para aquele que confia nas obras, mas para aquele que crê naquele que justifica o ímpio (ROMANOS 4:4-5). Para o mesmo fim são as palavras que procedem do texto de Efésios 2:4-5: "Mas Deus, sendo rico em misericórdia, por causa do grande amor com que nos amou, e estando nós mortos em nossos delitos, nos deu vida juntamente com Cristo..." Devemos recordar sempre que nossa fé e a nossa salvação não vêm de nós mesmos. Elas são dons de Deus, gratuitos e imerecidos. A capacidade de crer em Deus é uma dádiva da Sua graça, e crer que você está salvo é outra. Não por obras, para que nenhum homem se glorie, pois todas as nossas obras, toda a nossa justiça, que existiam antes de nossa fé, nada merecem de Deus senão a condenação. Por isso, é Deus quem as opera em nós. Portanto, o fato de Ele nos dar uma recompensa pelo que Ele mesmo faz apenas glorifica as riquezas da Sua misericórdia, mas não nos deixa nada para que nos gloriemos em nós mesmos.

John Wesley

A MISERICÓRDIA É UMA DÁDIVA GRATUITA

...porque o Senhor, vosso Deus, é misericordioso e compassivo e não desviará de vós o rosto, se vos converterdes a ele. 2 CRÔNICAS 30:9

Será que não devemos falar da misericórdia de Deus como dádiva gratuita para não encorajarmos os homens no pecado? Na verdade, há muitos que continuarão pecando, porém o sangue deles está sobre sua própria cabeça. A bondade de Deus deve levá-los ao arrependimento e, quando souberem que ainda há perdão em Deus para eles, clamarão para que seus pecados também sejam apagados, por meio da fé que está em Jesus. E, se clamarem fervorosamente e não desfalecerem, se buscarem ao Senhor por todos os meios que Ele mesmo estabeleceu e se recusarem a serem consolados até que Ele venha, então Ele virá e não tardará. O Senhor pode fazer uma grande obra em pouco tempo. No livro de Atos dos Apóstolos, muitos são os exemplos de Deus operando esta fé no coração das pessoas, tão rápido quanto um raio cortando o céu. É o que lemos em Atos 16:27-34: Lucas nos conta que, na mesma hora em que Paulo e Silas começaram a pregar o evangelho, o carcereiro se arrependeu, creu e foi batizado, junto com sua família. Bendito seja Deus por hoje ainda existirem muitas provas vivas de que Ele é poderoso para salvar. Mas ninguém pode confiar nos méritos de Cristo até que tenha renunciado completamente aos seus próprios méritos. Aquele que procura estabelecer a sua própria justiça não pode receber a justiça de Deus. A justiça que vem pela fé não pode ser dada ao homem enquanto ele confia em si mesmo.

John Wesley

BENDITA MISERICÓRDIA DIVINA

Quem, ó Deus, é semelhante a ti, que perdoas a iniquidade e te esqueces da transgressão do restante da tua herança? O Senhor não retém a sua ira para sempre, porque tem prazer na misericórdia. Tornará a ter compaixão de nós; pisará aos pés as nossas iniquidades e lançará todos os nossos pecados nas profundezas do mar. MIQUEIAS 7:18-19

Todos os que nele creem não precisam se envergonhar, pois o Senhor de todos é rico para com todos os que o invocam. Nisso está o nosso conforto, alto como o céu, mais forte do que a morte! O quê? A misericórdia para todos? Para Zaqueu, um ladrão conhecido? Para Maria Madalena, uma prostituta das ruas? Sim, exatamente. Acho que posso ouvir alguém dizer: "Então, até mesmo eu posso esperar pela misericórdia!". Sim, você pode; você que está tão aflito e ninguém nunca consolou! Deus não rejeitará a sua oração. Ele lhe dirá: "Tenha bom ânimo, filho; os seus pecados estão perdoados de tal forma que não mais reinarão sobre você. É verdade; e que o Espírito Santo dê testemunho no seu espírito de que você é um filho de Deus". Ó boas novas! Notícias de grande alegria que são enviadas a todas as pessoas que têm sede. "Vinde às águas; [...] vinde e comprai, sem dinheiro e sem preço..." (ISAÍAS 55:1). Quaisquer que sejam os seus pecados, embora vermelhos como o carmesim e mais volumosos do que os cabelos da sua cabeça, voltem-se para o Senhor, e Ele terá misericórdia de vocês. Nosso Deus é abundante em perdão.

John Wesley

PARA QUEM DEVEMOS PREGAR O EVANGELHO?

Respondeu-lhes Jesus: Os sãos não precisam de médico, e sim os doentes. Não vim chamar justos, e sim pecadores, ao arrependimento. LUCAS 5:31-32

Há quem diga que a salvação que vem somente pela fé não deve ser pregada a todos. Mas o que diz o Espírito Santo? Que ninguém pode lançar outro fundamento, além do que foi posto, o qual é Jesus Cristo (1 CORÍNTIOS 3:11). Então, a crença em que todo aquele que crê nele será salvo é, e deve sempre ser, o fundamento de toda nossa pregação; isto é, deve ser pregado primeiro. "Tudo bem", dirão alguns, "mas não para todos." Mas a quem, então, não devemos pregar? Quem será a exceção? Os pobres? Não, pois eles têm o direito de ter as boas-novas anunciada a eles. Os iletrados? Não. Deus revelou seus mistérios a pessoas iletradas e indoutas desde o princípio. Os mais jovens? De jeito nenhum. Os pecadores? Claro que não. Ele não veio para chamar justos, mas os pecadores ao arrependimento. Tampouco devemos excluir os ricos, os eruditos, os respeitáveis, as pessoas moralmente corretas. Essas pessoas muitas vezes excluem a si mesmas e ainda assim devemos falar as palavras do nosso Senhor a elas. Pois assim diz o teor da nossa comissão: "Ide por todo o mundo e pregai o evangelho a toda criatura" (MARCOS 16:15). Se alguém arrancar qualquer parte de si para sua destruição, deve carregar seu próprio fardo. Mas ainda assim, tão certo como vive o Senhor, tudo o que Ele nos disser isso falaremos. Ninguém pode lançar outro fundamento, senão aquele que foi posto em Jesus Cristo. Portanto, quem crer nele e for batizado será salvo (MARCOS 16:16). Esse deve ser o fundamento de toda pregação. Ou seja, isso deve ser anunciado antes de tudo.

John Wesley

O SALVO PELA FÉ
NÃO VIVE PECANDO

*Todo aquele que é nascido de Deus não vive
na prática de pecado; pois o que permanece nele
é a divina semente...* 1 JOÃO 3:9

Quando o pecado se torna habitual, ele passa a reinar na vida de uma pessoa, mas o pecado não pode reinar na vida daquele que crê em Cristo. Falo daquele pecado intencional, pois a vontade do cristão — enquanto ele permanecer na fé — é totalmente contrária a todo pecado. Por isso, ele o abomina como a um veneno mortal e não se entrega a qualquer desejo pecaminoso, pois continuamente deseja a santa e perfeita vontade de Deus, e qualquer desejo impuro é vencido pela graça de Deus. Tampouco peca por suas debilidades, seja por atos, palavras ou pensamentos, pois suas fraquezas não encontram o consentimento de sua vontade. E, sem isso, eles não são propriamente pecados. Portanto, aquele que é nascido de Deus não vive em pecado (1 JOÃO 5:18). Esta é a salvação que vem pela fé, que nos alcança mesmo no mundo presente: a salvação do pecado e suas consequências, ambas frequentemente expressas na palavra justificação. O que, com sentido mais amplo, implica em uma libertação da culpa e da punição, por meio da expiação de Cristo. É uma libertação do poder do pecado, por meio de Cristo, naquele que é justificado ou salvo pela fé. Este, realmente, nasceu de novo! Ele nasceu do Espírito para uma nova vida, que está escondida com Cristo em Deus. Ele é como um bebê recém-nascido, que recebe de bom grado o leite sincero da Palavra e cresce avançando no poder do Senhor, Seu Deus, de fé em fé, de graça em graça, até que, por fim, chega a ser um homem perfeito, na medida da estatura da plenitude de Cristo.

John Wesley

A SALVAÇÃO QUE VEM PELA FÉ

...no qual temos a redenção, pelo seu sangue, a remissão dos pecados, segundo a riqueza da sua graça.

EFÉSIOS 1:7-8

Que salvação é essa, que vem por meio dessa fé? Primeiro, é uma salvação na vida presente, que pode ser alcançada por aqueles que participam dessa fé. O apóstolo não diz aos crentes da igreja de Éfeso e aos crentes de todos os tempos que eles "serão" salvos (no futuro) — embora isso também seja verdade —, mas que eles "são" salvos pela fé. Esta é a grande salvação anunciada pelo anjo, antes de Deus trazer o Seu primogênito ao mundo: "...lhe porás o nome de Jesus, porque ele salvará o seu povo dos pecados deles" (MATEUS 1:21). Nem aqui, nem em outras partes das Escrituras Sagradas, há qualquer limitação ou restrição para a salvação. Todos aqueles que acreditam em Cristo serão salvos de todos seus pecados, passados e presentes, da carne e do espírito. Pela fé nele, nós somos salvos, tanto da culpa quanto do poder dela. Porque todos são culpados diante de Deus, de forma que Ele deveria ser rigoroso ao expor os nossos erros, porém não há nenhuma pessoa que poderia suportar tal exposição, visto que a Lei serve apenas para o conhecimento do pecado, não para a libertação dele. Desse modo, cumprindo as obras da Lei, nenhuma carne pode ser justificada; por isso, a justiça de Deus, que é pela fé em Jesus Cristo, é manifestada a todos os que creem. Então, somos justificados gratuitamente por Sua graça, por meio da redenção que está em Jesus Cristo, que anulou a maldição da Lei, fazendo-se maldição por nós. Ele cancelou "o escrito de dívida, que era contra nós [...], removeu-o inteiramente, encravando-o na cruz" (COLOSSENSES 2:14). Por isso, agora, "já nenhuma condenação há para os que estão em Cristo Jesus" (ROMANOS 8:1).

John Wesley

GRAÇA EXTRAORDINÁRIA

*...obtendo o fim da vossa fé:
a salvação da vossa alma.*

1 PEDRO 1:9

Se, os pecadores encontram graça diante de Deus, podemos dizer, junto com o apóstolo João, que "temos recebido da sua plenitude e graça sobre graça" (JOÃO 1:16). Deus ainda concede bênçãos a nós, sim, Ele concede a maior de todas as bênçãos, que é a salvação. O que podemos dizer sobre isso? "Graças a Deus pelo seu dom inefável!" (2 CORÍNTIOS 9:15) Você é salvo pela graça; você é salvo por meio da fé. A graça é a fonte e a fé é o caminho para a salvação. Visto que não nos falta a graça de Deus, cabe-nos cuidadosamente entender qual é a fé pela qual somos salvos. Podemos dizer que essa fé é a fé em Cristo e em Deus por meio de Cristo. É uma fé absolutamente distinta da fé dos pagãos antigos e modernos, porque não é apenas uma coisa especulativa e racional, algo frio e sem vida, como uma simples disposição do coração. Pois a Escritura diz que "com o coração se crê para justiça", e, "se, com a tua boca, confessares Jesus como Senhor e, em teu coração, creres que Deus o ressuscitou dentre os mortos, serás salvo." (ROMANOS 10:9-10). E nisto difere a fé que os próprios apóstolos tinham em nosso Senhor Jesus, enquanto Ele andava nesta Terra; é uma fé que reconhece o mérito de Sua morte e o poder da Sua ressurreição. A fé cristã é, então, não apenas uma aceitação do evangelho de Cristo, mas também uma confiança plena no poder do Seu sangue. É uma confiança nos méritos de Sua vida, morte e ressurreição; um descansar nele, por Ele ter se entregado em nosso lugar e seguir habitando em nós. O resultado dessa grande obra é a nossa união com Ele, que desenvolve em nós a sabedoria, a justiça, a santificação e a redenção.

John Wesley

A JUSTIÇA QUE VEM DE DEUS PELA FÉ

*Mas agora, sem lei, se manifestou a justiça
de Deus testemunhada pela lei e pelos profetas; justiça de
Deus mediante a fé em Jesus Cristo, para todos
[e sobre todos] os que creem porque não há distinção.*

ROMANOS 3:21-22

Quero falar com vocês sobre este tema porque acredito que nunca foi tão importante sustentar esta doutrina como nos dias de hoje. Nada além disso pode tapar a boca daqueles que se gloriam em sua vergonha e negam abertamente o Senhor que os comprou. Essas pessoas podem falar tão sublimemente da lei de Deus como aquele que a tem escrita por Ele em seu coração. Ouvi-los falar sobre a Lei poderia levar qualquer um a pensar que eles não estão longe do reino de Deus, porém é necessário tirá-los da Lei e introduzi-los no evangelho. Para isso, devemos começar com a justiça que vem pela fé e levá-los a Cristo, que é o fim da Lei para todo aquele que crê (ROMANOS 10:4). Aqueles que agora pareciam quase, senão totalmente, cristãos se revelam como os filhos da perdição; tão longe da vida e da salvação como as profundezas do inferno até o alto Céu. Que Deus tenha misericórdia deles! A doutrina da salvação pela fé atinge a raiz de todos os erros no assunto da salvação, e eles caem por terra de uma só vez. É essa doutrina que nossa Igreja chama de Rocha e fundamento da religião cristã. Nada além dela pode conter a imoralidade que se espalhou pela Terra como um dilúvio. Porém, quando a justiça que vem de Deus pela fé prevalece, as poderosas ondas do orgulho humano são detidas. Não podemos lançar outro fundamento além do que já foi posto, que é Cristo Jesus, nosso Senhor.

John Wesley

A VITÓRIA LHE PERTENCE PELA FÉ EM CRISTO

*...que não desfaleça o vosso coração; não tenhais medo, não tremais, nem vos aterrorizeis diante deles, pois o S*ENHOR*, vosso Deus, é quem vai convosco a pelejar por vós contra os vossos inimigos, para vos salvar.*

DEUTERONÔMIO 20:3-4

O nosso adversário se enfurece sempre que a salvação pela fé é pregada ao mundo. Por essa razão, ele mobiliza o inferno para destruir aqueles que a anunciam. E pelo mesmo motivo, sabendo que somente a fé poderia derrubar os fundamentos de seu reino, ele convocou todas as suas forças e empregou todas as suas artimanhas mentirosas e calúnias para intimidar Martinho Lutero, tentando impedi-lo de se levantar. Como um homem orgulhoso e fortemente armado se enfureceria ao ser detido por uma criança com apenas um caniço em sua mão! Especialmente se ele sabe que aquela criança certamente o derrubaria e o pisotearia. Mesmo assim, Senhor Jesus, a Tua força tem sido aperfeiçoada em nossa fraqueza! Vá em frente então, criança pequena que crê em Deus, e Sua destra o ensinará coisas tremendas! Embora você esteja desamparado e fraco como uma criança pequena e frágil, seu inimigo não será capaz de vencê-lo. Você prevalecerá sobre ele e o subjugará, derrubará e pisará em sua cabeça. Você marchará sob as ordens do grande Capitão da sua salvação, conquistando e conquistando, até que todos os seus inimigos sejam destruídos e a morte seja tragada pela vitória (1 CORÍNTIOS 15:54). Por isso, damos graças a Deus, que nos dá a vitória por nosso Senhor Jesus Cristo, a quem, junto com o Pai e o Espírito Santo, atribuímos bênção, glória, sabedoria, ação de graças, honra, poder e força para todo o sempre. Amém.

John Wesley

CARACTERÍSTICAS DE UM VERDADEIRO CRISTÃO

...acima de tudo isto, porém, esteja o amor, que é o vínculo da perfeição. COLOSSENSES 3:14

Se me perguntam: " O que é preciso para ser verdadeiramente cristão?", eu respondo que, a primeira coisa, é o amor de Deus, pois assim diz a Sua palavra: "Amarás o Senhor, teu Deus, de todo o teu coração, de toda a tua alma, de todas as tuas forças e de todo o teu entendimento..." (LUCAS 10:27). Quando há esse amor, o prazer da pessoa está em Deus; Ele é seu Senhor e seu tudo, a quem em tudo ela dá graças. Seu coração está sempre clamando: "Quem mais tenho eu no céu? Não há outro em quem eu me compraza na terra" (SALMO 73:25). Na verdade, o que ela pode desejar além de Deus? Sim, ela está morta para todo tipo de orgulho, pois o amor não se ensoberbece; mas aquele que permanece no amor permanece em Deus, e Deus nele. A segunda coisa que implica em ser totalmente cristão é o amor ao próximo, visto que assim disse nosso Senhor nas seguintes palavras: "Amarás o teu próximo como a ti mesmo" (MATEUS 22:39). Aquele que deseja compreender mais plenamente que tipo de amor é esse pode considerar a descrição do apóstolo Paulo: "O amor é paciente, é benigno; o amor não arde em ciúmes, não se ufana, não se ensoberbece...", (1 CORÍNTIOS 13:4). Há ainda uma coisa que está implícita no ser verdadeiramente cristão a qual é a base de tudo, até da fé. Cada um que crê, diz o discípulo amado, é nascido de Deus. Para todos aqueles que o receberam, deu-lhe o poder de se tornarem filhos de Deus, para aqueles que creem em Seu nome. "...e esta é a vitória que vence o mundo: a nossa fé" (1 JOÃO 5:4). Sim, o próprio nosso Senhor declara que aquele que crê no Filho tem a vida eterna e não entra em condenação, mas passou da morte para a vida (JOÃO 5:24).

John Wesley

A FÉ CRISTÃ VIVA E VERDADEIRA

...deu-lhes o poder de serem feitos filhos de Deus...
JOÃO 1:12

Que ninguém se engane em sua própria alma. Precisamos atentar diligentemente que a fé que não produz arrependimento, amor e boas obras não é aquela fé que é viva e correta, mas é morta e diabólica. Até os demônios acreditam que Cristo nasceu de uma virgem, que Jesus operou todo tipo de milagre, declarando-se como verdadeiro Deus; que por nós Ele sofreu uma morte de cruz, a fim de nos redimir de uma morte eterna; que, ao terceiro dia, Ele ressuscitou, subiu ao Céu e está assentado à destra do Pai; e que no fim dos tempos Ele voltará para julgar os vivos e os mortos. Os demônios acreditam nesses artigos da nossa fé e em tudo o que está escrito no Antigo e no Novo Testamentos. E mesmo assim, apesar de toda essa fé, eles não passam de demônios. Eles permanecem condenados sem a verdadeira fé cristã. A fé cristã viva e verdadeira não está apenas em acreditar nas Escrituras e que os preceitos da nossa fé são verdadeiros, mas também em ter uma confiança e uma certeza de sermos salvos da condenação eterna, por meio de Jesus Cristo. É uma confiança plena, que a pessoa tem em Deus; que, pelos méritos de Cristo, seus pecados são perdoados e que ela foi reconciliada com Deus. Você tem fé neste precioso sangue? Você crê que o Cordeiro de Deus tirou os seus pecados e os lançou como uma pedra nas profundezas do mar? Você crê que ele apagou o escrito de dívida que era contra ti, pregando-o na Sua cruz? Você realmente tem redenção por meio do seu sangue? E o seu Espírito testifica com o teu espírito que tu és filho de Deus? Se assim for, Ele será a sua glória, seu deleite, sua coroa e regozijo.

John Wesley

INVOCA-O ENQUANTO ELE PODE SER ACHADO

...recordando-nos, diante do nosso Deus e Pai, da operosidade da vossa fé, da abnegação do vosso amor e da firmeza da vossa esperança em nosso Senhor Jesus Cristo... 1 TESSALONICENSES 1:3

Recomendo que todo aquele que tem a fé que purifica o coração pelo poder de Deus que nele habita livre-se de todo orgulho, da raiva, do mau desejo, de toda injustiça, de toda imundície da carne e que seu espírito seja cheio de um amor mais forte do que morte. Amor que leva a fazer as obras de Deus, a gloriar-se em se dedicar a todos os homens e a resistir com alegria ao escarnecimento, desprezo e ódio. Quem tem essa fé e trabalha por amor a Deus não pode ser identificado como um "quase cristão", mas sim como um cristão completo. O Deus e Pai de nosso Senhor Jesus Cristo, que agora está no meio de nós, sabe que, se alguém morrer sem essa fé e sem esse amor, não deveria sequer ter nascido. Portanto, "desperta, ó tu que dormes" (EFÉSIOS 5:14) e invoque o seu Deus; invoque-o enquanto Ele pode ser achado. Clame a Ele de dia e de noite, "porque Cristo, quando nós ainda éramos fracos, morreu a seu tempo pelos ímpios" (ROMANOS 5:6). Clame até que você saiba em quem creu e possa dizer: "Senhor meu e Deus meu" (JOÃO 20:28). Lembre-se de orar sempre e não desanimar até que você possa levantar as mãos ao céu e declarar Àquele que vive para todo o sempre: "Senhor, tu sabes todas as coisas, tu sabes que eu te amo" (JOÃO 21:17). Que todos nós possamos experimentar o que significa ser plenamente cristão! Sendo justificados gratuitamente pela Sua graça, pela redenção que está em Jesus, sabendo que temos paz com Deus por meio de Jesus Cristo, alegrando-nos na esperança da glória de Deus e tendo o Seu amor derramado em nosso coração pelo Espírito Santo que nos foi dado!

John Wesley

É HORA DE DESPERTARMOS DO SONO

Desperta, ó tu que dormes, levanta-te de entre os mortos e Cristo te iluminará. EFÉSIOS 5:14

Quero dirigir estas palavras aos que estão dormindo espiritualmente, e farei isso com a ajuda de Deus, porque Ele não quer que ninguém pereça, senão que todos cheguem ao arrependimento (2 PEDRO 3:9). O sono, em sentido espiritual, é o estado natural do ser humano — um sono profundo da alma no qual o pecado de Adão colocou a todos, que continua até que a voz de Deus os desperte. O estado natural do ser humano é um estado de escuridão total, que cobre a Terra e cada pessoa que vive nela pelos séculos. O pobre pecador que ainda não foi despertado, por mais conhecimento que possa ter sobre outros assuntos, não tem conhecimento de si mesmo e não entende essa questão das trevas em que ele se encontra. Ele ainda não sabe nada do que deveria saber. Ele não vê necessidade de uma mudança completa em seu interior, aquele novo nascimento que é o início de uma renovação total, da santificação do espírito, da alma e do corpo, sem a qual nenhum homem verá o Senhor. Meus irmãos, já é hora de acordarmos antes que a grande trombeta do Senhor seja soada e a nossa Terra se torne um campo de sangue. Ó, que possamos ver agora mesmo as coisas que contribuem para a nossa paz, antes que elas sejam escondidas dos nossos olhos! Converta-nos, ó bom Senhor, para que a Tua ira cesse. Livra-nos e tem misericórdia de nossos pecados, por amor do Teu nome. Volte-se novamente para nós, ó Senhor Deus dos Exércitos, mostra a luz do Teu semblante e seremos curados. "Ora, àquele que é poderoso para fazer infinitamente mais do que tudo quanto pedimos ou pensamos, conforme o seu poder que opera em nós, a ele seja a glória, na igreja e em Cristo Jesus, por todas as gerações, para todo o sempre. Amém!" (EFÉSIOS 3:20)

John Wesley

RESSUSCITADOS EM CRISTO

*...em Adão, todos morrem, assim também
todos serão vivificados em Cristo.*
1 CORÍNTIOS 15:22

Aquele que dorme, por mais estimado que seja entre os homens, por mais cristão que seja, é uma abominação aos olhos de Deus e herdeiro de todas as desgraças que se possa esperar. Ele limpa o exterior do copo e do prato, mas por dentro está cheio de toda imundície (MATEUS 23:26). Nosso Senhor apropriadamente o compara a um sepulcro caiado que parece belo por fora, mas por dentro está cheio de ossos de homens mortos e de toda impureza (MATEUS 23:27). Os ossos, de fato, não estão mais secos, os tendões e a carne nasceram sobre eles, mas não há fôlego, nenhum Espírito de vida vindo de Deus sobre ele. E se alguém não tem o Espírito de Cristo, esse não é Seu (ROMANOS 8:9). Vocês são de Cristo e se é que o Espírito de Deus habita em vocês. Mas, se não, Deus sabe que vocês permanecem na morte até agora. Quem está dormindo permanece na morte, embora não saiba disso. Essa pessoa está morta para Deus, morta em suas transgressões e pecados, pois ter uma mente carnal é morte. Em Romanos 5:12 diz: "Portanto, assim como por um só homem entrou o pecado no mundo, e pelo pecado, a morte, assim também a morte passou a todos os homens, porque todos pecaram." A morte não é apenas uma morte física, mas espiritual e eterna. Bem como, em Gênesis 2:17, Deus disse a Adão: "...no dia em que dela comeres, certamente morrerás". Assim, primeiro foi dissolvida a união vital de nossa alma com Deus, de modo que, estando vivos (vida natural), estamos mortos (espiritualmente). E assim permanecemos até que o segundo Adão se torne um espírito vivificador em nós; até que ele ressuscite os mortos, isto é, aqueles que estão mortos no pecado, no prazer, nas riquezas ou nas honras.

John Wesley

CREIA NO SENHOR E VIVA

*Assim diz o Senhor Deus a estes ossos:
Eis que farei entrar o espírito em vós, e vivereis.*
EZEQUIEL 37:5

Quem está morto no pecado não tem os sentidos aguçados para discernir espiritualmente entre o bem e o mal. Mesmo tendo olhos, não vê, e mesmo tendo ouvidos, não ouve. Ele não prova e vê que o Senhor é gracioso. Essa pessoa nunca viu a Deus, nem ouviu Sua voz, nem tocou a palavra da vida. A alma daquele que dorme na morte espiritual não tem percepção de nenhuma dessas coisas, pois seu coração não compreende as coisas espirituais. O homem natural não recebe as coisas do Espírito de Deus. As coisas que são discernidas espiritualmente são mera tolice para ele. Não se contentando em ser apenas um ignorante a respeito das coisas espirituais, nega a própria existência delas. Ele se pergunta: *Pode mesmo acontecer essas coisas? Como um homem pode saber que está vivo para Deus?*, ao que eu respondo: "Da mesma maneira que você sabe que o seu corpo está vivo". A fé é a vida da alma. Se vocês têm essa vida habitando em vocês, não necessitam de sinais que a evidenciem. A consciência divina, o testemunho de Deus, valem mais que dez mil testemunhas humanas. Assim como diz Efésios 5:14: "Pelo que diz, Desperta, ó tu que dormes, levanta-te de entre os mortos...", Deus chama você agora pela minha boca e o ordena conhecer a você mesmo, seu espírito caído, seu verdadeiro estado e sua única preocupação real neste mundo. O que você tem a dizer sobre isso, você que dorme? Levante! Clame a Deus, e, se Ele for seu Deus, olhará para você, a fim de que não pereça. Não endureça o seu coração e não resista ao Espírito Santo, que agora mesmo veio para convencê-lo do pecado. Você não crerá no nome do unigênito Filho de Deus?

John Wesley

UMA CHAMADA AO DESPERTAMENTO

Pois a nossa pátria está nos céus, de onde também aguardamos o Salvador, o Senhor Jesus Cristo, o qual transformará o nosso corpo de humilhação, para ser igual ao corpo da sua glória, segundo a eficácia do poder que ele tem de até subordinar a si todas as coisas.

FILIPENSES 3:20-21

Desperte! É hora de se levantar, para que você não venha a beber das mãos do Senhor o cálice da Sua fúria. Levante-se! Agarre-se no Senhor, o "Senhor, Justiça Nossa" (JEREMIAS 23:6), que é poderoso para salvar! Sacuda o pó e deixe que as Suas ondas e vagas passem sobre você (SALMO 42:7). Desperte e faça a mesma pergunta que fez o carcereiro a Paulo e a Silas na prisão: "Senhores, que devo fazer para que seja salvo?" (ATOS 16:30). Nunca descanse até que você creia no Senhor Jesus com uma fé dada por Ele mesmo, pelo operar de seu Espírito. Eu tenho uma mensagem de Deus para você: em Seu nome, eu lhe digo para fugir da ira que está por vir sobre este mundo. Desperte do seu sonho de felicidade mundana. Deus não criou você para você mesmo, por isso, você não deve descansar até que seu descanso esteja nele. Volte, alma errante. Voe de volta para sua arca, porque esse mundo não é seu lar; não pense em construir tabernáculos aqui. Você é apenas um estranho, um peregrino sobre essa Terra; uma criatura que nasce hoje e morre amanhã, e, depois disso, entra em um estado eterno e irreversível. Aja rápido! A eternidade se aproxima e seu destino depende do que você faz neste momento. Você tem a opção de escolher uma eternidade feliz ou miserável. Que o anjo do Senhor venha sobre você e que a Sua luz brilhe em sua prisão! Que você sinta o poder da Sua todo-poderosa mão levantando-o rapidamente e dizendo: "Cinja-se, amarre bem as suas sandálias e siga-me".

John Wesley

VOCÊ REALMENTE É UM CRISTÃO?

Assim, pois, como diz o Espírito Santo: Hoje, se ouvirdes a sua voz, não endureçais o vosso coração...
HEBREUS 3:7-8

Em que estado está a sua alma? Você está pronto para enfrentar a morte e o julgamento divino? Você está pronto para ser participante da herança dos santos na luz? Você lutou o bom combate e guardou a única coisa necessária, a fé? Você se despiu do velho e se revestiu do novo? Você está vestido com vestes de justiça? Tem azeite na sua lâmpada? Graça em seu coração? Você ama o Senhor, seu Deus, de todo o seu coração, de toda a sua alma, de todo o seu entendimento e de toda a sua força? Você tem a mente de Cristo Jesus? Você sabe que o seu corpo é um templo do Espírito Santo? Você é realmente cristão? Se essas perguntas o ofendem, esteja certo de que você não é cristão e nem deseja sê-lo. Você diz que ora inspirado pelo Espírito Santo, mas, na verdade, nem acredita que tal coisa possa acontecer. Ainda assim, devo repetir a você a pergunta: Você recebeu o Espírito Santo? Se você não o tem, ainda não é um cristão, porque o cristão é alguém ungido com o Espírito Santo e poder. Que todas essas perguntas possam levar você a ouvir a voz que levanta os mortos e sentir aquele poder da palavra de Deus que esmiúça a rocha! Se ouvir a Sua voz, não endureça o seu coração. Então, "desperta, ó tu que dormes" na morte espiritual, para que não durmas a morte eterna! Perceba o seu estado e levante-se dos mortos. Deixe seus velhos companheiros de pecado e siga a Jesus. Deixe os mortos enterrarem seus mortos. Não faça parte desta geração perversa; saia do meio deles e santifique-se para Deus. O Senhor o receberá e o iluminará.

John Wesley

OLHEM PARA O SEU CHAMADO

*Porque fazes resplandecer
a minha lâmpada...* SALMO 18:28

Irmãos, somos chamados para ser morada de Deus, por meio de Seu Espírito, que habita em nós; somos chamados para ser santos nesta Terra e participantes da herança dos santos na luz. Grandes são as promessas dadas aos que creem. Paulo, em 1 Coríntios 2:12, afirma: "Ora, nós não temos recebido o espírito do mundo, e sim o Espírito que vem de Deus, para que conheçamos o que por Deus nos foi dado gratuitamente." O Deus que ordenou que a luz brilhasse nas trevas brilhará em nosso coração para dar o conhecimento da Sua glória. Sobre aqueles que temem ao Senhor nascerá o sol da justiça trazendo cura. E naquele dia lhes dirá: "Dispõe-te, resplandece, porque vem a tua luz, e a glória do Senhor nasce sobre ti" (ISAÍAS 60:1). Ele é a verdadeira luz. Deus é luz. Ele iluminará todo aquele que estiver esperando; então eles serão templo do Deus vivo, e Cristo habitará pela fé em seu coração, estando arraigados e alicerçados no amor. Eles serão capazes de compreender com todos os santos qual é a largura, o comprimento, a profundidade e a altura do amor de Cristo que excede todo entendimento (EFÉSIOS 3:18-19). O Espírito de Cristo é aquele grande dom de Deus, o qual várias vezes e de várias maneiras Ele prometeu e concedeu plenamente desde o tempo em que Ele foi glorificado. Lembre-se das promessas feitas aos seus antepassados: "Porei dentro de vós o meu Espírito e farei que andeis nos meus estatutos, guardeis os meus juízos e os observeis." "Derramarei água sobre o sedento e torrentes, sobre a terra seca; derramarei o meu Espírito sobre a tua posteridade e a minha bênção, sobre os teus descendentes." (EZEQUIEL 36:27; ISAÍAS 44:3)

John Wesley

DEUS PERDOA NOSSOS PECADOS

*Tem bom ânimo, filho; estão perdoados
os teus pecados.* MATEUS 9:2

Seus pecados estão perdoados. Deus, por amor de Cristo, o perdoou. Receba isso, não como a palavra de um homem, mas como a palavra de Deus. Você é justificado gratuitamente pela fé, e será santificado pela fé que está em Jesus, e terá Seu selo, o selo da vida eterna; receberá a vida que está no Filho de Deus. Irmãos, permitam-me falar-lhes livremente e aceitem a palavra de exortação. A vida eterna está em conhecer o único e verdadeiro Deus e Seu Filho, a quem Ele enviou. Experimentar esse conhecimento é a verdadeira essência do cristianismo. Não é possível ser cristão e não receber o Espírito de Cristo, tampouco é possível tê-lo recebido e não saber disso. "Naquele dia, vós conhecereis que eu estou em meu Pai, e vós, em mim, e eu, em vós [...] o Espírito da verdade, que o mundo não pode receber, porque não o vê, nem o conhece; vós o conheceis, porque ele habita convosco e estará em vós." (JOÃO 14:20,17) O mundo não pode recebê-lo, mas rejeita totalmente a promessa do Pai, contradizendo e blasfemando. Mas todo espírito que não confessa isso não é de Deus. Sim, esse é o espírito do anticristo, de que ouviram, que deveria vir ao mundo e agora mesmo está no mundo. Todo aquele que nega a inspiração do Espírito Santo é o anticristo. Ter a habitação do Espírito de Deus é o privilégio comum de todos os crentes, a bênção do evangelho, o dom indizível, a promessa universal, a prova de que somos verdadeiramente cristãos.

John Wesley

ARREPENDIMENTO

...Aviva a tua obra, ó Senhor, no decorrer dos anos, e, no decurso dos anos, faze-a conhecida; na tua ira, lembra-te da misericórdia. HABACUQUE 3:2

Irmãos, o desejo do meu coração e a minha oração a Deus por vocês é que sejam salvos desse transbordamento de impiedade e que vocês possam ser protegidos das ondas de orgulho que assolam este mundo. Mas será que isso é possível? Deus sabe que sim, mas nós, eu presumo que não. Muitos não têm se mantido puros da corrupção e da abominação, e poucos são os que adoram a Deus em espírito e em verdade. Nós também somos uma geração que não corrige o coração e cujo espírito não se apega firmemente a Deus. Ele nos chamou para sermos o sal da Terra, mas, se o sal perdeu o sabor, não serve mais para nada, senão para ser lançado fora e pisado pelos homens. "Não castigaria eu estas coisas? — diz o Senhor; não me vingaria eu de nação como esta?" (JEREMIAS 5:29). Sim, não sabemos quando Ele poderá dizer à espada: "Espada, atravesse esta Terra!". Ele nos deu muito tempo para o arrependimento e tem esperado, mas também nos adverte e nos desperta como um trovão que estronda no céu. Temos todos os motivos para esperar o juízo mais pesado de todos; que Ele venha a nós rapidamente e remova nosso castiçal de seu lugar, a menos que nos arrependamos e voltemos às primeiras obras, aos princípios da Reforma, à verdade e simplicidade do evangelho. Talvez estejamos agora resistindo ao último esforço da graça divina para nos salvar. Talvez tenhamos quase esgotado a medida de nossas iniquidades, rejeitando o conselho de Deus contra nós mesmos e chamando Seus mensageiros. Ó Deus, em meio à ira, lembra-te da Tua misericórdia! Seja glorificado em nossa transformação e não em nossa destruição.

John Wesley

VOCÊ FOI CHEIO DO ESPÍRITO SANTO?

Ora, os dons são diversos [...], mas o mesmo Deus é quem opera tudo em todos. 1 CORÍNTIOS 12:4-6

"Todos eles foram cheios do Espírito Santo..." (ATOS 4:31). Esta mesma expressão ocorre no segundo capítulo de Atos, onde lemos que, quando o dia de Pentecostes chegou, eles "estavam todos reunidos no mesmo lugar" (v.1) — os apóstolos, as mulheres, a mãe de Jesus e Seus irmãos. Um dos efeitos imediatos da experiência de Pentecostes foi que eles começaram a falar em outras línguas, de modo que os estrangeiros que estavam perto se reuniram para ouvi-los falar em suas próprias línguas sobre as maravilhosas obras de Deus. Foram então dados a todos dons de cura, de realizar milagres, assim como de profecia e discernimento de espíritos; de falar outras línguas e interpretá-las. Mas é necessário observar que, mesmo nesse início da Igreja, Deus distribuiu os dons de maneira cuidadosa. Todos eram profetas? Todos realizavam milagres? Todos tinham os dons de cura? Todos falavam em línguas? Não, de forma alguma. Foi, portanto, por um propósito mais excelente que todos eles foram cheios do Espírito Santo. Era para dar-lhes o que ninguém pode negar ser essencial a todos os cristãos em todos os tempos: a mente de Cristo, aquele fruto sagrado do Espírito, que todo aquele que não tem não é dele. Para enchê-los com amor, alegria, paz, longanimidade, gentileza, bondade e para dotá-los de fé (talvez pudesse ser traduzido como fidelidade), com mansidão e temperança, para capacitá-los a crucificar a carne, no cumprimento da justiça e para andar como Cristo andou: na obra da fé, na paciência da esperança e no trabalho do amor.

John Wesley

UM CORAÇÃO FIRMADO EM DEUS

*Não temas; eu sou o primeiro e o último
e aquele que vive; estive morto, mas eis que estou vivo
pelos séculos dos séculos e tenho as chaves
da morte e do inferno.* APOCALIPSE 1:17-18

Suponho que aqueles que ouviram o apóstolo Pedro pregando o arrependimento e a remissão de pecados no dia de Pentecostes tiveram o coração tocado e creram em Jesus. Esta fé na operação de Deus era a própria substância ou subsistência das coisas que eles esperavam e a demonstração das coisas invisíveis que eles buscavam. Pedro imediatamente recebeu o Espírito de adoção, pelo qual clamou: "Aba, Pai!". Agora, poderia chamar Jesus de Senhor testificando com Seu espírito que ele era um filho de Deus; podia dizer verdadeiramente: "...logo, já não sou eu quem vive, mas Cristo vive em mim; e esse viver que, agora, tenho na carne, vivo pela fé no Filho de Deus, que me amou e a si mesmo se entregou por mim" (GÁLATAS 2:20). Esta era então a própria essência de sua fé. Sendo ele justificado pela fé, a paz Deus reinava em seu coração. Uma paz que excedia todo entendimento e protegia seu coração e mente de toda dúvida e medo, através do conhecimento Daquele em quem ele acreditava. Ele não podia, portanto, ter medo de nenhuma má notícia, pois seu coração permanecia firme crendo no Senhor. Ele não temia o que o homem pudesse fazer com ele, sabendo que até os cabelos de sua cabeça estavam todos contados. Ele não temia todos os poderes das trevas, que Deus esmagava diariamente sob Seus pés. Muito menos ele tinha medo de morrer porque ele desejava estar com Cristo, que destruiu aquele que tinha o poder da morte, sim, o diabo, e libertou aqueles que com medo da morte estiveram por toda a vida sujeitos à escravidão.

John Wesley

O TESTEMUNHO FIEL
DO APÓSTOLO PEDRO

Por essa razão, pois, amados, esperando estas coisas, empenhai-vos por serdes achados por ele em paz, sem mácula e irrepreensíveis, e tende por salvação a longanimidade de nosso Senhor [...] crescei na graça e no conhecimento de nosso Senhor e Salvador Jesus Cristo... 2 PEDRO 3:14-15

Após sua conversão, em sua alma, o apóstolo Pedro engrandecia ao Senhor e seu espírito se alegrava em Deus, seu Salvador. Ele possuía uma alegria inexprimível que o reconciliava com Deus, o Pai. Ele se alegrava por causa do testemunho do Espírito de Deus com seu espírito, que ele era um filho de Deus; e mais abundantemente, na esperança da glória de Deus, na esperança da Sua imagem gloriosa, na renovação completa de sua alma em justiça e verdadeira santidade; na esperança de receber a coroa de glória, uma herança incorruptível, imaculada, que não se desvanece. O amor de Deus também foi derramado em seu coração pelo Espírito Santo que lhe foi dado. E esse amor paternal de Deus foi continuamente aumentado pelo testemunho que ele tinha em si mesmo do amor de Deus por ele; amor que o Pai havia lhe concedido. Pedro estava profundamente ciente da verdade sobre o perdão dos seus pecados e de que, sem Deus, ele nada podia fazer. Ele sabia que tinha a necessidade de ser regado pelo amor Deus a cada momento, e, por causa disso, continuou cumprindo todas as ordenanças de Deus: na doutrina ou no ensino dos apóstolos, recebendo o alimento da alma com toda a prontidão do coração; no partir do pão, que ele considerou ser a comunhão do corpo de Cristo; nas orações e louvores oferecidos pela grande congregação. E assim ele crescia diariamente na graça, em força, no conhecimento e no amor de Deus.

John Wesley

O VERDADEIRO AMOR QUE DEVEMOS TER

Amados, se Deus de tal maneira nos amou, devemos nós também amar uns aos outros. 1 JOÃO 4:11

Aquele que assim ama a Deus não pode deixar de amar também o seu irmão; e não apenas "de palavra, nem de língua, mas de fato e de verdade" (1 JOÃO 3:18). Pois, "se Deus", diz João, "de tal maneira nos amou, nós também devemos amar uns aos outros". Sim, devemos amar toda alma humana, visto que a misericórdia de Deus está derramada sobre todos. A afeição desse homem apaixonado por Deus envolvia toda a humanidade não excetuando aqueles que ele nunca tinha visto ou aqueles sobre quem ele nada sabia, além de eles serem a descendência de Deus, por cujas almas o Filho de Deus havia morrido. Não deixava de fora o mau, o ingrato e muito menos os inimigos, aqueles que o odiavam, perseguiam, ou o usavam maliciosamente por causa de seu Mestre. Eles ocupavam um lugar peculiar tanto em seu coração quanto em suas orações. Ele os amou assim como Cristo nos amou. O amor não se ensoberbece; ele rebaixa até o pó toda alma da qual ele se apossa. Consequentemente, o servo de Deus se torna humilde de coração, pequeno e vil aos seus próprios olhos. Ele não busca receber o louvor dos homens, mas aquele que vem somente de Deus. A fidelidade e a verdade nunca o abandonam, mas está atada ao seu pescoço e escrita na tábua de seu coração. Pelo mesmo Espírito, ele é capacitado a ser temperante em todas as coisas. Ele está crucificado para o mundo e o mundo crucificado para ele; está acima dos desejos da carne, do desejo dos olhos e da soberba da vida. Pelo mesmo amor do Todo-poderoso é salvo da paixão e do orgulho, da luxúria e vaidade, da ambição e cobiça e de todo temperamento que não pertence a Cristo.

John Wesley

A GLORIOSA OBRA DE DEUS ATRAVÉS DA SUA IGREJA

Não deixemos de congregar-nos, como é costume de alguns; antes, façamos admoestações e tanto mais quanto vedes que o Dia se aproxima. HEBREUS 10:25

Em sua ascensão, o cristianismo vai se propagando de um lado para outro e se difundindo no mundo, pois Deus não acendeu uma candeia para colocá-la debaixo do alqueire, mas para que ilumine a todos os que estão na casa. Por isso, nosso Senhor declarou aos Seus primeiros discípulos: "Vós sois o sal da terra…", "vós sois a luz do mundo…" e ao mesmo tempo, deu a seguinte ordem: "Assim brilhe também a vossa luz diante dos homens, para que vejam as vossas boas obras e glorifiquem a vosso Pai que está nos céus." (MATEUS 5:13-14,16). Assim fizeram os cristãos da antiguidade; eles trabalharam, em cada oportunidade, para fazer o bem a todos os homens. A multidão daqueles que creram era de um só coração e uma só alma. (Da mesma forma, o amor daquele em quem eles creram os compeliu a amarem uns aos outros.) Nenhum deles disse que alguma das coisas que possuía era sua, mas eles tinham todas as coisas em comum. Tão plenamente foram eles crucificados para o mundo e o mundo crucificado para eles que todos perseveraram unânimes na doutrina dos apóstolos, no partir do pão e na oração. E grande graça estava sobre todos eles, de forma que não havia entre eles quem tivesse falta, porque todos os que tinham terras ou casas as vendiam e o dinheiro pago pelas coisas vendidas era depositado aos pés dos apóstolos, que distribuíam a cada um de acordo com sua necessidade. Também os advertiam para fugir da ira vindoura, para escapar da condenação do inferno e refletiam com eles sobre temperança, retidão, justiça e sobre as virtudes que deviam praticar no lugar dos seus pecados.

John Wesley

O PODER DA MENSAGEM CRISTÃ

*Finalmente, irmãos, orai por nós, para que a palavra
do Senhor se propague e seja glorificada, como também
está acontecendo entre vós; e para que sejamos livres
dos homens perversos e maus; porque a fé não é de todos.*

1 TESSALONICENSES 3:1-2

Os primeiros cristãos se esforçaram para pregar o evangelho a cada pessoa. Para os descuidados, para aqueles que jaziam despreocupados nas trevas e na sombra da morte, eles vociferaram: "Desperta tu que dormes; levanta-te dentre os mortos, e Cristo te iluminará" (EFÉSIOS 5:14); mas, para aqueles que já haviam sido despertados do sono e estavam gemendo sob o temor da ira de Deus, sua mensagem era: "temos Advogado junto ao Pai, Jesus Cristo, o Justo; e ele é a propiciação pelos nossos pecados..." (1 JOÃO 2:1-2). Enquanto isso, aqueles que criam encorajavam o amor e as boas obras, abundavam cada vez mais na santidade, sem a qual ninguém pode ver o Senhor. E o seu trabalho não era em vão no Senhor. A palavra de Deus crescia poderosamente e era glorificada, assim como prevalecia; prevaleciam também as ofensas. O mundo ficou ofendido, porque testificaram que as suas obras eram más.

Muitos ficaram ofendidos não apenas pelas coisas que os cristãos faziam, mas principalmente por reprovarem seus pensamentos. Homens de alta reputação ficaram ofendidos porque, à medida que o evangelho se espalhava, eles perdiam a estima do povo e muitos já não ousavam prestar honra ao homem, mas apenas a Deus. Foi assim que os céus se escureceram com as nuvens e a tempestade se instalou. Isso porque quanto mais o cristianismo se espalhava, mais dano era causado por aqueles que não o recebiam, e aumentava o número daqueles que estavam cada vez mais furiosos com esses homens e mulheres, que assim viraram o mundo de cabeça para baixo.

John Wesley

NOSSA GLORIOSA ESPERANÇA FUTURA

...sobre esta pedra edificarei a minha igreja, e as portas do inferno não prevalecerão contra ela. MATEUS 16:18

Desde que estas palavras foram ditas, as colunas do inferno foram abaladas e o reino de Deus tem se espalhado mais e mais. Em todos os lugares, pessoas são tiradas das trevas e levadas à luz. Deus deu a Seus filhos tal boca e tal sabedoria que todos os seus adversários não puderam lhes resistir. E a vida deles tinha a mesma força de suas palavras. Mas, acima de tudo, seu sofrimento fala ao mundo inteiro. Eles foram achados aprovados como servos de Deus pelas aflições, necessidades e perigo; nos açoites, prisões e trabalhos; em perigos no mar e no deserto; no cansaço e na dor, na fome e na sede, no frio e na nudez. E, tendo lutado o bom combate, eles foram conduzidos como ovelhas ao matadouro e oferecidos como sacrifício a serviço de sua fé. Assim o cristianismo se espalhou pela Terra. Mas será que não veremos coisas maiores do que estas? Sim, maior do que nunca desde o início do mundo! Chegará o tempo em que o cristianismo prevalecerá e cobrirá a Terra. Disso os profetas da antiguidade inquiriram e responderam diligentemente: o Espírito do Senhor, que estava neles, testificou que, "nos últimos dias, acontecerá que o monte da Casa do SENHOR será estabelecido no cimo dos montes e se elevará sobre os outeiros, e para ele afluirão os povos" (MIQUEIAS 4:1). Naquele tempo, nação não levantará espada contra outra nação e haverá uma Raiz de Jessé, que será posta por estandarte dos povos. A ela os gentios o buscarão e seu descanso será glorioso. Pois a terra se encherá do conhecimento do Senhor, assim como as águas cobrem o mar.

John Wesley

MORTOS PARA O MUNDO E VIVOS PARA DEUS

*Porém judeu é aquele que o é interiormente,
e circuncisão, a que é do coração, no espírito, não
segundo a letra, e cujo louvor não
procede dos homens, mas de Deus.* ROMANOS 2:29

Muitas pessoas estão tão acostumadas a serem cristãs que não sabem mais diferenciar o Espírito de Cristo do espírito do mundo. Quando ouvem certas verdades do evangelho, estas soam estranhas aos seus ouvidos. Mas, assim como Cristo morreu e ressuscitou, devemos morrer para o mundo e viver inteiramente para Deus. É difícil explicar para aquele que está vivendo para o mundo e morto para Deus que ele não pode ser persuadido pela verdade de Deus, a menos que seja vivificado. Pois as coisas de Deus são perceptíveis apenas pelo sentido espiritual, e tal sentido ainda não foi despertado nessa pessoa, porque lhe falta rejeitar as coisas vãs e fantasiosas deste mundo. Essa pessoa precisa da circuncisão do coração e não na letra, pois a marca distintiva de um verdadeiro seguidor de Jesus Cristo, de alguém que está em um estado de profunda comunhão com Deus, não é a circuncisão física, o batismo, ou qualquer outra forma externa, mas um estado correto de alma, mente e espírito renovados, segundo a imagem daquele que o criou. Ao dizer: "...cujo louvor não procede dos homens, mas de Deus", o apóstolo Paulo sugere isso, como se ele dissesse que quem segue o grande Mestre não deve esperar que do mundo (e daqueles que seguem o espírito do mundo) o tenham por servo bom e fiel. Saiba que a circuncisão do coração, o selo da sua vocação, é loucura para o mundo. Portanto, não espere por aplausos, até o dia da aparição do seu Senhor. Apenas naquele dia você terá o louvor de Deus, na grande assembleia dos homens e dos anjos.

John Wesley

O CAMINHO DA SANTIDADE

Porque nós é que somos a circuncisão, nós que adoramos a Deus no Espírito, e nos gloriamos em Cristo Jesus, e não confiamos na carne. FILIPENSES 3:3

É a circuncisão do coração que dá louvor a Deus. Ela é aquela disposição habitual da alma, que nos escritos sagrados é denominada "santidade", que implica diretamente em ser purificado do pecado, de toda imundície, tanto da carne como do espírito. Por consequência, com a santidade vêm aquelas virtudes que também estavam em Cristo Jesus; o ser tão renovado à imagem de Cristo a ponto de ser perfeito, como nosso Pai que está nos Céus é perfeito. Implica humildade, fé, esperança e caridade. A humildade — que é um julgamento correto de nós mesmos — limpa nossa mente daqueles conceitos elevados de nossa falsa perfeição, da opinião indevida de nossas próprias habilidades e realizações, que são o fruto genuíno de uma natureza corrompida. Isso apaga inteiramente aquele pensamento vão do tipo: "Sou rico, sábio e não tenho necessidade de nada", nos convencendo de que somos por natureza miseráveis, pobres, cegos e nus, e de que, em nosso melhor estado, estamos cobertos de pecado e vaidade; de que confusão, ignorância e erro reinam sobre nosso entendimento e de que as paixões irracionais, terrenas, sensuais e diabólicas impõem autoridade sobre nossa vontade. Não há nenhuma parte de nossa alma que seja íntegra, e todos os fundamentos de nossa natureza estão fora de rumo. Ao mesmo tempo, estamos convencidos de que não somos autossuficientes; de que, sem o Espírito de Deus, nada podemos fazer senão aumentar nosso pecado; de que só Ele opera em nós por Seu grande poder, seja para querer, seja para fazer o que é bom; de que é absolutamente impossível para nós até mesmo ter um bom pensamento sem a ajuda sobrenatural de Seu Espírito.

John Wesley

NÃO PENSE MUITO DE SI MESMO

*Porventura, procuro eu, agora, o favor dos homens
ou o de Deus? Ou procuro agradar a homens?
Se agradasse ainda a homens, não seria servo de Cristo.*
GÁLATAS 1:10

Um sinal seguro de que estamos fazendo um julgamento correto a respeito da pecaminosidade da nossa natureza é que desprezamos a honra que vem dos homens, pois, geralmente, ela é o reconhecimento de alguma suposta excelência existente em nós. Quem verdadeiramente se conhece não deseja nem valoriza o aplauso, porque sabe que não o merece. Portanto, é algo de pouco valor para o verdadeiro cristão ser mensurado pelo julgamento dos homens. Ele tem todos os motivos para comparar o que é dito a favor ou contra ele com o que ele sente a respeito de si próprio e pensar que o mundo, assim como o deus deste mundo, mente desde o princípio. E mesmo em relação àqueles que não são do mundo, se fosse a vontade de Deus que alguém o considerasse um mordomo fiel dos bens de seu Senhor; se, por acaso, isso pudesse ser um meio de capacitá-lo a ser mais útil para seus conservos; ainda assim, como seu objetivo e desejo não são a aprovação das pessoas, ele, de forma alguma, descansaria nisso. Pois ele está certo de que nunca poderá adquirir capacidade própria para fazer tudo o que Deus deseja, visto que Deus é capaz de, mesmo das pedras, levantar servos e servas para realizar a Sua vontade. Esta é aquela humildade mental dos que aprendem de Cristo, que seguem Seu exemplo e Seus passos. Esse conhecimento de sua decadência, seu orgulho e vaidade os dispõe a abraçar, com uma mente voluntária, a segunda coisa implícita na circuncisão do coração, que é aquela fé capaz de torná-los íntegros, o único remédio dado sob o céu para curar suas enfermidades.

John Wesley

O PODER DA FÉ

*...porque todo o que é nascido de Deus
vence o mundo; e esta é a vitória
que vence o mundo: a nossa fé.*

1 JOÃO 5:4

O melhor guia para os cegos, a luz mais segura para os que estão nas trevas, o instrutor mais perfeito para os indoutos é a fé. Mas deve ser uma fé que seja poderosa em Deus para derrubar fortalezas, anular os sofismas da razão corrupta e toda altivez reverenciadas pelas pessoas, todos os maus costumes e hábitos, toda aquela sabedoria do mundo que é loucura para Deus. Todas as coisas são possíveis àquele que assim crê; os olhos do seu entendimento são iluminados, e ele vê qual é a sua vocação. Ele glorifica o Deus que o comprou — em seu corpo e em seu espírito — por tão alto preço e sabe que pertence a Deus por redenção, bem como por criação. Ele sente qual é a grandeza do Seu poder, pois, ao ressuscitar a Cristo dos mortos, tal poder também foi capaz de nos vivificar, outrora mortos no pecado, pelo seu Espírito que habita em nós. E esta é a vitória que vence o mundo: a nossa fé. É uma fé que não é apenas um assentimento a tudo o que Deus revelou nas Escrituras. Jesus Cristo veio ao mundo para salvar os pecadores; Ele carregou nossos pecados em Seu próprio corpo, no madeiro; Ele é a propiciação pelos nossos pecados, e não apenas pelos nossos, mas também pelos pecados de todo o mundo. Essa fé também é a revelação de Cristo em nosso coração; uma evidência e convicção divina de Seu amor abundante e imerecido por nós, pecadores; uma confiança segura em Sua misericórdia perdoadora, operada em nós pelo Espírito Santo. Eu sei que Ele nos amou e se entregou por nós; Ele nos reconciliou com o Pai; por isso, temos a redenção por meio de Seu sangue, e até mesmo o perdão dos nossos pecados.

John Wesley

A ESPERANÇA DOS FILHOS DE DEUS

*O próprio Espírito
testifica com o nosso espírito
que somos filhos de Deus.*
ROMANOS 8:1

Aqueles que são nascidos de novo pela fé em Deus também têm forte consolação na esperança que há nele. Tal esperança é algo que decorre da circuncisão do coração, e "o próprio Espírito testifica com o nosso espírito que somos filhos de Deus". Na verdade, é o mesmo Espírito que opera nos filhos de Deus aquela confiança poderosa e alegre de que seu coração é reto para com Deus; aquela preciosa garantia de que eles fazem as coisas que são aceitáveis a Deus por Sua graça; que eles estão no caminho que conduz à vida eterna e, pela misericórdia de Deus, perseverarão até o fim nesse caminho. É Ele quem lhes dá uma expectativa viva de receber todas as coisas boas de Suas mãos; uma perspectiva radiante daquela coroa de glória, que lhes está reservada no Céu. Por meio dessa âncora, o cristão é mantido estável em meio às ondas deste mundo tenebroso e livrado de bater contra as rochas fatais da presunção e do desespero. Ele não fica desencorajado pela correção do Senhor, nem despreza as riquezas de Sua bondade. Ele nem percebe que as dificuldades que estão diante dele são maiores do que sua força, nem espera que sejam tão pequenas que possa conquistá-las facilmente. Sua experiência na vida cristã mostra que seu trabalho nunca será em vão, se tudo o que sua mão encontrar para realizar, ele o fizer com todas as suas forças. Por isso, o filho de Deus não aceita nenhum pensamento vão que seja fruto de um coração fraco e duvidoso.

John Wesley

O CAMINHO DA PERFEIÇÃO

Assim corro também eu, não sem meta; assim luto, não como desferindo golpes no ar. Mas esmurro o meu corpo e o reduzo à escravidão, para que, tendo pregado a outros, não venha eu mesmo a ser desqualificado. 1 CORÍNTIOS 9:26-27

Pela mesma disciplina, todo bom soldado de Cristo é preparado para habituar-se a suportar as adversidades. Fortalecido por esse processo, ele poderá renunciar não só as obras das trevas, mas todo apetite e afeição que não estão sujeitos à lei de Deus. "E a si mesmo se purifica todo o que nele tem esta esperança, assim como ele é puro." (1 JOÃO 3:3) Este é o seu cuidado diário, pela graça de Deus em Cristo e pelo sangue da nova aliança: purificar os recônditos de sua alma das concupiscências que antes a possuíam e a contaminavam; da impureza, da inveja, da malícia, da ira e de toda paixão e meu temperamento, isto é, de toda obra que é segundo a carne, que brota de sua corrupção original. Sabendo também que aquele cujo próprio corpo é o templo de Deus não deve admitir nada de comum ou impuro, e essa santidade a torna Sua casa para sempre, um lugar onde o Espírito de santidade consente em habitar. Mas, se você quer ser perfeito, acrescente o amor a todas essas coisas e assim terá a circuncisão do coração. O amor é o cumprimento da Lei, o fim de todo mandamento; não é apenas o primeiro e grande mandamento, mas todos os mandamentos em um. Tudo o que é justo, tudo o que é puro, tudo o que é amável ou honrado; se houver alguma virtude, se houver algum elogio, todos estão incluídos nesta palavra: amor. Nisso estão a perfeição, a glória e a felicidade.

John Wesley

NOSSO BEM SUPREMO

Amarás o Senhor, teu Deus, de todo o teu coração, de toda a tua alma e de todo o teu entendimento.
MATEUS 22:37

Esse mandamento não nos proíbe de amar outras pessoas além de Deus, nem de termos prazer em qualquer coisa a não ser no Senhor. Supor isso é dizer que Aquele que é a fonte da santidade é também o autor do pecado, se O ligamos ao prazer e ao uso das coisas necessárias para o sustento da vida que Ele mesmo nos deu. Esse, portanto, não pode ser o significado de Seu mandamento, em nenhuma hipótese. O verdadeiro sentido é o que tanto nosso bendito Deus quanto seus enviados nos dizem com frequência e com demasiada clareza nas Escrituras e, mesmo assim, é mal compreendido: "... o Senhor, nosso Deus, é o único Senhor" (DEUTERONÔMIO 6:4); "Não terás outros deuses diante de mim" (ÊXODO 20:3); "Amarás, pois, o Senhor, teu Deus, de todo o teu coração, de toda a tua alma e de toda a tua força" (MARCOS 12:30). O verdadeiro desejo da sua alma será o Seu nome e apenas Ele. O único bem perfeito será o seu propósito máximo na vida. Assim, você proporá para a sua alma uma única felicidade: ter uma união com Aquele que a fez. Uma comunhão com o Pai e o Filho; seu ser unido ao Senhor em um só espírito. Um desígnio que você deve perseguir até o fim da sua vida: desfrutar de Deus neste tempo e na eternidade. Deseje outras coisas, na medida em que elas o levem para Ele; ame toda criatura, enquanto ela conduz ao Criador. Mas, em cada passo que você dá, seja este o ponto glorioso que encerra a sua visão: que toda afeição, pensamento, palavra e obra sejam subordinados a esse propósito. O que quer que a sua alma deseje ou tema, tudo o que ela busque ou evite, tudo que ela pense, fale ou faça, seja para sua felicidade em Deus, o Único fim, o Único bem e Fonte de seu ser.

John Wesley

O BEM SUPREMO DA VIDA

*Não ameis o mundo nem as coisas que há no mundo [...]
porque tudo que há no mundo, a concupiscência
da carne, a concupiscência dos olhos e a soberba da vida,
não procede do Pai, mas procede do mundo.*

1 JOÃO 2:15-16

Não existe bem maior que devamos buscar, exceto Deus. Se os seus olhos se fixarem unicamente nisso, todo o seu corpo se iluminará. "...mas uma coisa faço: [...] prossigo para o alvo, para o prêmio da soberana vocação de Deus em Cristo Jesus." "Purificai as mãos, pecadores; e vós que sois de ânimo dobre, limpai o coração..." (FILIPENSES 3:13-14; TIAGO 4:8). A busca da felicidade naquilo que agrada a carne alimenta a concupiscência dos olhos e da mente por sua novidade, grandeza ou beleza; ou a soberba da vida, seja por pompa, grandeza, poder, aplauso e admiração. Isso tudo não vem do Pai, nem é aprovado por Ele. Antes, é do mundo, é a marca distintiva daqueles que não querem Seu reino. Ninguém receberá o louvor de Deus, a menos que seu coração seja circuncidado pela humildade; a menos que seja pequeno e vil aos seus próprios olhos; a menos que esteja profundamente convencido da corrupção inata de sua natureza, pela qual está muito longe da retidão original. O homem natural é propenso ao mal, avesso ao bem, corrupto e abominável; tem uma mente carnal, que se inclina para as coisas da carne e não está sujeita à lei de Deus, nem o pode ser, a menos que este homem sinta esse arrependimento no íntimo de sua alma. Ou seja, sem o Espírito de Deus repousando sobre ele, este homem não pode pensar, desejar, falar, nem agir segundo o Espírito de Deus; nada de bom ou agradável aos olhos de Deus pode vir dele. Assim também, ninguém deve louvar a Deus até que sinta necessidade Dele; até que busque somente a honra que vem de Deus e não deseje ou busque o que vem do homem.

John Wesley

A VERDADEIRA RELIGIÃO E A VERDADEIRA VIRTUDE

...não atentando nós nas coisas que se veem, mas nas que se não veem; porque as que se veem são temporais, e as que se não veem são eternas. 2 CORÍNTIOS 4:18

Ninguém receberá a honra que vem de Deus, a menos que seu coração seja circuncidado pela fé, até que se recuse a ser mais guiado pelos seus próprios sentidos, apetites ou paixões, ou mesmo pelos cegos guias de cegos, tão idolatrados pelo mundo. Aquele que não é guiado pela razão natural vive e anda pela fé, dirige cada passo e governa todos os seus desejos, desígnios e pensamentos, todas as suas ações e conversas, como alguém que entrou além do véu, onde Jesus está assentado à direita de Deus. Seria desejável que aqueles que empregam muito de seu tempo e esforços para estabelecer outro fundamento além de Cristo estivessem mais bem familiarizados com esta fé, na religião verdadeira, para a correta compreensão das coisas eternas. Que pudessem entender a excelência intrínseca da virtude e a beleza das ações decorrentes dela; que pudessem entender a razão (como eles a chamam), o bem e o mal, e as relações entre os seres humanos. Ou mesmo deveriam entender se estas "novas doutrinas" que surgem por aí coincidem com o que as Escrituras ensinam. Isso porque: "...ainda que nós ou mesmo um anjo vindo do céu vos pregue evangelho que vá além do que vos temos pregado, seja anátema." (GÁLATAS 1:8) Se alguém não tem o Espírito de Cristo, não pertence a Ele. Somente Ele pode vivificar aqueles que estão mortos para Deus, soprar neles o fôlego da vida e, assim, prevenir, acompanhar e guiá-los com Sua graça. E todos os que são assim guiados pelo Espírito de Deus são filhos de Deus. Essa é uma explicação curta sobre a verdadeira religião e a verdadeira virtude; outro fundamento ninguém pode lançar.

John Wesley

A FIRMEZA NA FÉ E NA OBEDIÊNCIA

*Porque a nossa leve e momentânea tribulação
produz para nós eterno peso de glória,
acima de toda comparação...* 2 CORÍNTIOS 4:17

Sabemos que ninguém pode ser verdadeiramente guiado pelo Espírito, a menos que o Espírito testifique com o seu espírito que ele é um filho de Deus. Tal pessoa precisa vislumbrar o prêmio e a coroa eterna diante de si e assim regozijar-se na esperança da glória de Deus. Tão grandemente erraram os que ensinaram que, ao servir a Deus, não devemos ter em vista a nossa própria felicidade. Somos expressa e frequentemente ensinados por Deus a ter respeito pela recompensa; a equilibrar a labuta com a alegria; a olhar para as leves e momentâneas aflições com aquele poderoso peso de glória. Sim, somos alheios ao pacto da promessa, estamos sem Deus no mundo, até que Ele, de Sua abundante misericórdia, nos tenha gerado novamente para uma esperança viva; a esperança da herança incorruptível, imaculada, que não se desvanece. Mas, se essas coisas são assim, é chegada a hora das pessoas lidarem firmemente com suas próprias almas. Falo sobre aquelas pessoas que estão longe demais de encontrar em si mesmas esta alegre certeza de que cumprem os termos da aliança e obterão as promessas. Ou daquelas que lutam e blasfemam dos seus termos, reclamando que estes são muito severos e ninguém jamais os cumpriu ou viveu de acordo com eles! Isso é reprovar a Deus, como se Ele fosse um Senhor severo, que exige de Seus servos mais do que Ele os capacita a darem; como se zombasse deles, pedindo-lhes o que não podem dar; ordenando-os à vitória, onde nem Sua própria força, nem Sua graça serão suficientes. Esses blasfemadores podem quase persuadir os homens a não sentirem nenhuma culpa, ao pensarem que podem cumprir os mandamentos de Deus, sem qualquer esforço.

John Wesley

ENTRE PELA PORTA ESTREITA

*...porque estreita é a porta, e apertado,
o caminho que conduz para a vida, e são poucos
os que acertam com ela.* MATEUS 7:14

É uma esperança vã para um filho de Adão ter a expectativa de que verá o reino de Cristo e de Deus sem se esforçar, sem primeiro agonizar para entrar pela porta estreita! Aquele que foi concebido e nascido em pecado, cujo interior é muito perverso, deve ter sua mente purificada para ser como seu Senhor, que é puro. Ele precisa andar em Seus passos, tomar sua cruz diariamente, cortar sua mão direita, arrancar o olho direito e lançá-lo para longe, se eles o fazem pecar (MATEUS 5:30). Só assim poderá sonhar em livrar-se de suas velhas opiniões, paixões, temperamentos e ser totalmente santificado em seu espírito, alma e corpo, em um processo constante e contínuo de abnegação. Assim diz o apóstolo Paulo: "Pelo que sinto prazer nas fraquezas, nas injúrias, nas necessidades, nas perseguições, nas angústias, por amor de Cristo" (2 CORÍNTIOS 12:10). Paulo atuava "...por força de sinais e prodígios..." (ROMANOS 15:19) e foi arrebatado até ao terceiro céu; ainda assim, reconheceu que todas as suas virtudes eram insuficientes e que sua salvação estava em perigo sem essa abnegação constante. "Assim corro também eu, não sem meta; assim luto, não como desferindo golpes no ar" (1 CORÍNTIOS 9:26). Ele nos ensina claramente que aquele que não corre assim, que não nega a si mesmo diariamente, corre incerto e luta tão loucamente quanto aquele que esmurra o ar. Ele nos fala sobre lutar a luta da fé e que não é possível alcançar a coroa da incorruptibilidade se o coração não é circuncidado pelo amor.

John Wesley

A CIRCUNCISÃO DO CORAÇÃO

*Ainda que eu fale as línguas dos homens e dos anjos,
se não tiver amor, serei como o bronze que
soa ou como o címbalo que retine.* 1 CORÍNTIOS 13:1

A busca ardente pelo santo objetivo de extirpar a concupiscência da carne, a concupiscência dos olhos e a soberba da vida, que envolve todo o ser — corpo, alma e espírito — é tão essencial para um filho de Deus que, sem essa procura, quem pensa que vive é contado como morto diante do Senhor. "Ainda que eu tenha o dom de profetizar e conheça todos os mistérios e toda a ciência; ainda que eu tenha tamanha fé, a ponto de transportar montes [...] E ainda que eu distribua todos os meus bens entre os pobres e ainda que entregue o meu próprio corpo para ser queimado, se não tiver amor, nada disso me aproveitará" (1 CORÍNTIOS 13:2-3). Aqui está a síntese da Lei perfeita. Essa é a verdadeira circuncisão do coração. Deus não deseja outros sacrifícios de nossa parte; Ele escolheu o sacrifício vivo do coração, para que seja continuamente oferecido a Ele, por meio de Cristo, e não se permita que nada mais concorra com Ele, porque Ele é um Deus zeloso. Seu trono não será dividido com ninguém; Ele deve reinar sem rival. Somente assim, teremos aquela mente que também tinha Cristo Jesus; quando, em cada movimento do nosso coração, em cada palavra da nossa língua, em cada obra das nossas mãos, nada buscarmos senão a Ele, na subordinação à Sua vontade. Quando também não pensarmos, falarmos ou agirmos em vista de cumprir a nossa própria vontade, mas a vontade Daquele que nos enviou, como dizem as Escrituras: "Portanto, quer comais, quer bebais ou façais outra coisa qualquer, fazei tudo para a glória de Deus." (1 CORÍNTIOS 10:31)

John Wesley

O CARÁTER DA VERDADEIRA FÉ

Mas, a todos quantos o receberam, deu-lhes o poder de serem feitos filhos de Deus, a saber, aos que creem no seu nome... JOÃO 1:12

O fundamento de tudo é a fé. Não é uma fé irracional, especulativa, ou simples assentimento à afirmação "Jesus é o Cristo", ou a outras, contidas no Antigo e no Novo Testamentos. Não é apenas um parecer favorável ao fato de que Jesus é o Cristo e todas as Escrituras dadas por inspiração de Deus serem verdadeiras, como o próprio Deus. Pois aqueles que também ouviram as palavras de Sua boca sabiam que Jesus era uma testemunha fiel e verdadeira; viram, da mesma forma, as obras poderosas que Ele fez e, por isso, acreditaram que Ele viera de Deus. Porém, apesar dessa fé, tais homens ainda estão reservados para as trevas, até o julgamento do grande dia, pois tudo o que tinham não era mais do que uma fé morta. A verdadeira fé cristã, viva e eficaz, que todo aquele é nascido de Deus tem, não é apenas um tipo de assentimento, um simples ato do entendimento, mas uma disposição que Deus opera no coração; uma firme confiança no Senhor que, pelos méritos de Cristo, seus pecados são perdoados e ele é reconciliado com Deus. Isso implica, primeiro, na renúncia a si mesmo, para ser achado em Cristo e aceito por meio dele, rejeitando totalmente sua confiança na carne. Implica também que, não tendo como pagar, nem confiança em suas próprias obras ou retidão, ele venha a Deus, como um pecador perdido, miserável, autodestruído, autocondenado e desamparado; como alguém cuja boca está fechada e que é totalmente culpado diante de Deus. Esse sentimento, juntamente com a plena convicção de que a salvação vem somente de Cristo, deve preceder a fé viva. Aquele que vive pela fé deve confiar naquele que pagou o resgate por nós com Sua morte e cumpriu a Lei em Sua vida.

John Wesley

O FRUTO DA VERDADEIRA FÉ

*Não reine, portanto, o pecado em
vosso corpo mortal... mas oferecei-vos a Deus, como
ressurretos dentre os mortos...* ROMANOS 6:12-13

Um fruto imediato e constante da verdadeira fé, pela qual nascemos de Deus, é o poder sobre o pecado exterior de todos os tipos. Vitória sobre cada palavra e obra más, onde quer que o sangue de Cristo seja aplicado, pois ele limpa a consciência de obras mortas. Também sobre o pecado interior, pois ele purifica o coração de cada desejo profano e do mau temperamento. "...sabendo isto: que foi crucificado com ele o nosso velho homem, para que o corpo do pecado seja destruído, e não sirvamos o pecado como escravos [...] Pois, quanto a ter morrido, de uma vez para sempre morreu para o pecado; mas, quanto a viver, vive para Deus." (ROMANOS 6:6,10) Este mesmo privilégio inestimável dos filhos de Deus é fortemente afirmado por João — particularmente, com respeito ao poder sobre o pecado exterior. Diz ele: "Vede que grande amor nos tem concedido o Pai, a ponto de sermos chamados filhos de Deus; e, de fato, somos filhos de Deus. Por essa razão, o mundo não nos conhece, porquanto não o conheceu a ele mesmo. Amados, agora, somos filhos de Deus, e ainda não se manifestou o que haveremos de ser. Sabemos que, quando ele se manifestar, seremos semelhantes a ele, porque haveremos de vê-lo como ele é." (1 JOÃO 3:1-2). Depois de ter clamado, como quem se maravilha com a profundidade das riquezas da bondade de Deus, logo acrescenta: "Todo aquele que é nascido de Deus não vive na prática de pecado; pois o que permanece nele é a divina semente; ora, esse não pode viver pecando, porque é nascido de Deus." (1 JOÃO 3:9)

John Wesley

O PODER DA VERDADEIRA FÉ

Justificados, pois, mediante a fé, temos paz com Deus por meio de nosso Senhor Jesus Cristo; por intermédio de quem obtivemos igualmente acesso, pela fé, a esta graça na qual estamos firmes; e gloriamo-nos na esperança da glória de Deus. ROMANOS 5:1-2

Um dos frutos da fé viva é a paz. Na verdade, nosso Senhor, na noite anterior à Sua morte, disse solenemente aos Seus seguidores: "Deixo-vos a paz, a minha paz vos dou; não vo-la dou como a dá o mundo. Não se turbe o vosso coração, nem se atemorize". E logo: "Estas coisas vos tenho dito para que tenhais paz em mim..." (JOÃO 14:27; JOÃO 16:33). Esta é a paz que Deus dá, que excede todo o entendimento; é aquela serenidade de alma que não entrou no coração do ser humano ao ser concebido e que não é possível até mesmo para o homem espiritual ter por si mesmo. Mas, quando ela é concedida por Deus, nem todos os poderes da Terra e do inferno são capazes de tirar dele. Ondas e tempestades o atingem, mas não o abalam, pois ele está fundado sobre uma Rocha. "Caiu a chuva, transbordaram os rios, sopraram os ventos e deram com ímpeto contra aquela casa, que não caiu, porque fora edificada sobre a rocha." (MATEUS 7:25) Esta paz guarda o coração e a mente dos filhos de Deus em todos os momentos e em todos os lugares. Estejam eles em paz ou em meio à dor, na doença ou saúde, na abundância ou necessidade, eles são felizes em Deus. Em todos os estados, sabem se contentar; sim, eles sabem dar graças a Deus por meio de Cristo Jesus. Estão sempre bem seguros de que, o que quer que lhes aconteça, é sempre o melhor, porque é a Sua vontade para eles. Para que, em todas as adversidades da vida, seu coração permaneça firme, crendo no Senhor.

John Wesley

A MARCA DA VERDADEIRA FÉ

Bendito o Deus e Pai de nosso Senhor Jesus Cristo, que, segundo a sua muita misericórdia, nos regenerou para uma viva esperança, mediante a ressurreição de Jesus Cristo dentre os mortos...
1 PEDRO 1:3

Uma das marcas daqueles que nascem de Deus é que eles possuem uma viva esperança. Assim disse Pedro a todos os filhos de Deus que estavam espalhados pelo mundo: que Deus nos regenerou para uma viva esperança. Ele quis dizer "uma esperança viva", porque há também uma esperança morta; assim como há uma fé viva e outra morta. Essa esperança morta não vem de Deus, mas do inimigo de Deus, como se pode ver por seu fruto, o orgulho, que é a fonte de todas as palavras e obras do homem. Ao passo que todos que têm em si a esperança viva são santos, assim como é santo Aquele que os chama. E eles podem verdadeiramente dizer aos seus irmãos em Cristo: "Amados, agora, somos filhos de Deus, e ainda não se manifestou o que haveremos de ser. Sabemos que, quando ele se manifestar, seremos semelhantes a ele, porque haveremos de vê-lo como ele é. E a si mesmo se purifica todo o que nele tem esta esperança, assim como ele é puro" (1 JOÃO 3:2-3). Tal esperança implica primeiramente no testemunho do nosso espírito de que andamos com simplicidade e sinceridade piedosa; em segundo lugar, no testemunho do Espírito de Deus — junto com, ou para com o nosso espírito — de que somos filhos de Deus. Como diz o apóstolo Paulo: "Ora, se somos filhos, somos também herdeiros, herdeiros de Deus e coerdeiros com Cristo; se com ele sofremos, também com ele seremos glorificados" (ROMANOS 8:17).

John Wesley

O TESTEMUNHO DA VERDADEIRA FÉ

O próprio Espírito testifica com o nosso espírito que somos filhos de Deus. Ora, se somos filhos, somos também herdeiros, herdeiros de Deus e coerdeiros com Cristo; se com ele sofremos, também com ele seremos glorificados. ROMANOS 8:16-17

Observemos bem o que nos é ensinado pelo próprio Deus, no tocante ao glorioso privilégio de Seus filhos. Não apenas nosso espírito dá testemunho, mas também outro; sim, "o próprio Espírito (Santo) testifica com o nosso espírito que somos filhos de Deus". E, se negarmos a nós mesmos, se tomarmos diariamente a nossa cruz, se enfrentarmos valorosamente a perseguição ou opróbrio por Sua causa, que também sejamos glorificados junto com Ele. Esse é o testemunho que o Espírito de Deus dá acerca de todos os que são filhos de Deus. Por este mesmo argumento, o apóstolo Paulo dá prova nos versículos anteriores disso: "Pois todos os que são guiados pelo Espírito de Deus são filhos de Deus. Porque não recebestes o espírito de escravidão, para viverdes, outra vez, atemorizados, mas recebestes o espírito de adoção, baseados no qual clamamos: Aba, Pai." (ROMANOS 8.14-15). Todos vocês que são verdadeiramente filhos de Deus em virtude de sua filiação, receberam aquele mesmo Espírito de adoção, por meio do qual clamamos: Aba, Pai. Nós estamos selados com o Espírito da promessa, o penhor da nossa herança; o mesmo Espírito, que testifica com o seu e com o meu espírito, que somos filhos de Deus. Todos nós temos um Senhor, temos um espírito, assim como temos uma fé e uma esperança também.

John Wesley

A ALEGRIA QUE VEM PELA FÉ VIVA

*Bem-aventurados os que choram,
porque serão consolados.*

MATEUS 5:4

Embora a tristeza possa preceder o testemunho do Espírito de Deus, enquanto a pessoa ainda treme de medo pela sensação da ira de Deus estar sobre ela (como qualquer pessoa que ainda não nasceu de novo), ainda assim, sua tristeza se transforma em alegria. Qualquer que seja a sua dor, quando essa hora chega, a pessoa não se lembra mais da angústia, por causa da alegria de ter nascido de Deus. "Quando, porém, vier o Consolador [...] o vosso coração se alegrará, e a vossa alegria ninguém poderá tirar." (JOÃO 15:26; 16:22) Palavras não podem descrever essa alegria que sentimos no Espírito Santo; ela é como o maná escondido, que ninguém conhece, exceto aquele que o recebe. Também sabemos que essa alegria não apenas permanece, mas transborda em nós, mesmo se estivermos nas profundezas da aflição. Quando todos os confortos terrenos falham, o consolo de Deus para seus filhos é pequeno? Por certo que não. E, quanto mais os sofrimentos abundam, as consolações de Seu Espírito mais ainda, de modo que os filhos de Deus riem da destruição quando ela vem, seja na necessidade, na dor, no túmulo, pois eles conhecem Aquele que tem as chaves da morte e do inferno e sabem que, em breve, Ele os livrará. "Então, ouvi grande voz vinda do trono, dizendo: Eis o tabernáculo de Deus com os homens. Deus habitará com eles. Eles serão povos de Deus, e Deus mesmo estará com eles. E lhes enxugará dos olhos toda lágrima, e a morte já não existirá, já não haverá luto, nem pranto, nem dor, porque as primeiras coisas passaram." (APOCALIPSE 21:3-4)

John Wesley

A MAIOR MARCA DE UM CRISTÃO

*Ora, a esperança não confunde, porque o amor de Deus
é derramado em nosso coração pelo Espírito Santo,
que nos foi outorgado.* ROMANOS 5:5

A maior das marcas daquele que é nascido de Deus que encontramos nas Escrituras é o amor, "porque o amor de Deus é derramado em nosso coração pelo Espírito Santo, que nos foi outorgado". Assim, por esse Espírito, ele olha continuamente para Deus, como seu Pai amoroso com quem foi reconciliado. Ele clama ao Senhor pelo pão de cada dia, por todas as coisas necessárias, seja para a alma ou para o corpo. Continuamente ele abre seu coração diante do Pai, sabendo que Ele lhe concede o que ele necessita. Seu deleite está sempre em Deus, pois Ele é a alegria de seu coração, seu escudo e sua grande recompensa. O desejo de sua alma é para Ele; sua comida e bebida é fazer a Sua vontade. Como dizem as Escrituras: "Como de banha e de gordura farta-se a minha alma; e, com júbilo nos lábios, a minha alma te louva." e "Todo aquele que ama ao que o gerou também ama ao que dele é nascido." (SALMO 63:5; 1 JOÃO 5:1) Seu espírito se regozija em Deus, seu Salvador. Ele ama o Senhor Jesus Cristo com sinceridade. Está unido ao Senhor em um só espírito. Sua alma paira sobre Ele e O escolhe como totalmente amável, o principal entre dez mil. Ele sabe e sente o que isso significa: "O meu amado é meu, e eu sou dele..." "Tu és o mais formoso dos filhos dos homens; nos teus lábios se extravasou a graça; por isso, Deus te abençoou para sempre. (CÂNTICO DOS CÂNTICOS 2:16; SALMO 45:2)

John Wesley

O FRUTO DO AMOR DE DEUS EM NÓS

Nisto conhecemos o amor: que Cristo deu a sua vida por nós; e devemos dar nossa vida pelos irmãos. 1 JOÃO 3:16

O amor de Deus que é derramado em nosso coração produz necessariamente o fruto do amor ao próximo. Esse próximo é cada alma que Deus criou, sem exceção; até mesmo os nossos inimigos ou quem nos perseguem maliciosamente. Esse maravilhoso amor de Deus nos leva a amar cada ser humano como a nós mesmos. Nosso Senhor expressou isso ainda mais fortemente: "...que vos ameis uns aos outros, assim como eu vos amei." (JOÃO 15:12). Esse é o mandamento escrito no coração de todos os que amam a Deus. Por isso, o apóstolo João corretamente infere que devemos dar nossa vida pelos nossos irmãos. Se nos sentimos prontos para fazer isso, então realmente amamos nosso próximo. Assim, "nós sabemos que já passamos da morte para a vida, porque amamos os irmãos...", pois "este é o amor de Deus: que guardemos os seus mandamentos..." (1 JOÃO 3:14; 5:3). E é também o amor que devemos oferecer ao próximo, ou seja, da mesma forma como Deus nos amou. Lucas registra: "Amarás o Senhor, teu Deus, de todo o teu coração, de toda a tua alma, de todas as tuas forças e de todo o teu entendimento; e: amarás o teu próximo como a ti mesmo." (LUCAS 10:27). Você pode deduzir que guardar os mandamentos externamente é tudo o que é exigido de você. Ou seja, que o amor de Deus não é uma afeição da alma, mas meramente um ato externo; que o amor ao próximo não é uma disposição de coração, mas apenas uma questão de obras. Porém, o significado claro e indiscutível desse texto é que esse é o sinal ou prova do amor a Deus, de que guardamos o primeiro e os demais mandamentos, pois o amor verdadeiro, se for derramado uma vez em nosso coração, nos constrangerá a amar. Isso porque quem ama a Deus de todo o coração não pode deixar de servi-lo com todas as suas forças.

John Wesley

VOCÊ É NASCIDO DE DEUS?

*Todo aquele que crê que Jesus é o Cristo
é nascido de Deus...* 1 JOÃO 5:1

Nascido de Deus é todo aquele que é nascido do Espírito, isto é, aquele que o Espírito de Deus testemunha que ele é um filho de Deus. Crer em Deus através de Cristo, não viver pecando e desfrutar em todos os momentos e em todos os lugares daquela paz de Deus que excede todo o entendimento são o resultado desse novo nascimento. Também ter esperança em Deus por meio do Filho do Seu amor, não apenas o testemunho de uma boa consciência, mas também ter o próprio Espírito testificando com o nosso espírito que somos filhos de Deus, conforme Romanos 8:16. Desse novo nascimento, brota a alegria naquele por quem recebemos a expiação dos nossos pecados. Amamos a Deus, pois Ele nos amou como nunca amou nenhuma criatura. Assim, somos constrangidos a amar todos como a nós mesmos, com um amor que não apenas arde em nosso coração, mas em todas as suas ações e conversas. Assim, toda a nossa vida se torna um trabalho de amor, uma obediência contínua aos mandamentos: "Sede misericordiosos, como também é misericordioso vosso Pai"; "Segundo é santo aquele que vos chamou, tornai-vos santos também vós mesmos"; Portanto, sede vós perfeitos como perfeito é o vosso Pai celeste". (LUCAS 6:36; 1 PEDRO 1:15; MATEUS 5:48) Cada um de vocês que observou essas palavras não pode deixar de sentir essa verdade em seu coração, caso tenham nascido de Deus. Então, você é um filho de Deus ou não? O Espírito de adoção está em seu coração? Permita que estas palavras entrem em seu coração. Não pergunto se você nasceu da água e do Espírito, mas se você é o templo do Espírito Santo que habita em você; se o Espírito de Cristo e da glória repousa sobre você. Se não for assim, sua circuncisão torna-se incircuncisão.

John Wesley

NÃO SE ORGULHE DE SER BATIZADO

Em verdade, em verdade te digo que, se alguém não nascer de novo, não pode ver o reino de Deus. JOÃO 3:3

Não diga em seu coração: "Eu já fui batizado nas águas, portanto sou um filho de Deus!". Infelizmente, uma coisa não comprova a outra. Muitos são os glutões, beberrões, mentirosos, de língua torpe, caluniadores, malfeitores, adúlteros e ladrões que são batizados. Quem quer que sejam, a quem quer que pertença qualquer um dos adjetivos mencionados, as Escrituras dizem: "Vós sois do diabo, que é vosso pai, e quereis satisfazer-lhe os desejos." (JOÃO 8:44). A vós, invoco o nome daquele a quem crucificastes novamente, quando disse: "Serpentes, raça de víboras! Como escapareis da condenação do inferno?" (MATEUS 23:33). Estas palavras lhes cabem, a menos que nasçam de novo! Pois agora estão mortos em suas ofensas e pecados. Dizer que não há novo nascimento senão no batismo é selar todos os pecadores sob condenação; é condená-los ao inferno, sem socorro, sem esperança. E talvez alguns possam pensar que isso é justo e certo; em seu zelo pelo Senhor dizem: "Sim, eliminem os pecadores, estes amalequitas! Que esses gibeonitas sejam totalmente destruídos! Eles não merecem outra coisa!". Contudo, nem eu e nem você merecemos algo diferente de Deus. É somente por pura misericórdia — gratuita e imerecida — que não estamos agora ardendo no fogo inextinguível, mesmo que digamos: "Mas nós fomos lavados, nascemos de novo da água e do Espírito". Eles também, e é por isso que o batismo não impede de forma alguma que sejamos como eles. Vocês não sabem que o que é muito estimado pelas pessoas é abominação aos olhos de Deus? Somente aprendam primeiro o que significa: "todo aquele que odeia a seu irmão é assassino..."; "qualquer que olhar para uma mulher com intenção impura, no coração, já adulterou com ela".
(1 JOÃO 3:15; MATEUS 5:28)

John Wesley

NÃO SE ENGANE SOBRE SUA SANTIDADE

Respondeu Jesus: Em verdade, em verdade te digo: quem não nascer da água e do Espírito não pode entrar no reino de Deus. JOÃO 3:5

Saiba que você precisa nascer de novo, pois, como disse o Senhor Jesus, "quem não nascer da água e do Espírito não pode entrar no reino de Deus". E não se apoie na frágil ideia de que você pode nascer de novo com o batismo e assim foi feito herdeiro de Deus e coerdeiro com Cristo. É preciso verdadeiramente nascer de novo, caso contrário, seremos filhos do diabo e não de Deus. Sabemos quais são as marcas dos filhos de Deus, portanto, todos os que não têm tais marcas em sua alma, batizados ou não, devem recebê-las. Caso contrário, perecerão para sempre. E se você foi batizado, sua esperança é esta: que aqueles que foram feitos filhos de Deus pelo batismo, mas, por suas obras, mostram que são filhos do diabo possam receber poder para se tornarem filhos de Deus. Eles precisam receber o que perderam, inclusive o Espírito de adoção, e assim clamarem em seu coração: "Aba, Pai!". Amém, Senhor Jesus! Que todo aquele que prepara seu coração mais uma vez para buscar a Sua face receba novamente este Espírito de adoção e clame: "Aba, Pai!". Que ele possa ter novamente poder e possa crer em Teu nome e se tornar um filho de Deus. Que possa saber e sentir que tem a redenção em Teu sangue e o perdão dos pecados; que não ande mais no pecado, porque é nascido de Deus. Que seja restaurado nele novamente uma viva esperança, de modo que ele possa se purificar, como Tu és puro! E, por ser um filho, que deixe o Espírito de amor e de glória repousar sobre ele, e, assim, ser purificado de toda imundície da carne e do espírito, aprendendo a perfeita santidade no temor do Senhor!

John Wesley

JUSTIFICAÇÃO E NOVO NASCIMENTO

*Todo aquele que é nascido de Deus não vive
na prática de pecado; pois o que permanece nele é
a divina semente; ora, esse não pode viver
pecando, porque é nascido de Deus.* 1 JOÃO 3:9

Muitos têm dito que o ser nascido de Deus é o mesmo que ser justificado, e que o novo nascimento e a justificação são apenas expressões diferentes da mesma coisa. Isso está certo por um lado, pois, quem é justificado, também é nascido de Deus; e, por outro, todo aquele que é nascido de Deus também é justificado. Esses dons de Deus são dados a cada crente no mesmo momento, ou seja, seus pecados são apagados quando ele nasce de Deus. Mas, embora a justificação e o novo nascimento sejam inseparáveis e ocorram conjuntamente, eles são facilmente distinguidos, pois possuem uma natureza amplamente diferente. Deus, ao nos justificar, faz algo por nós; ao nos gerar novamente, Ele faz sua obra em nós. O primeiro muda nossa relação externa com Deus, de modo que nos tornamos filhos. Pelo novo nascimento, nossa alma é profundamente transformada, de modo que, de pecadores, tornamo-nos santos. Um nos leva à graça; o outro, à imagem de Deus. Um tira a culpa; o outro tira o poder do pecado. Nas passagens das Escrituras Sagradas em que ocorre a expressão "todo aquele que é nascido de Deus", em geral, podemos aprender que isso implica não apenas em ser batizado, ou qualquer outra mudança exterior, mas em uma vasta mudança interior operada na alma, através do Espírito Santo. Implica em uma mudança em toda a nossa existência, pois, desde o momento em que nascemos de Deus, passamos a viver de uma maneira totalmente diferente da que vivíamos antes. Passamos a viver, por assim dizer, em outro mundo.

John Wesley

A IMPORTÂNCIA DOS SENTIDOS ESPIRITUAIS

Ora, o homem natural não aceita as coisas do Espírito de Deus, porque lhe são loucura; e não pode entendê-las, porque elas se discernem espiritualmente.

1 CORÍNTIOS 2:14

A criança que ainda está no ventre de sua mãe necessita do ar, porém, ela não o sente. Ela ouve pouco, pois seus órgãos auditivos ainda estão fechados. Ela não vê nada, pois seus olhos estão fechados. Faz alguns pequenos movimentos, pelos quais sabemos que ela está viva, mas suas faculdades mentais ainda não estão completamente prontas, e, consequentemente, ela quase não se relaciona com o mundo exterior. A criança que ainda não nasceu está ignorante quanto ao mundo que a cerca, mas não porque ela está longe dele; na verdade, ela está muito perto, no entanto apenas em parte, porque seus sentidos não estão totalmente abertos para isso. Há um véu espesso está entre ela e o mundo, que a impede de discerni-lo. Mas, assim que a criança nasce, sua alma adquire cada vez mais conhecimento das coisas que estão ao seu redor. Aquele que não nasceu do Espírito, embora esteja vivo, ainda não é sensível a Deus; não o sente e não tem consciência de Sua presença. Ele não percebe aquele divino sopro de vida, sem o qual não pode viver. Seus ouvidos estão fechados para Deus, por isso, Deus o chama continuamente, mas ele não ouve. Ele não vê as coisas do Espírito de Deus, pois os olhos do seu entendimento estão fechados e a escuridão total cobre toda a sua alma. Ele pode ter alguns tênues lampejos de vida, alguns pequenos começos de movimento espiritual, mas ainda não tem sentidos espirituais, que capacitam a discernir as coisas espirituais. Apenas pelos sentidos espirituais podemos discernir as coisas de Deus, visto que um véu espesso se interpõe entre o homem e Deus, e aquele que não nasceu do Espírito não sabe como penetrá-lo.

John Wesley

A TRANSFORMAÇÃO DAQUELE QUE É NASCIDO DE DEUS

E todos nós, com o rosto desvendado, contemplando, como por espelho, a glória do Senhor, somos transformados, de glória em glória, na sua própria imagem... 2 CORÍNTIOS 3:18

Quando alguém nasce de Deus, nasce do Espírito. Com isso, a maneira de viver sua existência muda, pois ele se torna completamente sensível a Deus. O Espírito (ou sopro de Deus) é imediatamente instilado nele — o mesmo fôlego que vem de Deus e para Ele. Assim como esse sopro é continuamente recebido pela fé, é igualmente retribuído pelo amor, oração, louvor e ação de graças. Por este novo tipo de respiração espiritual, a vida espiritual não é apenas sustentada, mas aumentada dia a dia. Junto com força espiritual, todos os sentidos da alma são despertados e tornam a pessoa capaz de discernir o bem e o mal. Os olhos de seu entendimento são abertos, e ele vê o que é invisível; vê qual é a grandeza do poder de Deus e de Seu amor para com os que creem; vê que Deus é misericordioso para com ele, pecador, que é reconciliado por meio do Filho do Seu amor. Ele percebe o amor perdoador de Deus e todas as suas promessas grandiosas. Vê que as trevas já passaram e ele permanece na luz da face de Deus. Seus ouvidos estão abertos, e a voz de Deus não clama mais em vão; ele ouve e obedece ao chamado celestial; conhece a voz do seu Pastor. Todos os seus sentidos espirituais estão alerta e ele tem uma relação clara com o mundo invisível. Portanto, ele sabe cada vez mais das coisas que antes não podiam entrar em seu coração. Ele passa a conhecer o que é a paz de Deus e o que é alegria no Espírito Santo. Sendo removido o véu que antes impedia que a luz, a voz, o conhecimento e o amor de Deus chegassem a ele, aquele que é nascido do Espírito agora habita no amor, em Deus. E Deus nele.

John Wesley

MANTENHA-SE LONGE DO PECADO

Sabemos que todo aquele que é nascido de Deus não vive em pecado... 1 JOÃO 5:18

Ora, aquele que é nascido de Deus continuamente recebe o fôlego de vida de Deus em sua alma. Ele recebe a influência graciosa de Seu Espírito e a devolve a Deus. Aquele que assim crê em Deus e o ama percebe pela fé os atos contínuos de Deus em seu espírito e, por um tipo de reação espiritual, retorna a graça que recebe por meio de um amor intenso, pelo louvor e pela oração. Ele se mantém longe do pecado enquanto essa semente de vida permanecer nele. Ele não pode pecar, porque é nascido de Deus. Por pecado, eu me refiro ao pecado exterior, de acordo com a concepção clara e comum dessa palavra, isto é, uma transgressão real e voluntária da lei de Deus revelada e escrita, de qualquer mandamento divino, reconhecido como tal. Todo aquele que é nascido de Deus, enquanto permanece na fé, no amor, no espírito de oração e ação de graças, não pode cometer pecado. Enquanto ele assim crer em Deus por meio de Cristo, e amá-lo e derramar seu coração diante do Senhor, não poderá transgredir voluntariamente qualquer mandamento de Deus, seja falando ou agindo em relação ao que ele sabe que Deus proibiu. Enquanto a gloriosa semente divina permanecer nele, aquela fé amorosa, orante e grata o compelirá a se abster de tudo o que ele sabe ser abominação aos olhos de Deus.

John Wesley

AQUELE QUE É NASCIDO DE DEUS DEVE SE GUARDAR

Quando, porém, Cefas veio a Antioquia, resisti-lhe face a face, porque se tornara repreensível. GÁLATAS 2:11

É verdade que existem pessoas que nasceram de Deus, no entanto, cometem pecados grosseiros, transgredindo as claras e conhecidas leis de Deus. Vemos um exemplo disso quando Paulo, em Antioquia, resiste ao zeloso Pedro, o primeiro dos apóstolos e um dos três mais próximos de seu Senhor. Esse é um exemplo de pecado claro e inegável, cometido por alguém que, sem dúvida, havia nascido de Deus. Mas como isso pode ser conciliado com a afirmação de João quando ele diz que "aquele que é nascido de Deus não vive em pecado" (1 JOÃO 5:18), se tomada no sentido literal? Para mim, tal afirmação significa que, enquanto aquele que é nascido de Deus se guardar (o que ele pode fazer pela graça de Deus), o maligno não o tocará. Mas, se ele não se guardar, se não permanecer na fé, ele pode cometer pecado como outra pessoa qualquer. É fácil, portanto, entender como qualquer filho de Deus pode ser abalado de sua própria firmeza e ainda assim a grande verdade de Deus, declarada pelo apóstolo João, permanece firme e inabalável. Pedro não se guardou por aquela graça de Deus, que era suficiente para ele. Ele caiu gradativamente: primeiro no pecado interior, não despertando o dom de Deus que estava nele, não vigiando em oração, não avançando para o alvo do prêmio de sua alta vocação. Com isso, ele se inclinou à maldade com o seu coração, dando lugar a algum desejo ou temperamento maligno. Em seguida, ele perdeu sua fé, sua visão de um Deus que perdoa, e, consequentemente, seu amor a Deus. E, sendo então fraco e como qualquer outro, ele foi capaz de cometer até pecados externos, como o que Paulo registrou.

John Wesley

NÃO SE AFASTE DA VOZ DE DEUS

Uma tarde, levantou-se Davi do seu leito e andava passeando no terraço da casa real; daí viu uma mulher que estava tomando banho; era ela mui formosa. 2 SAMUEL 11:2

Davi verdadeiramente havia nascido de Deus e o amava com sinceridade, mas ainda assim permanecia em seu coração a corrupção da natureza humana. Ele sentiu uma tentação, um pensamento que tendia para o mal. Sem dúvida ele deve ter ouvido a voz de advertência divina, pois a conhecia bem, mas cedeu ao pensamento, e a tentação começou a prevalecer. Por meio disso, seu espírito foi manchado; ele ainda via Deus, mas de forma mais vaga do que antes. Ele ainda amava a Deus, mas não com a mesma intensidade, não com a mesma força e ardor de seus afetos. Ele olhou novamente, não para Deus, mas para o que era proibido, até que sua natureza carnal se tornasse mais forte que a graça e acendesse a luxúria em seu coração. Assim, a fé — que sustenta a relação sobrenatural com Deus — e o amor cessaram juntos. Então, ele avançou como um cavalo para a batalha e conscientemente cometeu o pecado. Ele trilhou o caminho que levava da graça ao pecado, passo a passo. Todavia nós precisamos saber que a semente divina da fé amorosa e vitoriosa permanece naquele que é nascido de Deus; e, se ele se mantém nela pela graça de Deus, não pode cometer pecado. Porém, se surge uma tentação, seja do mundo, da carne ou do diabo (não importa), e o Espírito de Deus o alerta de que o pecado está próximo e pede-lhe que vigie em oração com mais intensidade, mas ele cede em algum grau à tentação e ela começa a se tornar agradável, o Espírito Santo então se entristece. Sua fé enfraquece e seu amor a Deus esfria, mas o Espírito o reprova mais fortemente e diz: "Este é o caminho, andai por ele" (ISAÍAS 30:21). Contudo, ele se afasta ainda mais da voz de Deus e ouve a voz do tentador; o desejo maligno começa a se espalhar em sua alma, até que a fé e o amor desapareçam. É assim que aquele que nasceu de Deus se torna capaz de cometer pecados exteriores e o poder do Senhor se afasta dele.

John Wesley

GUARDE O SEU CORAÇÃO PARA NÃO PECAR

Com efeito, antes de chegarem alguns da parte de Tiago, comia com os gentios; quando, porém, chegaram, afastou-se e, por fim, veio a apartar-se, temendo os da circuncisão. GÁLATAS 2:12

Nesse episódio, o apóstolo Pedro estava cheio de fé e do Espírito Santo. E, se ele tivesse se mantido dessa maneira, teria uma consciência isenta de ofensas para com Deus e para as pessoas. Andando dessa forma — em simplicidade e sinceridade piedosa —, antes que chegassem alguns da parte de Tiago, ele comia com os gentios, sabendo que o que Deus havia purificado não era comum nem impuro (VEJA ATOS 10:14). Mas, quando chegaram certos judeus, ele foi tentado em seu coração por medo desses homens religiosos, pois os judeus convertidos a Cristo eram zelosos pela circuncisão e por outros ritos da lei mosaica. Pedro considerou que a aprovação deles era mais importante do que a de Deus. Ele certamente foi avisado pelo Espírito Santo de que o pecado estava próximo. Não obstante, ele cedeu ao temor pecaminoso pelos seus semelhantes em algum grau, e sua fé e amor foram proporcionalmente enfraquecidos. Ele já havia sido reprovado antes por dar lugar ao diabo, no entanto, ele não deu ouvidos à voz de Seu Pastor, entregando-se a esse medo servil. Assim, ele extinguiu o Espírito, e Deus se foi do seu coração. A fé e o amor se extinguiram, e ele cometeu pecado exterior. Por não andar mais de acordo com a verdade do evangelho, ele se separou de seus irmãos cristãos. E, por seu mau exemplo, compeliu até mesmo os gentios a viverem à maneira dos judeus, para se enredarem novamente com o jugo de escravidão, do qual Cristo os havia libertado. Portanto, é inquestionavelmente verdade que aquele que é nascido de Deus, guardando a si mesmo, não comete pecado. Mas, se ele não se guardar, pode cometer todo tipo de pecado.

John Wesley

VIGIE E ORE SEM CESSAR

*Então, a cobiça, depois de haver concebido,
dá à luz o pecado; e o pecado, uma vez consumado,
gera a morte.* TIAGO 1:15

Um filho de Deus primeiro comete pecado e, depois, perde sua fé, ou ele perde a fé primeiro e, depois, comete pecado? Algum pecado de omissão, pelo menos, deve preceder a perda da fé, ou seja, algum pecado interior. Porém, a perda da fé sempre precede o pecado exterior. Por isso, quanto mais o crente examina seu próprio coração, mais ele se convence de que a fé, operando por meio do amor, exclui o pecado da alma que vigia em oração. No entanto, devemos nos lembrar de que todos estamos sujeitos à tentação. Então, se os nossos olhos estiverem amorosamente fixos em Deus, a tentação logo desaparecerá. Porém, caso se percam de Deus por nossa própria cobiça, apanhados pela isca do prazer presente ou futuro, a cobiça dará à luz o pecado. E, tendo esse pecado interior destruído nossa fé, nos lançará de cabeça na armadilha do diabo, para que venhamos a cometer qualquer pecado exterior. Então, "Não te ensoberbeças, mas teme." (ROMANOS 11:20). Devemos temer o pecado mais do que a morte ou o inferno. "Aquele, pois, que pensa estar em pé veja que não caia." (1 CORÍNTIOS 10:12). Mesmo quem agora está firme na graça de Deus, na fé que vence o mundo, pode cair no pecado interior e, assim, naufragar em sua fé. Portanto, filho de Deus, vigie sempre, para que ouça sempre a voz de Deus; vigie e ore sem cessar, em todos os momentos e em todos os lugares, derramando o seu coração diante do Senhor. Assim, você sempre crerá, sempre amará e nunca cometerá pecado.

John Wesley

O TEMPO DA PLENITUDE DA GRAÇA

Escutarei o que Deus, o Senhor, disser, pois falará de paz ao seu povo e aos seus santos... SALMO 85:8

Quando vier a plenitude dos tempos, teremos paz, tranquilidade e segurança para sempre. Não haverá mais som de armas, nenhum tumulto nem roupas banhadas em sangue. A destruição terminará; as guerras cessarão na Terra. Não haverá irmão se levantando contra irmão; nenhum país ou cidade dividida contra si mesma e rasgando suas próprias entranhas. Acabará toda discórdia civil e não haverá ninguém que queira ferir ou matar seu vizinho. Não haverá opressão que deixe louco o homem sábio nem extorsão que oprima o rosto dos pobres. Nenhum roubo, nenhuma rapina ou injustiça, pois todos estarão contentes com as coisas que possuem. A terra não estará mais cheia de crueldade. O Senhor terá destruído tanto o homem sanguinário quanto o invejoso e vingativo. Não haverá quem queira retribuir mal com mal; na verdade, não haverá quem pratique o mal, nem um homem sequer, pois todos serão pacíficos como as pombas. E, estando cheios de paz e alegria, certos de que estão todos unidos por um só corpo e um só espírito, todos se amarão como irmãos; todos serão um coração e uma só alma. Ninguém dirá que alguma coisa que possui é dele mesmo. Não haverá nada que lhes falte, pois todos amarão ao seu próximo como a si mesmo e todos seguirão uma mesma regra: "Tudo quanto, pois, quereis que os homens vos façam, assim fazei-o vós também a eles..." (MATEUS 7:12). Assim, a justiça e a paz se beijaram, criaram raízes e encheram a Terra.

John Wesley

O VERDADEIRO CRISTIANISMO

Feliz a nação cujo Deus é o Senhor...
SALMO 33:12

Onde o cristianismo está presente, não há nenhuma contenda, nenhuma injúria ou calúnia, mas cada um abre a boca com sabedoria, pois, na sua língua está a lei da bondade. As palavras das pessoas são sempre a expressão honesta de seus pensamentos, como se abrissem uma janela em seu peito para quem desejasse olhar seu coração, pois, ali se encontraria apenas o amor e Deus. São felizes as pessoas que vivem assim. Verdadeiramente bem-aventurado é o povo que tem o Senhor como seu Deus. "Todos os do teu povo serão justos, para sempre herdarão a terra; serão renovados por mim plantados, obra das minhas mãos, para que eu seja glorificado. Nunca mais se porá o teu sol, nem a tua lua minguará, porque o Senhor será a tua luz perpétua, e os dias do teu luto findarão." (ISAÍAS 60:21-20) Em qual país os habitantes são todos cheios do Espírito Santo e todos têm um só coração e uma só alma? Em qual país não se pode permitir que falte alguma coisa a alguém, mas, continuamente, cada um reparte o que tem conforme a sua possibilidade? Quem tem o amor de Deus enchendo seu coração e o constrangendo a amar o próximo como a si mesmos? Quem se revestiu de entranhas de misericórdia, humildade de espírito, gentileza, longanimidade? Quem não transgride de forma alguma, seja por palavra ou obra, a justiça, a misericórdia ou a verdade? Como podemos chamar um país de "cristão", se nele não encontramos todas estas características? Então, creio que devemos concordar que nunca existiu um país verdadeiramente cristão sobre a face da Terra.

John Wesley

SEJA O PADRÃO PARA O MUNDO

*Assim brilhe também a vossa luz diante
dos homens, para que vejam as vossas boas obras
e glorifiquem a vosso Pai que está nos céus.*
MATEUS 5:16

Permita-me perguntar, com terno amor e espírito de mansidão, se o verdadeiro cristianismo está em você? Falo sobre aquele cristianismo bíblico; ele pode ser encontrado em sua vida? Você se considera uma pessoa tão cheia do Espírito Santo que manifesta o fruto genuíno da presença desse Espírito? Junto com seus líderes e sua respectiva comunidade de fé, vocês têm um só coração e uma só alma? O amor de Deus está derramado em seu coração? Seu temperamento é o mesmo que estava no Mestre? Sua vida é agradável a Ele? Você é santo como aquele que o chamou, em todas as suas conversas? Você abunda no fruto do Espírito, em humildade de espírito, em abnegação e mortificação da carne, em seriedade e compostura de espírito, em paciência, mansidão, sobriedade, domínio próprio e em esforços incansáveis para fazer o bem, de toda forma e para todos os homens? Você está pronto para aliviar suas necessidades externas e trazer sua alma ao verdadeiro conhecimento e amor de Deus? Você está profundamente consagrado a Deus e preparado para ministrar as coisas sagradas? Você é ensinado por Deus para que possa ensinar a outros? Você conhece a Deus e a Jesus Cristo? Então, você é exemplo para o mundo, em palavras, em conversas, em caridade, no espírito, na fé e na pureza.

John Wesley

A CRIAÇÃO EM ESTADO DE PLENITUDE

Criou Deus, pois, o homem à sua imagem, à imagem de Deus o criou; homem e mulher os criou. E Deus os abençoou [...] Viu Deus tudo quanto fizera, e eis que era muito bom. GÊNESIS 1:27-28,31

O homem foi feito à imagem de Deus, santo como Aquele que o criou; misericordioso como o Autor de tudo é misericordioso; perfeito como seu Pai que está no Céu é perfeito. Assim como Deus é amor, o homem que vive no amor vive em Deus e Deus, nele. Deus o fez para ser uma imagem de Sua eternidade, uma imagem incorruptível do Deus da glória. Ele era, portanto, puro como Deus é puro de toda mancha de pecado. Ele não conhecia o mal de nenhuma forma, e era sem pecado e imaculado tanto no interior quanto em seu exterior. Ele amava o Senhor seu Deus com todo o seu coração e com toda a sua mente, de toda a sua alma e com toda a sua força. A esse homem reto e perfeito, Deus deu uma Lei perfeita, que exigia obediência plena e perfeita. Ele exigia total obediência em todos os pontos, e isso deveria ser seguido sem qualquer interrupção, desde o momento em que o homem se tornou uma alma vivente, até que o tempo de sua provação terminasse. Nenhuma concessão foi feita em relação a qualquer tipo de falha. E, de fato, não havia necessidade de nenhuma, pois o homem estava totalmente à altura da tarefa que lhe fora designada e totalmente preparado para toda boa palavra e obra. Tal era, então, o estado do homem no paraíso, que, pelo amor gratuito e imerecido de Deus, ele era santo e feliz. Ele conheceu, amou e desfrutou de Deus, que é, em essência, a vida eterna. E nesta vida de amor, ele deveria permanecer para sempre, se continuasse a obedecer a Deus em todas as coisas.

John Wesley

O SACRIFÍCIO PERFEITO DE JESUS POR NÓS

...carregando Ele mesmo em seu corpo, sobre o madeiro, os nossos pecados, para que nós, mortos para os pecados, vivamos para a justiça... 1 PEDRO 2:24

O homem desobedeceu a Deus e comeu da árvore que Deus havia ordenado que não comesse; e, naquele dia, ele foi condenado pelo justo julgamento divino. No momento em que ele provou aquele fruto, ele morreu; sua alma morreu e se separou de Deus. Seu corpo também se tornou corruptível e mortal, de modo que a morte se apoderou dele também. Estando espiritualmente morto — morto para Deus, morto no pecado —, o homem se apressou para a morte eterna, para a destruição final do corpo e da alma no fogo que nunca se apaga. Como está escrito: "Assim como por um só homem entrou o pecado no mundo, e pelo pecado, a morte, assim também a morte passou a todos os homens, porque todos pecaram." (ROMANOS 5:12) Assim estávamos, sim, toda a humanidade, quando Deus amou o mundo de tal forma que deu o Seu Filho unigênito, para que não morrêssemos, mas tivéssemos a vida eterna. Na plenitude dos tempos, esse Jesus se fez homem, tornando-se o Cabeça de toda a humanidade; um segundo Pai e representante de toda a raça humana. Foi assim que Ele suportou nossas dores, isto é, o Senhor colocou sobre si as iniquidades de todos nós. Então, "Ele foi traspassado pelas nossas transgressões e moído pelas nossas iniquidades" (ISAÍAS 53:5); fez de Sua alma uma oferta pelo pecado, derramando o seu sangue pelos transgressores. Levou os nossos pecados em seu próprio corpo, no madeiro, para que pelas Suas pisaduras fôssemos curados. Assim, Ele ofertou a si mesmo para nos redimir, fazendo um sacrifício completo, perfeito e suficiente pelos pecados do mundo inteiro.

John Wesley

JUSTIFICADOS E SANTIFICADOS

...e, por meio dele, todo o que crê é justificado... ATOS 13:39

O que é a justificação? O que é preciso para ser justificado? Justificação não é ser justo ou correto. Isso é santificação, que é, de fato, o fruto imediato da justificação. Não obstante, a justificação é um dom distinto de Deus, que se manifesta em uma natureza humana totalmente transformada. A santificação está relacionada ao que Deus opera em nós por meio de Seu Espírito Santo; e a justificação é o que Ele fez por nós por meio de Seu Filho. De modo que, embora existam casos em que o termo "justificado" seja usado em um sentido tão amplo que inclui também a santificação, de forma geral, eles são suficientemente distintos um do outro, tanto para Paulo quanto para outros escritores sagrados. Tampouco é um conceito fechado, relacionado apenas ao fato de Deus nos livrar da acusação, particularmente de Satanás. Na verdade, não podemos negar que ele é o acusador dos homens — e ele é enfaticamente chamado assim nas Escrituras. Também é muito mais fácil dar como certo, a partir de qualquer testemunho claro das Escrituras, que justificação significa sermos livres da acusação da Lei. Ou seja, embora tenhamos transgredido a lei de Deus e, portanto, sermos merecedores da condenação, Deus não pune os que são justificados. Ele nos considera melhores do que realmente somos, nos toma por justos, quando, na verdade, somos injustos. A noção bíblica de justificação está diretamente relacionada ao perdão dos pecados. É aquele ato de Deus Pai, pelo qual, por causa da propiciação feita pelo sangue de Seu Filho, Ele mostra Sua justiça (ou Sua misericórdia) a nós, providenciando a remissão dos nossos pecados.

John Wesley

A MARAVILHOSA BONDADE DE DEUS

Pois tu, Senhor, és bom e compassivo...
SALMO 86:5

Paulo afirma que são bem-aventurados "aqueles cujas iniquidades são perdoadas, e cujos pecados são cobertos; bem-aventurado o homem a quem o Senhor jamais imputará pecado" (ROMANOS 4:7-8). Para aquele que é justificado ou perdoado, Deus não imputará pecado à sua condenação. Ele não o condenará por causa disso nem neste mundo nem no porvir. Todos os seus pecados, quer sejam em pensamento, palavra ou ação, estão cobertos e apagados. Não serão lembrados ou mencionados contra ele, será como se não tivessem acontecido. Deus não infligirá àquele pecador o que ele merecia sofrer, porque o Filho do Seu amor sofreu por ele. É para com nossa injustiça que Deus é misericordioso, e é da nossa iniquidade que Ele não se lembra mais. De fato, o apóstolo Paulo parece estender o significado desta palavra para algo mais amplo, pois, em Romanos 2:13, ele diz: "Porque os simples ouvidores da lei não são justos diante de Deus, mas os que praticam a lei hão de ser justificados." Aqui, ele parece referir-se à nossa justificação, a uma sentença do grande dia do Juízo. E assim o faz o próprio Senhor, inquestionavelmente, quando diz: "Digo-vos que de toda palavra frívola que proferirem os homens, dela darão conta no Dia do Juízo; porque, pelas tuas palavras, serás justificado e, pelas tuas palavras, serás condenado." (MATEUS 12:36-37). Quem são os justificados? O apóstolo nos diz expressamente que são os ímpios. Assim como os justos não precisam de arrependimento, também não precisam de perdão. Só os pecadores têm a possibilidade de perdão. Desde o momento em que somos aceitos e reconciliados com Deus por meio do sangue de Cristo, Ele nos ama, abençoa, zela por nós e por nosso bem, como se nunca tivéssemos pecado.

John Wesley

O BOM PASTOR BUSCA OS PERDIDOS

Deixe o perverso o seu caminho, o iníquo, os seus pensamentos; converta-se ao Senhor, que se compadecerá dele, e volte-se para o nosso Deus, porque é rico em perdoar. ISAÍAS 55:7

O bom Pastor busca e salva aqueles que estão perdidos. Ele perdoa aqueles que precisam da Sua misericórdia e do Seu perdão; o Senhor os salva da culpa do pecado. Salva pecadores de todos os tipos e todos os níveis: homens que até então eram totalmente ímpios, em quem o amor do Pai não estava e, consequentemente, em quem não habitava nada de bom, nenhum comportamento bom ou verdadeiramente cristão. Refiro-me àqueles que abomináveis aos olhos do Senhor; orgulhosos, raivosos, dados às paixões mundanas por causa de sua mente carnal. Todos eles estão enfermos, carregam o fardo de seus pecados e precisam do verdadeiro Médico. Eles gemem sob a ira de Deus e precisam de perdão. Estão condenados, não só por Deus, mas também por sua própria consciência, tanto em pensamento como em palavra e obra, como se estas fossem mil testemunhas contra eles. Deus não justifica o piedoso, mas o ímpio; não aqueles que já são santos, mas os pecadores. Portanto, olhe para Jesus! O Cordeiro de Deus, que tira os seus pecados, está aí, bem à sua frente! Não leve consigo nenhuma obra, nenhuma justiça própria, mas humildade, contrição, sinceridade. Clame pelo resgate pago por sua alma orgulhosa, teimosa e pecadora. Eu o desafio a se tornar um filho de Deus pela fé. O Senhor chama por você. Creia no Senhor Jesus e você será reconciliado com Deus por meio de Cristo.

John Wesley

CRISTO MORREU PELOS NOSSOS PECADOS

*Justificados, pois, mediante a fé,
temos paz com Deus...*
ROMANOS 5:1

Nenhuma de nossas obras pode ser feita no amor, naquele amor a Deus, que produz amor a toda a humanidade, enquanto o amor do Pai não estiver em nós. E este amor não pode habitar em nós até que recebamos o Espírito de adoção, clamando em nosso coração: "Aba, Pai". Portanto, se Deus não justifica o ímpio e nem aquele que não trabalha, então Cristo morreu em vão. Então, apesar de Sua morte, ninguém pode ser justificado? Claro que pode! Pois aquele que crê não é condenado e passou da morte para a vida, porque a justiça (ou misericórdia) de Deus é pela fé em Jesus Cristo, para todos e sobre todos os que creem e trabalham: "...a quem Deus propôs, no seu sangue, como propiciação, mediante a fé, para manifestar a sua justiça..." (ROMANOS 3:25). A fé em geral é divina e sobrenatural, ela evidência coisas não vistas e não detectáveis por nossos sentidos corporais. A fé justificadora implica não apenas uma evidência ou convicção divina de que Deus estava em Cristo reconciliando consigo o mundo, mas na confiança de que Cristo morreu por meus pecados e que Ele me amou e se entregou por mim. No momento em que um pecador (um ímpio) crê, independentemente da sua idade, Deus o justifica. Deus, por causa de Seu Filho, perdoa e absolve aquele que até então não tinha nada de bom. O arrependimento, de fato, Deus já havia concedido antes, mas esse arrependimento não passava de apenas um profundo senso da falta de todo o bem e da presença de todo o mal. Tudo o que ele tem ou faz de bom, desde o instante em que crê em Deus por meio de Cristo, é pela fé. Este é o fruto da fé: primeiro, a árvore é boa, depois os frutos também são.

John Wesley

SEM FÉ, NINGUÉM SERÁ JUSTIFICADO

> *...sendo justificados gratuitamente, por sua graça, mediante a redenção que há em Cristo Jesus, a quem Deus propôs, no seu sangue, como propiciação, mediante a fé, para manifestar a sua justiça, por ter Deus, na sua tolerância, deixado impunes os pecados anteriormente cometidos...* ROMANOS 3:24-25

A fé, portanto, é a condição necessária para a nossa justificação. E essa fé não vem de nós mesmo, mas é dom de Deus concedido a nós como justiça quando cremos. Não que Deus pense que sejamos o que não somos (justos), mas porque Cristo tomou sobre si a punição por nossos pecados, assim Deus nos considera justos a partir do momento em que cremos em Jesus, isto é: Ele não nos pune por nossos pecados e nos considera como se fôssemos inocentes e justos. Portanto a fé é a única coisa sem a qual ninguém é justificado, e a única coisa que é imediata, indispensável e absolutamente necessária para sermos perdoados. Pois, embora tenhamos todas as outras coisas, sem fé, ainda assim não poderíamos ser justificados. E mesmo quando ainda não temos todas as outras coisas, se tivermos fé, não deixaremos de ser justificados. O que quero dizer é que, mesmo quando imaginamos um pecador vivendo em sua total impiedade e incapacidade de pensar, falar ou fazer o bem, inteiramente desamparado e desesperançado, ao se entregar completamente à misericórdia de Deus em Cristo, poderia alguém duvidar que ele tenha sido perdoado naquele instante? Quem afirmará que ele necessita de mais alguma coisa para ser justificado? Portanto confirma-se claramente que a fé é, conforme exposto, a única condição para a nossa justificação.

John Wesley

NÃO TENHA UMA FÉ VACILANTE

Peça-a, porém, com fé, em nada duvidando; pois o que duvida é semelhante à onda do mar, impelida e agitada pelo vento. TIAGO 1:6

Descrevo a natureza da fé como sendo o único instrumento de salvação (da qual a justificação é um ramo), pois é pela fé que temos segurança de que Deus perdoou e perdoará nossos pecados e de que Ele nos aceitou novamente em Seu favor, pelos méritos da morte e paixão de Cristo. Todavia devemos cuidar para que não nos estagnemos diante de Deus, por meio de uma fé vacilante assim como fez Pedro ao andar sobre as águas, indo na direção de Cristo, mas logo depois começou a se afogar porque duvidou. Nós também, se começarmos a vacilar ou duvidar, podemos afundar como Pedro afundou; não na água, mas no poço sem fundo do fogo do inferno. Somente pela fé no nome de Jesus é que podemos receber o perdão ofertado por Seu sacrifício. Assim, enquanto estivermos sem essa fé, seremos estranhos ao pacto da promessa de redenção dos pecados, seremos afastados da riqueza de Israel e sem Deus no mundo. Quaisquer que sejam as virtudes que um homem possa ter, quaisquer boas obras que ele possa fazer, de nada adiantam; ele ainda é um filho da ira e ainda está sob a maldição até que acredite em Jesus. Portanto, tenha fé constante e segura, não apenas de que a morte de Cristo está disponível para todo o mundo, mas de que Ele fez um sacrifício completo e suficiente por você, uma purificação perfeita dos seus pecados, para que você possa dizer: "Ele me ama e se entregou por mim". Pois isso é fazer de Cristo seu salvador e aplicar sobre você mesmo os méritos de Seu sacrifício na cruz.

John Wesley

AME A DEUS DE TODO O SEU CORAÇÃO

*Porquanto a graça de Deus se manifestou salvadora
a todos os homens, educando-nos para que, renegadas a
impiedade e as paixões mundanas, vivamos,
no presente século, sensata, justa e piedosamente,
aguardando a bendita esperança e a manifestação
da glória do nosso grande Deus e Salvador Cristo Jesus,
o qual a si mesmo se deu por nós...* TITO 2:11-14

A Lei dada por Deus ao homem no paraíso exigia apenas obediência para que pudéssemos viver em santidade e felicidade eterna. "Portanto amados, observem todas essas coisas para que possais viver para sempre". Era necessário que o homem cumprisse toda a justiça para continuar santo como era santo Aquele que o criou, tanto no coração como em toda a sua conduta: ser puro de coração, assim como Deus é puro; perfeito como seu Pai no Céu é perfeito. Amar a Deus com todo o seu coração, com toda a sua alma, com toda a sua mente e com todas as suas forças. Ele deveria amar cada alma que Deus fez, permanecer em Deus (que é amor) e Deus nele, servir ao Senhor com todas as suas forças e em todas as coisas ter como alvo a Sua glória. Estas eram as coisas que a justiça da Lei requeria para que aquele que as praticasse pudesse viver. Mas, além disso, era necessário que toda essa obediência a Deus, toda essa santidade interna e externa fosse perfeita. Porém Cristo é o fim da Lei para justiça de todo aquele que crê; ao ofertar a si mesmo, Ele pôs fim à primeira Lei, que dizia: "Faça isto e viva", dando início à uma nova aliança que diz: "Acredite e serás salvo". Salvo tanto da culpa quanto do poder do pecado e, consequentemente, do salário dele. O desejo do meu coração e a minha oração a Deus é que você seja salvo.

John Wesley

CREIA NO SENHOR E VOCÊ SERÁ SALVO

Pois o amor de Cristo nos constrange, julgando nós isto: um morreu por todos; logo, todos morreram. E ele morreu por todos, para que os que vivem não vivam mais para si mesmos, mas para aquele que por eles morreu e ressuscitou. 2 CORÍNTIOS 5:14-15

No momento em que Deus criou o homem e soprou em suas narinas o fôlego da vida, Ele ansiava que a obediência e a santidade fossem para sempre até a confirmação da vida eterna. Então, veio a justiça através da Lei que nos orientou a: permanecermos firmes no amor e na semelhança de Deus nosso criador, guardarmos os mandamentos, amarmos ao Senhor de todo o nosso coração e amarmos cada alma que Ele criou como amamos a nós mesmos. Também nos orientou a não desejar nada além de Deus, a obedecê-lo em cada pensamento, palavra e obra. Agora, a aliança do perdão, do amor imerecido e da misericórdia constantemente nos diz: Creia no Senhor Jesus Cristo e você será salvo. Essa condição de vida é simples e está sempre a nossa disposição. Está em nossa boca e em nosso coração, por meio da operação do Espírito de Deus. Assim que o nosso coração crê que Deus ressuscitou dos mortos e confessamos com a nossa boca que Jesus é o nosso Senhor e Deus, somos salvos da condenação, da culpa e da punição dos nossos pecados. Já não experimentaremos a segunda morte, e com Cristo viveremos. Seremos restaurados pela graça divina e, em Sua vontade, encontraremos a vida. Não haverá maldição nem ira divina; seremos vivificados da morte do pecado para uma vida de justiça, e isso permanecerá até o fim. Aos fazermos essas coisas, viveremos, e a Sua luz brilhará em nós fortemente até o dia quando seremos recebidos na mansão celestial para reinar com Ele para sempre. Aleluia!

John Wesley

DEUS NOS LIBERTA

Ele nos libertou do império das trevas e nos transportou para o reino do Filho do seu amor, no qual temos a redenção, a remissão dos pecados. COLOSSENSES 1:13-14

Na aliança da graça, a restauração do homem se dá por meio da fé viva em Deus, o qual justifica a todos. Visto que não temos nada a pagar, Deus deliberadamente nos perdoa de todos os pecados, contanto apenas que acreditemos naquele que pagou o alto preço por nós, dando a si mesmo como propiciação pelos nossos pecados e pelos pecados do mundo inteiro. O homem infeliz pode recuperar a pérola que perdeu: pode recuperar o favor e a imagem de Deus, pode recuperar a vida de Deus em sua alma e ser restaurado no conhecimento e no amor de Deus. Esse é o começo da vida eterna. Lembre-se: Deus é amor. Entregue todos os seus pecados diante de Deus, e eles desaparecerão como uma nuvem. Se você não fosse pecador, não haveria espaço para ele justificá-lo como pecador. Mas, agora, aproxime-se dele, com plena convicção e fé. Ele fala, e tudo se faz. Não tema, apenas acredite, pois Deus é justo e justifica todos os que creem em Seu Filho Jesus. Deus demonstra a Sua misericórdia através do Seu imenso amor e de Sua bondade imerecida. Portanto, Ele tem misericórdia de quem deseja ter misericórdia e crê no Filho do Seu amor. Aqueles que não creem, Ele os endurece e os deixa entregues à própria dureza do seu coração. Portanto, tenha fé constante e segura, não só de que a morte de Cristo está disponível para todo o mundo, mas de que Ele fez um sacrifício completo e suficiente por você para a purificação de todos seus pecados.

John Wesley

RECONHEÇA SEU VERDADEIRO ESTADO

Eu, eu mesmo, sou o que apago as tuas transgressões por amor de mim e dos teus pecados não me lembro.

ISAÍAS 43:25

Devemos reconhecer com o nosso coração assim como com os nossos lábios o verdadeiro estado em que estamos; reconhecer que trazemos conosco uma natureza corrupta e pecaminosa, mais corrupta do que podemos facilmente conceber ou encontrar palavras que poderão expressar. Somos propensos a tudo o que é mau e avessos a tudo o que é bom. Estamos cheios de orgulho, obstinação, somos dados às paixões indisciplinadas, aos desejos tolos, amando mais o mundo do que a Deus. A nossa vida não tem sido melhor, nem nosso coração, mas, de muitas maneiras ímpias e profanas, temos pecado, desagradando Àquele que tem os olhos mais puros e que está observando as nossas iniquidades. Nós mereceríamos como resposta o devido salário do pecado: a morte. Não podemos nada por nossa própria justiça (pois, na verdade, não temos nenhuma), nem por nossas próprias obras. Portanto, devemos reconhecer tanto com o coração quanto com os lábios que, por nossa justiça, não é possível nos reconciliarmos com Deus, mas somente por Sua santa graça, por Seu amor e por Sua misericórdia imerecida, somos reconciliados. E todo aquele que se sente um pecador condenado, sentenciado à morte e merecedor da ira de Deus, sobre ele o Senhor diz: "Não, faça isto: obedeça perfeitamente a todos os meus mandamentos e viverás, creia no Senhor Jesus Cristo e serás salvo". Oh pecador, creia no evangelho, pois o Senhor é misericordioso e não se lembrará mais das suas injustiças e iniquidades.

John Wesley

QUEM É SUFICIENTEMENTE BOM DIANTE DE DEUS?

> *E a vós outros também que, outrora, éreis estranhos e inimigos no entendimento pelas vossas obras malignas, agora, porém, vos reconciliou no corpo da sua carne, mediante a sua morte, para apresentar-vos perante ele santos, inculpáveis e irrepreensíveis...* COLOSSENSES 1:21-22

Portanto, você que deseja ser perdoado e reconciliado com o favor de Deus, não diga em seu coração: "Primeiro devo fazer isso, devo vencer os pecados, devo primeiro ir à igreja, tomar da ceia do Senhor ou ouvir mais sermões e fazer mais orações." Pois aí sim você procurará estabelecer a sua própria justiça como a base da sua reconciliação. Também não diga em seu coração: "Não posso ser aceito ainda, porque não sou bom o suficiente". Quem é bom o suficiente? Quem já foi, para merecer a aceitação nas mãos de Deus? Algum filho de Adão foi bom o suficiente para isso? Em relação a si mesmo, você sabe que nada de bom habita em você. Contudo você precisa saber que nunca será bom sem crer em Jesus. Pelo contrário, você sempre se achará não merecedor. Então, não demore para se reconciliar com Cristo porque todas as coisas já estão preparadas. Levante-se e lave seus pecados. A fonte está aberta e agora é a hora de lavar-se no sangue do Cordeiro. Ele o purificará como hissopo, e você ficará limpo; Ele o lavará, e você ficará mais branco do que a neve. Elimine todo pensamento que diz: Devo fazer isto primeiro para depois crer. Não! Primeiro creia. Acredite no Senhor Jesus Cristo, que é a propiciação por todos os seus pecados. Deixe que esta ação seja primeiramente estabelecida em sua vida, então você fará bem todas as coisas.

John Wesley

A ESSÊNCIA DO REINO DE DEUS

*Porque o reino de Deus não é comida nem bebida,
mas justiça, e paz, e alegria no Espírito Santo.*
ROMANOS 14:17

Arrependam-se e creiam no evangelho porque o reino de Deus está próximo. O apóstolo Paulo declara que a verdadeira religião não consiste em comida e bebida, ou em quaisquer observâncias de rituais, nem mesmo em quaisquer coisas exteriores ao coração. A religião de Cristo está elevada a algo muito mais profundo do que tudo isso, pois a essência do reino de Deus está na prática da retidão, da paz e da alegria no Espírito Santo. A natureza da verdadeira religião está longe de ser em formas de adoração ou ritos e cerimônias. O homem que vive praticando atos perversos ou imorais, sabendo que deveria fazer o bem e não o faz, não pode ter dentro de si uma religião verdadeira. Também a religião não consiste em religiosidade ou opiniões corretas. Um homem pode ser quase tão religioso quanto o diabo e pode todo o tempo ser tão perverso quanto ele. A verdadeira religião está na prática da santidade e na felicidade unidas, sendo, às vezes, reino de Deus e, às vezes, reino dos Céus. É reino de Deus, porque ela é fruto imediato do reinado de Deus na alma. Assim que Ele nos toma para si, Seu poder é estabelecido e entronizado em nosso coração, que é instantaneamente preenchido com justiça, paz e alegria no Espírito Santo. É chamado de reino dos Céus, porque o Céu está aberto para a alma. Pois quem quer que experimente isso pode afirmar, diante dos anjos e dos homens: "A vida eterna está ganha e a glória na Terra começou."

John Wesley

A QUEM TEMOS NO CÉU?

*O amor não pratica o mal contra o próximo; de sorte que
o cumprimento da lei é o amor.* ROMANOS 13:10

O primeiro e grande mandamento está em Marcos 12:30, que diz: "Amarás, pois, o Senhor, teu Deus, de todo o teu coração, de toda a tua alma, de todo o teu entendimento e de toda a tua força." Isso significa que você se deleitará no Senhor seu Deus e encontrará toda a felicidade nele. Ele será seu escudo e sua grande recompensa nesta vida e na eternidade. Em seu íntimo, você poderá clamar: "A quem tenho eu no céu senão a ti? E na terra não há quem eu deseje além de ti!" (SALMO 73:25 ARC). Você ouvirá e cumprirá a palavra que diz: "Dá-me, filho meu, o teu coração" (PROVÉRBIOS 23:26). E tendo dado a Ele seu coração e a sua alma, você poderá dizer como disse o profeta Davi: "Eu te amo, ó SENHOR, força minha. O SENHOR é a minha rocha, a minha cidadela, o meu libertador; o meu Deus, o meu rochedo em que me refúgio..." (SALMO 18:1-2). O segundo mandamento é semelhante a este: amar o teu próximo como a ti mesmo. Amar significa envolver com terna boa vontade e com a mais sincera e cordial afeição. Amar seu vizinho, não apenas seu amigo, seus parentes e conhecidos. Não apenas o virtuoso, o amigável, aquele que ama você e que retribui a sua bondade, mas todo filho do homem e toda criatura que Deus fez. A ele você deverá amar como ama a si mesmo e cuidar incansável para afastá-lo de tudo que possa afligir ou ferir sua integridade. Esse amor é o cumprimento da Lei, a soma de toda a justiça cristã. Porque o amor não faz mal nem por palavras, nem por atos. Não magoa ou entristece voluntariamente a ninguém, é amante da humanidade, faz bem a todos sendo cheio de misericórdia e de bons frutos.

John Wesley

NÃO SEJA INIMIGO DE DEUS

...mas alegria têm os que aconselham a paz...
PROVÉRBIOS 12:20

A paz que vem de Deus o mundo não pode tirar. É uma paz que ultrapassa todo o entendimento e toda compreensão humana; é algo sobrenatural, como uma porção divina do Céu na Terra. Que possamos identificar rapidamente as coisas que contribuem para a nossa paz, antes que elas sejam escondidas de nossos olhos! Enquanto estivermos em inimizade com Deus, não poderemos ter a verdadeira paz, nem mesmo a plena alegria, seja neste tempo ou na eternidade. A paz que vem Deus elimina todas as nossas incertezas, todo temor da ira de Deus, todo medo do inferno, do diabo e da morte. Aquele que tem a paz de Deus deseja estar com Cristo. Estando a paz de Deus habitando em nós, também estará em nós a alegria que é gerada no Espírito Santo, que opera em nós toda a mansidão, humilde e a alegria que vem de Deus, por meio de Cristo, por quem agora recebemos a reconciliação com Deus, permitindo-nos corajosamente afirmar a declaração do salmista em Salmo 32:1: "Bem-aventurado aquele cuja iniquidade é perdoada, cujo pecado é coberto". Ele é quem aviva o nosso ser com aquela alegria transbordante que surge do testemunho do Espírito de Deus habitando em nós. Que todos nós possamos experimentar o que é ser gratuitamente justificado por Sua graça, sabendo que temos paz com Deus por meio de Jesus Cristo. Alegremo-nos na esperança da gloriosa imagem de Deus, que um dia será revelada a nós, e por sabermos que um dia estaremos com Ele no Céu. Aquele que tem o Filho reinando em seu coração, esse tem a vida eterna.

John Wesley

QUE TIPO DE ÁRVORE NÓS SOMOS?

Pelo que diz: Desperta, ó tu que dormes, levanta-te de entre os mortos, e Cristo te iluminará. EFÉSIOS 5:14

Desperta, tu que dormes! Reconheça que você é um pecador e sonde seu próprio coração, pois a sua carne sempre luta contra o Espírito, e seus olhos estão turvos a ponto de não poder discernir as coisas que são de Deus. As nuvens da ignorância e do engano repousam sobre você e o cobrem com a sombra da morte. Você que anda perdido, não conhece a Deus, nem o mundo, nem a si mesmo; você que tem em si uma vontade maligna, avessa a todo bem, a tudo que Deus ama e inclinada a todo mal e a tudo que Deus odeia: as suas paixões e desejos, suas alegrias e tristezas e as esperanças e medos estão fora do controle, tamanha é a corrupção do seu coração, da sua natureza mais íntima. Que tipo de árvore você pode esperar que cresça de uma raiz tão má? Por isso, surge a incredulidade que o afasta sempre do Deus vivo, dizendo: "Quem é o Senhor para que eu o sirva?", ou ainda diz: "Deus não se importa com isso". Daí surge sua independência, sua arrogância e orgulho em todas as suas formas, movendo-o a dizer: "Eu sou rico, tenho muitos bens e não tenho necessidade de nada". Desta fonte maligna fluem as amarguras, vaidades, a sede de ser exaltado, a ambição, a cobiça, a inveja, o ciúme... Todas as concupiscências o tomam assim e, se não forem impedidas a tempo, afogarão sua alma na perdição eterna. Arrependa-se e conheça-se, pois o reino de Deus está próximo. Escute a Palavra de Deus e creia no evangelho, porque o reino de Deus não está longe de você. Cristo é o caminho. Caminhe nele.

John Wesley

O VERDADEIRO ARREPENDIMENTO

Mas, se o perverso se converter de todos os pecados que cometeu, e guardar todos os meus estatutos, e fizer o que é reto e justo, certamente, viverá; não será morto.

EZEQUIEL 18: 21

Não é possível crescer frutas boas de uma árvore cheia de pecados; seus frutos são amargos e produzem a maldade continuamente. As pessoas que produzem maus frutos têm em seu coração orgulho e contendas, estão constantemente buscando receber louvores dos homens e querem roubar a glória que pertence a Deus, a qual Ele não compartilha com ninguém. É da concupiscência da carne que vem a gula, a embriaguez, a luxúria, a sensualidade, a fornicação e a impureza, contaminando de várias maneiras o corpo que foi projetado para ser o templo do Espírito Santo. Uma coisa é certa: nossos pecados são incontáveis. Quem pode contar as areias do mar, ou as gotas de chuva, ou as nossas iniquidades? Lembre-se de que o salário do pecado é a morte. A morte nesse sentido não é apenas temporal, mas eterna. "A alma que pecar, essa morrerá" (EZEQUIEL 18:20), pois esta é a sentença: uma morte eterna, que não lhe permitirá viver da eterna presença da glória divina e do seu poder. Todo pecador está sob a sentença do fogo do inferno, já condenado e pronto para ser executado. Somos nós os culpados por nossa morte eterna, porque essa é a recompensa por toda a maldade que praticamos. Você está convencido de que merece a ira de Deus e a condenação eterna? No entanto, quando Deus lhe entregou o verdadeiro arrependimento, você admitiu que é somente pela misericórdia divina que você não foi consumido e varrido da face da Terra, podendo então ter a esperança da vida eterna com Ele.

John Wesley

A VERDADEIRA CONVICÇÃO DE PECADO

Todos nós andávamos desgarrados como ovelhas; cada um se desviava pelo caminho, mas o S<small>ENHOR</small> fez cair sobre ele a iniquidade de nós todos. ISAÍAS 53:6

O que você pode fazer a fim de não ser consumido pela ira de Deus para escapar do castigo que você merece? Nada! Você não pode fazer nada que possa reparar as suas más obras. Mesmo que você se tornasse plenamente obediente, isso não eliminaria o que já passou, e a sua dívida permaneceria. Faça o teste! Sacuda aquele pecado que tão facilmente o assedia e você verá que não pode eliminá-lo. Como, então, você transformará a sua vida, como você poderia tornar todo o mal em bem? Na verdade, isso é impossível de ser feito, a não ser que, primeiro, seu coração seja mudado. Enquanto a árvore permanecer má, ela não pode dar bons frutos. Ninguém é capaz de transformar seu próprio coração deixando-o totalmente sem pecado e completamente santo, porque a alma humana está morta para Deus vivendo apenas para o mundo. Sim, somos todos culpados e pecadores e não há nada que possamos fazer por nós mesmos para mudar isso. Se você tem plena convicção dos seus pecados, então você tem o verdadeiro arrependimento que vem do reino de Deus. Se há em seu coração o desejo sincero de deixar de fazer o mal e aprender a fazer o bem, então, eu lhe digo: em nome do Senhor Jesus, você está próximo do reino de Deus; só mais um passo e você entrará. Arrependa-se agora e creia no evangelho. A essência de tudo é que Jesus veio ao mundo para salvar os pecadores para dar a vida eterna, sendo Ele ferido por nossas transgressões e por nossas iniquidades. Pela fé, você alcançará a promessa e ouvirá a voz de Deus ao seu coração dizendo: "Seus pecados estão perdoados". Assim, o Seu reino virá sobre você com paz, justiça e alegria no Espírito Santo.

John Wesley

A ALEGRIA DA REDENÇÃO

Ele nos libertou do império das trevas e nos transportou para o reino do Filho do seu amor... COLOSSENSES 1:13

O amor de Deus é claro como o Sol do meio-dia. Portanto, quando a paz e o amor de Deus estiverem em seu coração, não haverá espaço para a tristeza. Você dirá: "Com a minha boca falarei sempre da Tua verdade a todas as gerações." Você não terá mais medo do inferno, nem da morte, nem daquele que uma vez teve o poder da morte, o diabo. A sua alma engrandecerá ao Senhor, e o seu espírito se regozijará em Deus, seu Salvador. Você pode se alegrar por ter a redenção e o perdão dos seus pecados por meio do sangue de Jesus. Você encontrará a alegria que vem do Espírito de adoção que clama em seu coração: "Aba, Pai!". Ele o responderá com esperança, vida e todas as coisas boas que Deus preparou para aqueles que o amam. Você sentirá o amor de Deus derramado em seu coração porque Ele nos amou primeiro. E por você amar a Deus, você amará seu próximo. Estando cheio de amor, paz, alegria, você também estará cheio de longanimidade, mansidão, fidelidade, bondade, temperança e tudo proveniente do fruto do Espírito. Prossiga firme em crer e conhecê-lo, até receber a sua coroa e alcançar todas as grandes e preciosas promessas que Ele lhe fez. Tenha confiança no Filho de Deus, que se entregou por nós e nos perdoou, nos reconciliando com Deus pelo Seu sangue na cruz. Se você ainda não o conhece, não deixe que a vaidade faça você sentir vergonha do evangelho de Cristo. Deus transformará o seu peso em alegria, afastará seus medos e lhe dará o Seu Espírito e uma mente renovada. Atire-se sobre o Cordeiro de Deus com todos os seus pecados e você terá livre acesso ao reino de nosso Senhor e Salvador Jesus Cristo!

John Wesley

NÃO TENHA
O ESPÍRITO DO MUNDO

*Portanto, os que estão na carne não podem agradar
a Deus. Vós, porém, não estais na carne, mas no Espírito,
se, de fato, o Espírito de Deus habita em vós. E, se
alguém não tem o Espírito de Cristo, esse tal não é dele.*

ROMANOS 8:8-9

Segundo o apóstolo Paulo, aqueles que estão em Cristo Jesus são os que verdadeiramente creem nele. Aqueles que são justificados pela fé têm paz com Deus e não andam mais segundo a carne seguindo a sua natureza corrupta, mas segundo o Espírito que direciona os seus pensamentos, palavras e ações. Portanto, agora nenhuma condenação há para estes que estão em Cristo, pois Deus os justificou gratuitamente, por Sua graça, por intermédio da redenção que está em Jesus perdoando todas as nossas iniquidades. Não recebendo o espírito do mundo, mas o Espírito que é de Deus para que conheçam a bondade de Deus. Infelizmente, a Palavra de Deus tem sido interpretada de uma maneira perigosa. Por isso é importante discernirmos quem são aqueles que estão em Cristo Jesus. Os que estão em Cristo não dispõem da sua própria justiça, mas da justiça que vem de Deus pela fé. Esses têm a redenção por meio de Seu sangue, porque eles habitam em Cristo e Cristo, neles, estando unidos ao Senhor em um só Espírito. Aqueles que são de Cristo, que permanecem nele, não pecam; não andam conforme a carne, segundo suas paixões e concupiscências. Eles buscam o poder que vem do alto para vencer as tentações; e em cada adversidade enxergam uma oportunidade para louvar e clamar. Graças a Deus que nos dá a vitória em Jesus Cristo nosso Senhor.

John Wesley

VOCÊ ANDA NO ESPÍRITO?

Fomos, pois, sepultados com ele na morte pelo batismo; para que, como Cristo foi ressuscitado dentre os mortos pela glória do Pai, assim também andemos nós em novidade de vida. Porque, se fomos unidos com ele na semelhança da sua morte, certamente, o seremos também na semelhança da sua ressurreição...
ROMANOS 6:4-5

Aqueles que andam segundo o Espírito são ensinados a amar a Deus e o próximo. Um amor tão grandioso que parece como uma fonte de água que jorra para a vida eterna. Sua fala é sempre na graça temperada com sal, amor e temor a Deus. Nenhuma palavra desonesta sai de sua boca, mas apenas o que é edificante e adequado para ministrar graça aos que a ouvem. Buscam constantemente fazer o que agrada a Deus, para que, por meio do seu comportamento, as pessoas possam conhecer a Jesus. Os seus relacionamentos se baseiam na justiça, na misericórdia e na verdade e, em sua vida, manifestam o fruto do Espírito Santo. Em sua vida, atua o mesmo Espírito que ressuscitou Jesus dentre os mortos. Para esses não há condenação por causa de seus pecados passados, pois para Deus é como se nunca tivessem acontecido. Seus pecados são como pedras lançadas nas profundezas do mar, e Ele já não se lembra mais de nenhum deles. Não há condenação em seu próprio peito; nenhum sentimento de culpa ou medo da ira de Deus. Não receberam novamente o espírito de escravidão do medo, da dúvida e da terrível incerteza, mas o Espírito de adoção, clamando em seu coração: "Aba, Pai". Sendo assim justificados pela fé, eles têm a paz de Deus governando em seu coração. Enquanto eles crerem e andarem segundo o Espírito, não serão condenados nem por Deus nem pelo seu próprio coração.

John Wesley

NÃO PERCA SUA LUZ

*Aquele que tem os meus mandamentos e os guarda, esse é
o que me ama; e aquele que me ama será amado
por meu Pai, e eu também o amarei e me manifestarei a ele.*

JOÃO 14:21

É possível que um crente em Cristo não veja mais a misericórdia de Deus, tornando-se invisível a luz de Deus que brilha sobre ele? Uma coisa é certa: a fé implica em luz. À medida que o crente vai perdendo essa luz, perde também a sua fé, se sente perdido e novamente a condenação pelos seus pecados lhe cerca. Portanto, aqueles que creem em Cristo não sentem tal condenação, pois já não andam mais segundo a carne, mas segundo o Espírito, guardando os seus mandamentos por amor a Deus. O apóstolo João reafirma tal testemunho ao dizer em 1 João 3:9: "Todo aquele que é nascido de Deus não vive na prática de pecado; pois o que permanece nele é a divina semente; ora, esse não pode viver pecando, porque é nascido de Deus". Enquanto o homem tem a semente de Deus, o inimigo não pode tocá-lo, dado que são guiados pelo Espírito e não pela Lei. Aquela lei de Deus que ordena não roubar não condena ninguém, exceto aqueles que roubam. Ou ainda quando diz: "Lembra-te do dia do sábado, para o santificar." (ÊXODO 20:8), condena apenas aqueles que não o santificam. No entanto, contra o fruto do Espírito, não há Lei. Não há condenação para aqueles que estão em Cristo Jesus. Deus se agrada da busca sincera pela obediência. "Aquele que guarda os seus mandamentos permanece em Deus, e Deus, nele. E nisto conhecemos que ele permanece em nós, pelo Espírito que nos deu" (1 JOÃO 3:24).

John Wesley

UMA CONSCIÊNCIA LIMPA DIANTE DE DEUS

Porque não recebestes o espírito de escravidão, para viverdes, outra vez, atemorizados...
ROMANOS 8:15

Quando aquele que crê tem consciência de que não está cumprindo os ensinamentos de Deus, nem nos seus pensamentos, nem em suas palavras ou ações, ele se afasta de Cristo, pois sente como se não amasse mais ao Senhor seu Deus de todo o coração, alma e entendimento. Mas, quando ele se derrama diante de Deus em arrependimento por causa de seus pensamentos e ações, está reconhecendo que precisa de Jesus, pois Ele é o nosso Advogado e o nosso Intercessor junto ao Pai. Um crente de fato pode às vezes se entristecer e errar, porém, ele pode clamar como fez o salmista Davi: "Como suspira a corça pelas correntes das águas, assim, por ti, ó Deus, suspira a minha alma. A minha alma tem sede de Deus, do Deus vivo; quando irei e me verei perante a face de Deus?", pois, mesmo estando envergonhado e entristecido, ele não precisa entrar em condenação. Isso porque Deus não o acusa, mas tem compaixão dele, assim como um pai que se compadece de seus próprios filhos. Não tem por que ter medo, homem de pouca fé. Embora os seus pecados sejam mais numerosos do que a areia, eles não são mais lembrados. Você é nascido do Espírito. Mesmo em meio à tristeza e à vergonha, o seu coração não o condena e você ainda pode dizer: "...confiarei e não temerei, porque o SENHOR Deus é a minha força e o meu cântico..." (ISAÍAS 12:2). Você não foi chamado para o medo, mas para o Espírito de amor e para uma mente sã. Entenda este chamado e alegra-se no Senhor seu Deus, seu Salvador, e dê a Ele graças.

John Wesley

RECONHEÇA OS SEUS PECADOS

Se confessarmos os nossos pecados, ele é fiel e justo para nos perdoar os pecados e nos purificar de toda injustiça.
1 JOÃO 1:9

Ao reconhecer seu pecado, clame a Deus em seu íntimo para que Ele escute o seu clamor; Ele pode ouvir a sua voz. Achegue-se a Ele como você fez na primeira vez, em humildade e reconhecimento de que você é pobre pecador. Clame até que a sua alma descanse e que o amor perdoador do Pai seja novamente revelado, curando todas as suas feridas e preenchendo você novamente com a fé que opera pelo amor. Não tenha medo de confessar, diante de Deus, o mal que há em seu coração, pois Ele já o sabe. Peça que Ele o revele a você e que o livre, permanecendo em seu coração apenas o Seu puro amor. Ame-o de todo o seu coração e entendimento, pois fiel é aquele que prometeu. Ele o ama e fez de você filho. Fortaleça e acalme a sua alma e não desanime. Não permita que a fraqueza e a insensatez abalem a sua fé e a sua confiança em Deus, ou, ainda, que elas perturbem sua paz e alegria no Senhor. Quando você errar, não fique lamentando ou reclamando de sua fraqueza, mas humildemente diga: "Senhor, eu caí e sou falho. Somente a Tua mão pode me sustentar". Depois disso, levante-se! Vá em frente! Corra com paciência a corrida que se apresenta diante de você. Ele não o condena, então você não tem o que temer. Você não precisa de nenhum medo atormentando-o. Ame Aquele que o ama, e isso será o suficiente, pois o amor do Pai nos fortalece. Ame a Deus de todo o seu coração, e será perfeito e íntegro, nada lhe faltará. Apoie-se no Deus da paz, que nos santifica em tudo e nos mantém assim até a vinda de nosso Senhor Jesus Cristo!

John Wesley

VIVENDO À BEIRA DO ABISMO

*Ora, o homem natural não aceita as coisas
do Espírito de Deus, porque lhe são loucura...*
1 CORÍNTIOS 2:14

O homem natural tem a sua alma adormecida e seus sentidos espirituais não discernem entre o bem e o mal. Ele desconhece as coisas de Deus e não sabe nada sobre Ele. Não tem o entendimento de que, sem santidade, nenhum homem poderá ver o Senhor ou encontrar a verdadeira felicidade que está escondida em Cristo Jesus. Por estar profundamente adormecido, ele pensa que está seguro e acredita que nenhum mal lhe acontecerá, porém as trevas o cercam e o mantêm em uma falsa paz. Ele vive à beira do abismo e não teme, pois desconhece o perigo que o cerca. Não pode temer a Deus porque não o conhece, e talvez até pense em seu coração que Deus não existe ou que Ele está assentado no Céu e não desperdiça o Seu tempo olhando para as coisas na Terra. O homem natural apenas lembra que "Deus é misericordioso", mas não teme a justiça divina contra aqueles que não obedecem à lei de Deus, porque ele não a entende. Ele idealiza que Cristo veio para destruir a Lei e os profetas, para salvar Seu povo e levá-los ao Céu sem a necessidade deles se santificarem ou obedecerem. Contudo as escrituras afirmam que nem um jota ou til da Lei passará até que todas as coisas sejam cumpridas e que nem todo aquele que diz "Senhor, Senhor" entrará no reino dos Céus, mas aquele que faz a vontade do Pai, que está nos Céus. Não permita que o deus deste mundo estenda um duplo véu de cegueira sobre seu coração para que não brilhe sobre você a luz do evangelho de Cristo. Aqueles que estão sob o espírito de escravidão e medo estão sob a Lei, mas aquele que trocou o espírito de temor pelo Espírito de amor está sob a graça.

John Wesley

NÃO SATISFAÇA OS DESEJOS DA SUA CARNE

Porquanto a graça de Deus se manifestou salvadora a todos os homens, educando-nos para que, renegadas a impiedade e as paixões mundanas, vivamos, no presente século, sensata, justa e piedosamente... TITO 2:11-12

Por não conhecer a si mesmo, nem a Deus, muitas vezes o homem busca se engrandecer e se alegrar baseando-se em sua própria sabedoria e bondade, satisfazendo os desejos da sua carne, possuindo muitas riquezas e bens, pois, como dizem as Escrituras, ele se veste de púrpura e linho fino e se alimenta suntuosamente todos os dias (veja LUCAS 16:19). Ele confia que, enquanto fizer bem a si mesmo, os homens sem dúvida falarão bem dele e dirão: "Ele é um homem feliz". Mas, de fato, esta é a felicidade mundana: vestir-se, visitar, conversar, comer e beber. Certamente, ele pode vir a dizer que é livre, pois procura fazer o que é certo, não comete erros vulgares, julga exatamente o que é certo e mantém-se afastado de todos os exageros. Entretanto, também é muito provável que ele esteja totalmente desprendido e distante da sabedoria que vem do alto, da santificação e da pureza da mente que vem de Cristo. Ele tem sido servo do pecado, mas não está preocupado, visto que acredita que "não está em cativeiro" e não sente nenhuma condenação. Ele se contenta com este discurso: "Todos nós somos fracos. Todo homem tem sua debilidade". Assim, permanece como um servo voluntário do pecado, satisfeito com a escravidão da corrupção. Mas Deus pode tocar o coração daquele que dorme nas trevas e na sombra da morte, porque Ele é misericordioso, longânime e perdoador das iniquidades e transgressões.

John Wesley

NÃO SEJA ESCRAVO DO PECADO

*...vê se há em mim algum caminho mau
e guia-me pelo caminho eterno.*
SALMO 139:24

O nosso Deus é amoroso e misericordioso, por isso, Ele toca com sensibilidade o coração daquele que vive nas trevas, para que ele veja o real estado em que se encontra. E, ao ser despertado do mundo das trevas, ele encontra Deus, que é justo e que retribui a cada homem de acordo com suas obras. O pecador sabe que todas as coisas estão visíveis para Deus, por isso ele se vê desnudo, despojado de tudo, de todos os seus pretextos e justificativas para pecar contra Deus. Seu coração está exposto e ele se vê como é: pecador que não possui qualquer coisa boa, mas somente injustiça e impiedade. Como é nítido o retrato de alguém que vive sob a Lei! Ele sente o fardo do seu pecado e não consegue se livrar. Anseia por liberdade, por amor, mas ainda está com medo e em escravidão! Até o momento em que Deus o responde dizendo que quem livra da escravidão do pecado é Ele, por meio de Jesus Cristo. Ao clamar ao Senhor na angústia, Deus o livra. Seus olhos são abertos, e então ele pode ver de uma maneira bem diferente do que ele via antes, não mais com os olhos da carne, mas com os olhos espirituais, podendo contemplar a Deus com Seu amor, graça, misericórdia e bondade perdoando suas iniquidades e transgressões. Então a escravidão termina, ele não está mais sob o julgo da Lei, mas sob a graça, recebendo o Espírito de adoção, por meio do qual agora clama: "Aba, Pai!".

John Wesley

O CAMINHO QUE TRAZ A PAZ

Crê no Senhor Jesus e serás salvo, tu e tua casa.

ATOS 16:31

Devemos anunciar isso a todo pecador que está aflito. E todos devemos também declarar: "Porque pela graça sois salvos, mediante a fé; e isto não vem de vós; é dom de Deus; não de obras, para que ninguém se glorie" (EFÉSIOS 2:8-9). Ao mesmo tempo, devemos zelar para que todos saibam que não consideramos a fé como algo que venha de nós mesmos, mas que emana do amor de Deus; que não somos salvos pela fé, sem antes sermos libertos do poder e da culpa do pecado. E quando dizemos: "Crê e serás salvo", não estamos dizendo: "Crê e instantaneamente estarás sem pecado e no paraíso, sem a necessidade de se santificar, como se a fé suprisse o lugar da santidade", mas sim: "Crê e serás santo; crê no Senhor Jesus e terás paz e poder; terás o poder daquele em quem crês, para esmagar o pecado e colocá-lo sob Seus pés; poder para amar o Senhor teu Deus com todo o teu coração e para servir a Ele com todas as tuas forças; terás poder, pela perseverança em fazer o bem, alcançar glória, honra e imortalidade". Entenda, você deve cumprir e transmitir todos os mandamentos de Deus, desde o menor até o maior; deve transmiti-los através da sua vida e por suas palavras e assim será chamado de justo no reino dos Céus. Qualquer outra forma de anunciar o reino dos Céus, seja pela glória, honra e imortalidade, seja chamando de "caminho da fé", ou qualquer outro nome, não passa pelo crivo da verdade, mas isso é "caminho da destruição", o qual não pode trazer paz ao ser humano.

John Wesley

NÃO BUSQUE A "JUSTIÇA DOS FARISEUS"

Porque vos digo que, se a vossa justiça não exceder em muito a dos escribas e fariseus, jamais entrareis no reino dos céus. MATEUS 5:20

Os escribas, que são frequentemente mencionados no Novo Testamento como alguns dos mais constantes e veementes opositores ao nosso Senhor, não eram homens empenhados apenas na escrita; eles também liam e interpretavam as Leis, mas não eram advogados, que trabalham com as normas jurídicas. Eles estavam familiarizados com as leis de Deus e não com as leis humanas. Já os fariseus eram uma seita muito antiga, um grupo de homens entre os judeus, assim chamados porque a palavra "fariseu" significa "separar" ou "dividir". Não que eles tenham feito qualquer separação formal ou divisão entre seu povo; eles apenas se distinguiam dos outros pela rígida e estrita observância da Lei. Eles eram zelosos da Lei nos mínimos detalhes; por isso, eram respeitados por todo o povo e geralmente considerados os tipos mais santos entre todos os judeus. Muitos dos escribas também pertenciam à seita dos fariseus. Assim como os fariseus, o grupo dos escribas era muito respeitado e vivia em harmonia com eles. Por esse motivo, com frequência encontramos o nosso Salvador referindo-se a eles como um só grupo. Qual era realmente a justiça dos escribas e dos fariseus? Não é difícil se determinar. Era uma justiça que, em muitos aspectos, ia muito além da concepção comum das pessoas. Porém, muitos deles eram homens que não tinham temor a Deus, nem o desejo de agradá-lo; não tinham nenhuma preocupação em glorificar e honrar a Deus, mas buscavam exaltação para si mesmos. Dura é essa palavra! E cabe a todos os que são chamados a Cristo considerá-la séria e profundamente, para que sua justiça não seja igual a deles.

John Wesley

TENHA O ESPÍRITO SANTO HABITANDO EM VOCÊ

Não apagueis o Espírito.
1 TESSALONICENSES 5:19

Vamos analisar o que significa ter o Espírito de Deus habitando e edificando a alma daqueles que creem. Ter a vida de Deus em nós necessariamente quer dizer que temos o Espírito Santo de Deus agindo em nosso ser; que ouvimos a voz de Deus e a obedecemos; que temos um constante mover de Deus em nossa alma e ela se submete ao Seu agir; que temos a ininterrupta presença amorosa e perdoadora de Deus sendo transmitida ao nosso coração por meio da fé e, assim, nossa alma transborda em incessante amor, louvor e oração. Portanto, quer dizer que entregamos todos os nossos pensamentos, palavras e obras, todo o nosso corpo, alma e espírito como um sacrifício vivo, santo e agradável a Deus em Cristo Jesus. É absolutamente necessário que a nossa alma se renda para que a vida divina continue habitando em nós, pois Deus não continua a agir sobre uma alma, a menos que ela se entregue e dependa dele. Ele primeiro nos ama e se manifesta a nós enquanto ainda estamos longe dele; Ele nos chama para si e traz luz ao nosso coração. Mas, se não amarmos Aquele que nos amou primeiro, se não dermos ouvidos à Sua voz, se desviarmos nossos olhos dele e não guardarmos a luz que Ele derrama sobre nós, seu Espírito não permanecerá em nós. Ele se retirará gradualmente e nos deixará nas trevas do nosso próprio coração. Seu Espírito não continuará a soprar sobre nossa alma, a menos que ela se submeta ao Seu poder, a menos que nosso amor, oração e ação de graças se voltem para Ele, como um sacrifício que o agrada profundamente.

John Wesley

SEJA UM PACIFICADOR

Bem-aventurados os pacificadores, porque serão chamados filhos de Deus. MATEUS 5:9

Quão terríveis e inumeráveis são as disputas que surgem sobre religião! E não apenas entre os filhos deste mundo, mas até mesmo entre os filhos de Deus, aqueles que experimentaram o reino de Deus dentro deles, Sua justiça, paz e alegria no Espírito Santo. Quantos destes, de todas as idades, em vez de se unirem contra nosso inimigo comum, apontam suas armas uns contra os outros e, assim, não apenas perdem seu precioso tempo, como também ferem uns aos outros, enfraquecem as mãos uns dos outros e atrapalham o grande trabalho do Seu Mestre! Quantos daqueles mais fracos servos de Cristo ficam ofendidos; quantos coxos se extraviam do caminho; quantos pecadores afirmam ainda mais seu desprezo pela fé cristã e por aqueles que a professam; quantos dos grandes desse mundo são forçados a chorar em lugares secretos e solitários! Qual daqueles que amam a Deus e o próximo sofre para remediar esse mal doloroso e remover a contenda que há entre os filhos de Deus, restaurando ou preservando a paz entre eles? Consideramos que não podemos fazer cessar essas guerras em todo o mundo, que não conseguiremos reconciliar todos os filhos de Deus uns com os outros, por mais que cada um faça o que pode, que contribua, mesmo que minimamente. Felizes os que podem, de alguma forma, promover a paz e a boa vontade entre todos, especialmente entre as pessoas boas, aquelas que estão sob a bandeira do Príncipe da paz. Por isso, esteja especialmente empenhado, tanto quanto você puder, em viver de maneira pacífica com todos e em promover a paz!

John Wesley

O SENHOR É A NOSSA JUSTIÇA

*De onde procedem guerras e contendas
que há entre vós? De onde, senão dos prazeres
que militam na vossa carne?*

TIAGO 4:1

Muitas disputas e contendas surgem pura e simplesmente devido à dificuldade de entender o outro. Frequentemente, nenhuma das partes em conflito entende o que seu oponente quis dizer; então cada um ataca o outro de forma áspera, embora não haja diferença real entre eles. Mas nem sempre é fácil convencê-los disso, principalmente quando estão movidos por suas paixões e convicções — o que torna tudo mais difícil. Porém, não é impossível, sobretudo quando tentamos fazê-lo não confiando em nós mesmos, mas em Deus, para quem tudo é possível. Ele é capaz de dispersar a nuvem de desentendimento que paira sobre as pessoas, de iluminar o coração delas e capacitá-las a compreender a verdade como ela é em Jesus. E a parte mais importante dessa verdade está contida nas palavras registradas em Jeremias 23:6: "...Será este o seu nome, com que será chamado: Senhor, Justiça Nossa." Esta verdade está profundamente ligada à essência do cristianismo. Como afirmou Lutero, essa verdade está tão intimamente conectada à fé cristã que a Igreja de Cristo permanece ou cai por meio dela. É este o pilar e a base da nossa fé: somente de Jesus vem a salvação, que é encontrada em todos os filhos de Deus. O Senhor é a nossa justiça!

John Wesley

NÃO CONTINUE NO PECADO

*Que diremos, pois? Permaneceremos
no pecado, para que seja a graça mais abundante?
De modo nenhum...*
ROMANOS 6:1-2

Ninguém deve dizer: "A justiça de Cristo me foi imputada", para dissimular seus pecados. Vemos isso acontecer tantas e tantas vezes! Por exemplo, quando alguém, que é repreendido por viver embriagado, diz: "Mas eu não tenho mesmo nenhuma justiça; Cristo é a minha justiça!"; ou quando alguém que ouve: "Olhe, nenhum injusto herdará o reino de Deus" responde com toda firmeza: "Mas eu sou injusto mesmo, porém tenho uma justiça que vem de Cristo." Não há nada que esteja mais longe da prática e do caráter cristão do que isso. Mesmo que a pessoa diga que tem a mente de Cristo, que anda como Ele andou, isso que ela chama de "justiça de Cristo" vai contra toda a verdade. Temos tantos exemplos deploráveis como esses que devemos ser moderados no uso dessas expressões. Devemos continuar no pecado, esperando que, assim, a graça de Deus abundará ainda mais? Não podemos fazer de Cristo ministro do pecado! E não devemos anular aquele solene decreto de Deus — "Segui a paz com todos e a santificação, sem a qual ninguém verá o Senhor..." (HEBREUS 12:14) — por uma falsa ideia de santidade em Cristo. Se permanecermos no pecado, a justiça de Cristo de nada nos aproveitará! Clamemos, então, em alta voz, para que a justiça de Cristo seja imputada em nós, para que a justiça da Lei se cumpra em nós e para que possamos viver sóbria, reta e piedosamente neste mundo.

John Wesley

A JUSTIÇA QUE VEM DE CRISTO

*Ele creu no Senhor,
e isso lhe foi imputado para justiça.*
GÊNESIS 15:6

Para aqueles que creem, a justiça de Cristo lhes é imputada, mas, para os que não creem, não há justiça. A partir do momento em que cremos, a justiça de Cristo nos é concedida imediatamente, pois a fé e a Sua justiça são inseparáveis. Porque, se cremos de acordo com as Escrituras, cremos na justiça de Cristo. Não há fé verdadeira, isto é, a fé justificadora, que não tenha a justiça de Cristo por objeto. É verdade que os crentes podem não falar da mesma forma, no sentido de não terem a mesma linguagem, e não é de se esperar que tenham. Não podemos exigir isso de todos. Milhares de circunstâncias podem fazer com que eles divirjam entre si, na maneira de se expressar ou de compreender as Escrituras. Mas uma diferença de entendimento não implica necessariamente em uma diferença de sentimento. Pessoas diferentes podem usar expressões diferentes, que, mesmo assim, podem significar a mesma coisa. Podemos ainda ir além: as pessoas podem diferir de nós, tanto em suas opiniões quanto em suas expressões; não obstante, podem ser participantes conosco da mesma fé preciosa. É possível que não tenham uma compreensão exata sobre a própria graça da qual desfrutam, e suas ideias podem não ser tão claras, mas sua experiência pode ser tão sólida quanto a nossa. Há uma grande diferença entre as faculdades naturais do ser humano e seus entendimentos, em particular. E essa diferença é ainda maior se considerarmos seu nível de estudo. Isso, por si, pode ocasionar uma diferença inexplicável de opiniões. Mas, embora as opiniões e compreensões delas possam ser confusas e imprecisas, o coração delas pode se apegar a Deus, por meio do Filho de Seu amor, e estar verdadeiramente interessado em Sua justiça.

John Wesley

COMO OBTER O FAVOR DE DEUS?

Porque pela graça sois salvos, mediante a fé;
e isto não vem de vós; é dom de Deus; não de obras,
para que ninguém se glorie. EFÉSIOS 2:8-9

Todos os que cremos somos perdoados e aceitos, não por quem somos ou por termos feito algo, mas tão somente por causa do que Cristo fez e sofreu por nós. Não pelas nossas obras de justiça, mas por Sua misericórdia. Ele nos salvou. Somos justificados gratuitamente por Sua graça, pela redenção que está em Jesus Cristo. E este não é apenas o meio para obtermos o favor de Deus, mas também de permanecermos nele. Mantemo-nos neste novo e vivo caminho até que nosso espírito volte para Deus. Estas coisas devem necessariamente andar juntas em nossa justificação: da parte de Deus, Sua grande misericórdia e graça e, de nossa parte, a fé no sacrifício de Cristo. A graça de Deus não exclui a Sua justiça em nossa redenção; ela rejeita a justiça que vem de nós mesmos, pois somos justificados somente pela fé, não por nossa própria justiça ou por nosso próprio mérito, mas única e exclusivamente pelo que Cristo fez por nós. Nossa justificação não vem de nós; é dom de Deus dado a nós por pura misericórdia. Visto que não somos capazes de pagar qualquer parte do nosso resgate, aprouve ao Senhor, mesmo não havendo em nós merecimento algum, preparar para nós o corpo e o sangue de Cristo, pelo qual nosso resgate pôde ser pago e a Sua justiça, satisfeita. Cristo, portanto, é a justiça de todos aqueles que verdadeiramente creem nele, como eu e você.

John Wesley

CRISTO SOFREU POR NOSSAS OFENSAS

...e estando nós mortos em nossos delitos, nos deu vida juntamente com Cristo, — pela graça sois salvos...
EFÉSIOS 2:5

O Filho de Deus foi morto para resgatar toda a humanidade e, assim, reconciliou o mundo com Deus, que não imputou sobre nós o pagamento por nossas ofensas. De modo que, pelo bem de Seu amado Filho, por causa do que Ele fez e sofreu por nós, Deus agora estabelece uma única condição, que Ele mesmo também nos capacita a cumprir. Tal condição serve para remir o castigo devido aos nossos pecados, dar-nos Seu favor e restaurar nossa alma morta para a vida espiritual, como garantia da vida eterna. Portanto, que todos possamos receber a justiça de Cristo, que, por Sua obediência, nos é imputada e nos concede remissão, para, então, afirmarmos que realmente somos justificados em Cristo e por isso recebemos os privilégios, as bênçãos e os benefícios adquiridos por Ele. Pois Deus justifica aquele que crê por meio da justiça de Cristo, e não por qualquer outra justiça que venha do homem. Essas palavras confirmam que somos justificados pela graça de Deus, que Cristo é a nossa justiça, que a justiça foi adquirida para nós pela morte e ressurreição de Jesus. Todas têm o mesmo significado, a saber, que é pela fé em Cristo que vem a nossa justificação, que Ele a obteve da mão de Deus, para que todos os que creem possam ser considerados justos diante de Deus. Paulo afirma diversas vezes que a fé é imputada como justiça a todo o que crê, isto é, fé na justiça de Cristo. Com essas palavras, quero tão somente dizer que somos justificados pela fé, não pelas obras, pois todo o que crê é perdoado e aceito, única e exclusivamente por causa do que Cristo fez e sofreu por nós, pecadores.

John Wesley

O FUNDAMENTO DA NOSSA ESPERANÇA

Mas todos nós somos como o imundo,
e todas as nossas justiças, como trapo da imundícia...
ISAÍAS 64:6

Certamente devemos tirar os trapos imundos de nossa própria justiça antes de nos vestirmos da justiça imaculada de Cristo. Devemos nos arrepender, antes de crermos no evangelho; deixar a dependência de nós mesmos, antes de verdadeiramente depender de Cristo e rejeitar toda a confiança em nossa própria justiça ou não teremos uma verdadeira confiança nele. Até que sejamos libertos da confiança em qualquer coisa que fazemos, não poderemos confiar totalmente no que Ele fez e sofreu. Primeiro, recebemos a sentença de morte em nós mesmos; então, confiamos naquele que viveu e morreu por nós. Eu acredito na justiça não como base da nossa conversão a Deus, mas como o fruto dela; não no lugar da justiça imputada, mas como consequência dela. Ou seja, creio que Deus coloca a Sua justiça em cada um que o recebe; creio que Jesus Cristo foi enviado por Deus para nossa santificação e justificação; creio que Deus santifica, bem como justifica, todos os que nele creem. Aqueles a quem a justiça de Cristo é imputada são justificados pelo Espírito de Cristo, são renovados à imagem de Deus, conforme a semelhança com que foram criados, em justiça e verdadeira santidade. Mas não coloco a fé no lugar de Cristo ou da Sua justiça. A justiça de Cristo é o único fundamento da nossa esperança. É pela fé que o Espírito Santo nos capacita a construir sobre esse alicerce; Deus é quem dá essa fé e, por ela, somos aceitos por Deus, mas não por causa da fé, senão pelo que Cristo fez e sofreu por nós. Cada um desses elementos tem seu devido lugar e nenhum se choca com o outro. Nós acreditamos, nós amamos, nos esforçamos para andar irrepreensíveis em todos os mandamentos do Senhor e nele somos salvos.

John Wesley

CRISTO, O NOSSO MEDIADOR

...será este o seu nome, com que será chamado:
Senhor, Justiça Nossa.
JEREMIAS 23:6

Quando Cristo se fez carne, Ele se submeteu à lei e à justiça humanas, pois Ele veio como homem para ser o mediador entre Deus e os homens. Contudo, Ele é a justiça que vem de Deus, representando todo o Seu poder e autoridade, e, à medida que a Sua justiça vai sendo transmitida ao espírito humano, ela é capaz de produzir pureza, justiça, misericórdia e verdade. Podemos ainda acrescentar a essa lista amor, reverência, submissão ao Pai, humildade, mansidão, amor à humanidade perdida e todas as outras virtudes sagradas que conhecemos. Foi para cumprir a justiça e a lei dos homens que Ele se entregou, mesmo sem ter nenhum pecado, nem engano ou palavra imprópria em Sua boca, nem mal algum em suas ações. Ele fez o que era reto em cada palavra, em cada obra de Suas mãos; Ele fez exatamente a vontade daquele que o enviou. Em todo o curso de Sua vida, Ele fez a vontade de Deus na Terra, como os anjos fazem no Céu. Sua obediência foi completa, e Ele cumpriu toda justiça. Mas Sua obediência foi além de tudo isso: ela implicava não em apenas fazer algo, mas também em sofrer por nós, pecadores. Ele sofreu para cumprir toda a vontade de Deus, desde o momento em que Ele veio ao mundo até o momento em que carregou nossos pecados em Seu próprio corpo sobre o madeiro, trazendo redenção completa para todos nós. Mesmo sendo Ele a própria justiça divina, Jesus cumpriu toda a justiça humana para que, em ambas, fosse chamado "Senhor, Justiça Nossa"!

John Wesley

O BOM EXEMPLO DO VERDADEIRO CRISTÃO

Entrai pela porta estreita (larga é a porta, e espaçoso, o caminho que conduz para a perdição, e são muitos os que entram por ela) ... MATEUS 7:13

Não praticar o mal, mas o bem, atendendo as ordenanças de Deus, é a justiça de um fariseu e são práticas externas. Já a humildade de espírito, o quebrantamento, a mansidão, fome e sede de justiça, misericórdia e um coração limpo fazem parte da retidão do cristão e são virtudes internas. De modo que, enquanto a justiça dos escribas e fariseus era apenas externa, podemos dizer, em certo sentido, que a justiça de um cristão é apenas interna. Todas as suas ações e sofrimentos, sendo nada em si mesmos, são avaliados diante de Deus apenas a partir do coração do qual eles brotam. Portanto, quem quer que seja você que leva o santo e venerável nome de cristão, não seja como muitos são; ouse ficar sozinho e seja diferente de como muitos são. Se você segue uma multidão, deve ser para fazer o mal; não deixe o costume ou a moda serem o seu guia, antes a razão e religião. A prática dos outros nada deve significar para você; cada pessoa deve prestar contas de si mesma a Deus. Se você puder salvar a alma de outro, faça-o; caso contrário, salve uma: a sua. Não ande no caminho da morte, porque "...larga é a porta [...] e são muitos os que entram por ela". Pare de fazer o mal; fuja do pecado como da face de uma serpente. "Aquele que pratica o pecado procede do diabo..." (1 JOÃO 3:8). Em relação aos pecados exteriores, certamente a graça de Deus já é suficiente para você. Nisto, pelo menos, exercite-se para ter uma consciência isenta de ofensas para com Deus e para com as pessoas.

John Wesley

A PERFEITA VONTADE DE DEUS

*...porque estreita é a porta,
e apertado, o caminho que conduz para a vida,
e são poucos os que acertam com ela.*

MATEUS 7:13

No Sermão do Monte, o Filho de Deus mostra o caminho para o lugar que Ele mesmo foi preparar para nós. Ele nos ensina o verdadeiro caminho para a vida eterna, que conduz ao reino de Deus. É a única maneira verdadeira de chegar lá; não há outra. Os outros caminhos conduzem à destruição. Pelo caráter daquele que está ensinando, estamos bem certos de que Ele declarou a plena e perfeita vontade de Deus. Suas palavras são verdadeiras e corretas a respeito de todas as coisas e permanecerão firmes para todo o sempre. Ele tomou o cuidado de refutar não apenas os erros dos escribas e fariseus de Sua época, mas também todos os erros que são incompatíveis com a doutrina da salvação, todos os comentários pelos quais os mestres cristãos de qualquer época ou nação poderiam vir a perverter a Palavra de Deus. Logo, somos naturalmente levados a observar Aquele que está ensinando. Ele não precisava subir no topo de uma colina; uma sala na casa de Mateus, ou de qualquer um de Seus discípulos, que pudesse acomodar os Doze era o suficiente. Porém, os que foram a Ele desejando aprender dos Seus ensinos eram mais que os discípulos. Por isso, Ele foi ao monte, abriu Sua boca e os ensinou. Mas, graças a Deus, não foram apenas aquelas multidões que estavam com Ele no monte que receberam Suas palavras e aprenderam o caminho da salvação; toda a humanidade, os nascidos e os que ainda estavam por nascer também receberam. E todas as gerações vindouras até o fim do mundo ouvirão a Sua voz.

John Wesley

O PODER DAS PALAVRAS DE CRISTO

*Quando Jesus acabou de proferir
estas palavras, estavam as multidões
maravilhadas da sua doutrina...*

MATEUS 7:28

Jesus Cristo fala como ninguém nunca falou. Não como Pedro, Tiago, João ou Paulo, embora eles fossem realmente sábios construtores em Sua Igreja; porém, de acordo com a sabedoria celestial, "o servo não é maior que seu senhor..." (JOÃO 13:16). Com que amor maravilhoso o Filho de Deus revela a vontade de Seu Pai à humanidade! Ele não nos leva de novo ao monte que ardeu com fogo, nem à escuridão, às trevas e à tempestade; não fala como quando trovejou do céu; quando o Altíssimo manifestou Sua voz com trovão, saraiva e brasas de fogo. Ele agora se dirige a nós com Sua voz mansa e delicada, dizendo: "Bem-aventurados são os humildes de espírito...", "Bem-aventurados são os que choram...", "Bem-aventurados são os mansos...", "Bem-aventurados são os que têm fome e sede de justiça...", "Bem-aventurados são os misericordiosos...", "Bem-aventurados são os puros de coração..." (MATEUS 5:3-8). São bem-aventurados nesta vida e na vida eterna! Ah, com que autoridade Ele nos ensina essas verdades! Ele não ensina como os escribas. Observe a maneira como Ele fala; Sua doçura não pode ser expressa com palavras! Ele não é como Moisés, o servo de Deus; não é como Abraão, o amigo de Deus; nem como qualquer um dos profetas ou mesmo como qualquer um dos grandes desta Terra. É algo sobre-humano, mais do que seria possível a qualquer ser criado. Quem diz essas palavras é o Criador de tudo, Deus, um Deus invisível! O Ser de todos os seres, Jeová, existente por si mesmo, supremo, o Deus que é sobre todos e bendito para sempre!

John Wesley

QUEM SÃO OS HUMILDES DE ESPÍRITO?

Bem-aventurados os humildes de espírito, porque deles é o reino dos céus. MATEUS 5:3

O verdadeiro cristianismo sempre começa na humildade de espírito; esse é o fundamento de tudo. Não é improvável que nosso Senhor, olhando para aqueles que estavam ao Seu redor e observando que não havia muitos ricos, mas sim os pobres do mundo, aproveitou para fazer uma comparação entre coisas temporais e espirituais. Ele não diz: "os que são humildes" quanto às circunstâncias, mas os "humildes de espírito"; aqueles que, quaisquer que sejam suas circunstâncias externas, têm disposição de coração, que é o primeiro passo para a felicidade plena, seja neste mundo ou no que está por vir. Alguns consideraram que "humildes de espírito" são os que se apegam à pobreza material, os que estão livres de cobiça e do amor ao dinheiro. Talvez tenham se prendido ao termo por causa da observação de Paulo, de que "…o amor do dinheiro é a raiz de todos os males…" (1 TIMÓTEO 6:10). E, portanto, muitos se despojaram totalmente, não apenas das riquezas, mas também de todos os bens materiais. Todavia estes não parecem ter notado que a expressão de Paulo deve ser mais bem compreendida. O amor ao dinheiro não é a única raiz de todo mal. Existem milhares de outras raízes do mal no mundo, como mostra a triste experiência diária. Seu significado é a raiz de muitos males, talvez de mais do que qualquer outro vício. Se a humildade de espírito fosse apenas libertação da cobiça, do amor ao dinheiro ou do desejo de riquezas, seria apenas um aspecto da pureza de coração. Os humildes de espírito são os verdadeiros humildes; aqueles que conhecem a si mesmos e que estão convencidos do seu pecado; aqueles a quem Deus deu o primeiro arrependimento, que precede a fé em Cristo.

John Wesley

QUEM PODERÁ SER SALVO?

Como escaparemos nós, se negligenciarmos tão grande salvação? HEBREUS 2:3

Só alcançará a verdadeira humildade aquele que sabe que não tem nenhum bem espiritual em si mesmo, que nenhuma coisa boa habita nele e que tudo o que é mau e abominável lhe atrai. Aquele que tem um profundo senso da repugnante lepra do pecado, que traz consigo desde o ventre de sua mãe — este mal se espalha por toda a sua alma e corrompe todas as suas virtudes e capacidades. Aquele que vê, cada vez mais, os impulsos que brotam dessa raiz maligna, que são o orgulho e a altivez do espírito, essa tendência constante de se considerar superior; a vaidade, a sede de estima ou honra; o ódio e a inveja, o ciúme e a vingança, a raiva, a malícia e a amargura; a inimizade contra o ser humano e contra Deus, que aparece de muitas formas, como o amor ao mundo, a obstinação, os desejos tolos e nocivos — tudo isso se apega ao mais íntimo de sua alma e o destrói. Só quem está consciente de quão profundamente peca por meio de palavras, seja por palavras profanas, indecentes, falsas ou indelicadas, ou por conversas que não edificam. Só para quem suas más obras estão sempre à sua vista — são tão diversas, mais do que ele é capaz de expressar. Para aquele cuja culpa está diante de sua face e sabe a recompensa que o espera; não apenas por causa de sua mente carnal, como também pelos seus desejos malignos, pensamentos, palavras e obras pecaminosas. Só quem sabe que merece a condenação do inferno. Essa pessoa, além de tudo, carrega a culpa de não crer no nome do unigênito Filho de Deus sobre ela. Diante disso, resta-nos a pergunta: "Como escaparemos nós, se negligenciarmos tão grande salvação?". Por isso que aquele que não crê já está condenado, e a ira de Deus permanece sobre ele.

John Wesley

COMO PURIFICAR SEU CORAÇÃO?

*Não há homem justo sobre a terra
que faça o bem e que não peque.*
ECLESIASTES 7:20

*Porque de dentro, do coração dos homens,
é que procedem os maus desígnios...*
MARCOS 7:21

Mesmo que o homem pudesse obedecer a todos os mandamentos de Deus, não conseguiria reparar nenhum dos seus pecados. Por isso, ele se vê totalmente desamparado no que diz respeito à expiação de seus pecados; totalmente incapaz de fazer qualquer reparação a Deus e de pagar o resgate por sua própria alma. Mas, se Deus o perdoasse por tudo com a única condição de que não pecasse mais, de que deveria obedecer constantemente a todos os Seus mandamentos, ele sabe que isso não lhe serviria de nada, sendo uma condição que nunca poderia cumprir. Isso porque sente que não é capaz de obedecer aos mandamentos de Deus, visto que estes não podem ser obedecidos enquanto seu coração permanece em sua pecaminosidade e corrupção naturais, pois "...a árvore má produz frutos maus" (MATEUS 7:17). É impossível ao homem limpar um coração pecaminoso. Assim, ele está totalmente perdido, não sabe nem mesmo como começar a trilhar o caminho dos mandamentos de Deus; não compreende como dar um passo à frente nesse caminho. Preso no pecado, cheio de tristeza e medo, sem encontrar meio de escapar, ele pode apenas clamar: "Senhor, salva-me, ou perecerei!".

John Wesley

NÃO TENTE JUSTIFICAR SEUS PRÓPRIOS PECADOS

...visto que ninguém será justificado diante dele por obras da lei, em razão de que pela lei vem o pleno conhecimento do pecado. ROMANOS 3:20

O apóstolo Paulo mostra que a humanidade estava tão desamparada quanto era culpada e que, pelas obras da Lei, nenhuma carne seria justificada; apenas pela justiça de Deus, que é pela fé em Jesus Cristo. Concluímos, portanto, que somos justificados pela fé sem as obras da Lei, até mesmo para resguardar o ser humano do orgulho; para sujeitá-lo até o pó, sem que ele faça dessa humildade uma virtude; para conduzi-lo a uma convicção total e profunda de sua pecaminosidade, culpa e desesperança, a fim de que ele se lance, despojado de tudo, perdido e arruinado, em seu forte Ajudador, Jesus Cristo, o Justo. Não podemos deixar de observar que a vida cristã começa exatamente onde termina a moralidade pagã; na humildade de espírito, na convicção de pecado, na renúncia de si mesmo, em não ter nossa própria justiça. Esse é o princípio de Jesus Cristo. Então, pecador, acorde! "Conhece-te a ti mesmo!" Saiba e sinta que foi formado em iniquidade e que em pecado sua mãe o concebeu; que você mesmo tem amontoado pecado sobre pecado, desde que pôde discernir entre o bem e o mal. Coloque-se sob a poderosa mão de Deus, como alguém que merece a condenação eterna. Rejeite, renuncie, abomine toda ideia de que você pode conseguir ajudar a si mesmo! Confie apenas que você foi lavado no sangue de Jesus e renovado por Seu Espírito todo-poderoso, pois Ele carregou todos os nossos pecados em Seu próprio corpo no madeiro. Assim você testemunhará: "Bem-aventurados os humildes de espírito, porque deles é o reino dos céus" (MATEUS 5:3).

John Wesley

O CÉU ESTÁ ABERTO PARA A SUA ALMA

Porque o reino de Deus não é comida nem bebida, mas justiça, e paz, e alegria no Espírito Santo.

ROMANOS 14:17

Este é o reino dos Céus que está dentro de nós, ou seja, a justiça, paz e alegria no Espírito Santo. E o que é a justiça senão a vida de Deus na alma, a mente que havia em Cristo Jesus, a imagem de Deus impressa no coração, renovada segundo a semelhança Daquele que criou você? Que é justiça, senão amor de Deus, porque Ele primeiro nos amou, assim como a toda a humanidade? E o que é esta paz de Deus, senão a calma e serenidade da alma, o doce repouso no sangue de Jesus, que não deixa dúvida de que somos aceitos nele? Esse reino interior implica também em alegria no Espírito Santo, que sela em nosso coração a redenção que está em Jesus, a justiça de Cristo, imputada a nós, para a remissão dos pecados; que nos dá o penhor da nossa herança, da coroa que o Senhor, Justo Juiz, nos dará naquele dia. Isso pode ser chamado de reino dos Céus, considerando que o Céu já está aberto na alma como primeira manifestação dos rios de alegria que fluem do trono de Deus eternamente. Seja você quem for, saiba que tem direito a isso, por meio da graciosa promessa daquele que não pode mentir. Você foi comprado pelo sangue do Cordeiro. O Céu está perto de você; basta um passo, e você entrará no Reino de justiça, paz e alegria. Creia no Senhor Jesus Cristo, e todos os seus pecados serão perdoados. Você é totalmente impuro na alma e no corpo? Aqui está a fonte para lavar seu pecado e sua impureza. Levante-se e lave os seus pecados nela. Não duvide mais da promessa por causa da incredulidade do seu coração. Dê glória a Deus. Ouse crer! Clame, do fundo do seu coração: "Sim, eu me rendo; finalmente me rendo. Ouço o clamor do sangue de Cristo e lanço os meus pecados sobre a obra expiatória do meu Deus!".

John Wesley

A VERDADEIRA HUMILDADE DE ESPÍRITO

Tomai sobre vós o meu jugo e aprendei de mim, porque sou manso e humilde de coração; e achareis descanso para a vossa alma. MATEUS 11:29

Aprenda com Jesus a ser humilde de coração, pois essa é a verdadeira humildade cristã, que decorre da compreensão do amor de Deus, com quem fomos reconciliados em Cristo Jesus. A humildade de espírito começa pelo senso permanente de nossa total dependência de Deus, em todo bom pensamento, palavra ou obra; pelo reconhecimento de nossa total incapacidade para fazer o bem, sem que Ele nos toque a cada momento. É uma aversão à exaltação que vem dos homens, sabendo que todo louvor é devido somente a Deus. A isso se acrescenta o constrangimento em amor, uma terna humilhação diante de Deus, por causa dos pecados já perdoados, como também pelos que ainda permanecem em nosso coração, embora saibamos que Ele não nos acusa nem condena. Entretanto, a convicção que nutrimos de nosso pecado inato é cada dia mais profunda. Quanto mais crescemos em graça, melhor sentimos a desesperada maldade de nosso coração. Quanto mais avançamos no conhecimento e no amor de Deus, por meio de nosso Senhor Jesus Cristo, por maior que este mistério possa parecer para aqueles que não conhecem o poder de Deus para a salvação, mais discernimos nosso afastamento de Deus, a inimizade que existe em nossa mente carnal e a necessidade de sermos inteiramente renovados em justiça e verdadeira santidade. Começamos então a conhecer o reino dos Céus. O pecado é derrotado sob nossos pés, a ponto de mal podermos acreditar que permanece em nós. Até a tentação é silenciada e não tem mais voz não podendo mais se aproximar de nós. Somos elevados nas carruagens da alegria e do amor e voamos como sobre as asas de uma águia.

John Wesley

O CHORO SEGUNDO DEUS

*Bem-aventurados os que choram,
porque serão consolados.* MATEUS 5:4

Não podemos nos iludir pensando que esta promessa pertence àqueles que choram apenas por tristeza e opressão decorrentes das dificuldades da vida ou decepções, como a perda de reputação, de amigos ou a ruína de sua fortuna. "Os que choram", sobre os quais nosso Senhor fala, choram por outra razão. Eles choram segundo Deus, choram por Aquele em quem um dia se alegraram, por terem experimentado o bem dele. Choram porque um dia experimentaram a palavra perdoadora e os poderes do mundo vindouro, mas agora o Seu rosto lhes está escondido. Eles não podem vê-lo por causa da nuvem escura que os rodeia e só conseguem ver a tentação e o pecado que acreditavam que nunca mais voltaria, cercando-os por todos os lados. Não é de se estranhar que sua alma fique inquieta, que problemas e opressões os dominem. Tampouco seu grande inimigo deixará de acusar e questionar sua fé. Se, em vez de clamar imediatamente a Deus, eles preferirem ficar debatendo quem é mais sábio do que eles, ficarão tristes e angustiados. Mesmo quando Deus resplandece novamente sobre a alma e tira dela toda dúvida de Sua misericórdia, ainda assim aquele que é fraco na fé pode ser tentado e perturbado por causa do que está por vir; especialmente, quando o pecado interior revive e o empurra para que ele caia. É claro que essa aflição no momento não é boa, mas dolorosa. No entanto, produz frutos pacíficos para aqueles que se exercitam por meio dela. Portanto, são bem-aventurados os que assim choram e que permanecem no descanso do Senhor e não se desviam. Como são felizes os que rejeitam todos os confortos do pecado, as distrações, os prazeres que perecem e que entorpecem a alma, fazendo com que ela não seja consciente de si mesma nem de Deus.

John Wesley

CLAME PELA HUMANIDADE PERDIDA

...chorai com os que choram.
ROMANOS 12:15

Bem-aventurados os que prosseguem em conhecer o Senhor e que constantemente recusam qualquer outro refúgio. Eles serão renovados pelas consolações de seu Espírito, por uma nova manifestação de Seu amor. Essa plena certeza de fé anula todas as dúvidas, bem como todo o medo atormentador; Deus lhes dá uma esperança segura, duradoura e forte consolação por meio da graça. Este processo de luto por um Deus ausente, como para recuperar a alegria, parece estar oculto no que nosso Senhor falou aos Seus apóstolos, na noite anterior à Sua paixão: "Em verdade, em verdade eu vos digo que chorareis e vos lamentareis, e o mundo se alegrará; vós ficareis tristes, mas a vossa tristeza se converterá em alegria." (JOÃO 16:20). Embora esse luto esteja no fim e venha a ser esquecido pela alegria sagrada da vinda do Consolador, ainda há outro luto bendito que habita nos filhos de Deus. Eles ainda choram pelos pecados e misérias da humanidade; choram por aqueles que não choram por si mesmos, pelos que pecam contra a própria alma, por suas fraquezas e sua infidelidade. E isso traz uma profunda seriedade ao seu espírito, pois compreendem que Deus e a eternidade são coisas reais. O Céu e o inferno estão de fato abertos diante de nós. Ergamos, portanto, as nossas vozes Àquele que detém o tempo e a eternidade e clamemos por nós e por nossos irmãos, para que sejamos considerados dignos de escapar da destruição que vem como um redemoinho! Choremos, até que Ele enxugue todas as lágrimas dos nossos olhos.

John Wesley

QUEM SÃO OS MANSOS?

*Bem-aventurados os mansos,
porque herdarão a terra.*

MATEUS 5:5

Os mansos não são aqueles que não se entristecem por nada, porque nada sabem; nem que não se perturbam com os males que ocorrem, porque não discernem entre bem e o mal; nem aqueles que estão protegidos das intempéries da vida e são insensíveis a elas; tampouco os que não se ressentem de nada, porque nada sentem. A apatia está tão longe da mansidão quanto da humanidade. A mansidão se guarda de todos os extremos, seja o excesso ou a falta. Não destrói, mas contrabalança as afeições que Deus nunca teve em vista anular, mas somente manter sob certo controle. Ela parece estar relacionada a nós mesmos, contudo pode se referir também a Deus ou ao nosso próximo. Quando se refere a Deus, geralmente é chamada de resignação, uma calma submissa a qualquer que seja Sua vontade a nosso respeito, mesmo que não seja agradável; quando aplicada em relação a nós mesmos, denominamos isso de paciência ou contentamento; quando é exercida para com os outros, intitulamos de brandura (para aquele que é bom) e gentileza (para aquele que é mau). Aqueles que são verdadeiramente mansos podem discernir claramente o que é mau; e eles também podem sofrer. São sensíveis, mas ainda assim a mansidão os sustenta. São extremamente zelosos pelo Senhor dos Exércitos, porém seu zelo é sempre guiado pelo conhecimento e moderação em cada pensamento, palavra e obra. Eles não desejam extinguir nenhuma das emoções que Deus tem para fins sábios, mas eles têm o domínio sobre elas, mantêm-nas em sujeição e as utilizam apenas para esse propósito. Pois até mesmo o ódio, a raiva e o medo, quando engajados contra o pecado e regulados pela fé e pelo amor, são como paredes e baluartes para a alma, de modo que o ímpio não pode se aproximar para feri-la.

John Wesley

TENHA CUIDADO AO IRAR-SE

Eu, porém, vos digo que todo aquele que [sem motivo] se irar contra seu irmão estará sujeito a julgamento; e quem proferir um insulto a seu irmão estará sujeito a julgamento do tribunal; e quem lhe chamar: Tolo, estará sujeito ao inferno de fogo. MATEUS 5:22

Nosso Senhor classifica como assassinato até mesmo aquela ira que não passa do coração, que não se revela por qualquer ato nem sequer por uma palavra carregada de paixão. Todo aquele que se ira contra o próximo, seja quem for, que fica irado sem causa ou além do que a causa requer, estará, naquele momento, sujeito ao justo juízo de Deus. A ira contra o pecado nos é permitida. Nesse sentido, podemos estar irados e ainda assim não pecar. O próprio Senhor se mostrou irado, lamentando a dureza dos corações; estava entristecido com os pecadores e zangado com o pecado. Isso, sem dúvida, é correto diante de Deus. Mas aquele que der lugar ao diabo, a ponto de irromper em injúria, estará sujeito à mais alta condenação. Devemos observar que nosso Senhor descreve isso como abominável, sob pena de morte. Conquanto muitos imaginem que Deus desculpará seus erros por sua retidão em outros preceitos, nosso Senhor toma o cuidado de refutar essa ideia, embora seja bastante comum. Ele mostra que é impossível a qualquer pecador negociar com Deus; que não se aceitará um serviço em lugar de outro nem se tomará a obediência parcial como obediência total. Adverte-nos de que o cumprimento de nossos deveres para com Deus não nos dispensará do cumprimento de nossos deveres para com o próximo; adverte-nos de que as obras de piedade, assim chamadas, estão tão longe de nos recomendarem a Deus, se estivermos em falta para com a caridade, que a falta de caridade tornará abomináveis ao Senhor todas aquelas obras. Essa falta de compaixão tornará todas as nossas obras abomináveis ao Senhor.

John Wesley

ARREPENDA-SE EM TEMPO OPORTUNO

Se, pois, ao trazeres ao altar a tua oferta, ali te lembrares de que teu irmão tem alguma coisa contra ti, deixa perante o altar a tua oferta, vai primeiro reconciliar-te com teu irmão; e, então, voltando, faze a tua oferta.

MATEUS 5:23-24

Não pense que, ao ofertar, ou prestar qualquer serviço ao Senhor, isso fará expiação por sua ira, ou que ela será aceitável a Deus, enquanto sua consciência se encontrar contaminada pela culpa decorrente de um pecado do qual você não se arrependeu. Como Jesus ensina, "...vai primeiro reconciliar-te com teu irmão", e não demore; vá agora, imediatamente, "enquanto estás com ele a caminho"; "para que não suceda que ele "te entregue ao juiz"; isto é, para que não aconteça que ele apele para Deus, o Juiz de todos, e "o juiz, ao oficial", a Satanás, o executor da ira de Deus, "e sejas recolhido à prisão" (v.25), no inferno, para ali você ficar reservado ao juízo do Grande Dia. Entretanto, "os mansos herdarão a terra" (v.5). Quão fátua é a sabedoria terrena! Os sábios desse mundo advertem que, se as pessoas não reagirem ao mau tratamento, jamais serão capazes de angariar as coisas que são necessárias à vida nem conseguirão manter a posse do que têm. Entretanto, quando Jesus nos dá essa orientação, Ele está se importando não apenas com as necessidades terrenas, mas também em transformar o homem, para a Sua glória! Jesus tem um cuidado especial em prover aos mansos não apenas as coisas necessárias à sua sobrevivência, mas também para serem perdoadores. E isso lhes agrada, porque também agrada a Deus. Não há contendas em seu coração nem pecados sem arrependimento.

John Wesley

A FOME E A SEDE QUE VÊM DE DEUS

Bem-aventurados os que têm fome e sede de justiça, porque serão fartos. MATEUS 5:6

A fim de que a verdadeira fé se enraíze em nós, nosso Senhor tem trabalhado em nosso ser para remover o primeiro e maior obstáculo, que é o orgulho — o maior de todos os empecilhos. Toda leviandade e toda imprudência que impedem a fé e o amor de Deus de criarem raízes em nossa alma são removidas pelo santo pesar; a raiva, a impaciência e o descontentamento encontram sua cura na mansidão cristã. E quando essas doenças malignas da alma que estavam continuamente suscitando falsos anseios e enchendo-a de apetites doentios são removidas, o apetite natural de um espírito nascido do Céu retorna. A justiça é a essência de Deus e da mente de Cristo Jesus. A fome e a sede são os mais fortes de todos os nossos apetites corporais; da mesma forma, essa fome da alma, essa sede da semelhança de Deus, uma vez despertadas na alma, vêm a ser os mais fortes de todos os nossos apetites espirituais. Desde o momento em que começamos a ter fome e sede, esses apetites não cessam, ficam cada vez mais intensos e desconfortáveis até comermos e bebermos. A fome e a sede não são satisfeitas com nada além de comida e bebida. Mesmo se você desse a quem está faminto as mais diversas coisas, roupas elegantes, joias, todos os tesouros da Terra, milhares de ouro e prata, se lhe desse honra, ele não as consideraria; essas coisas não lhe têm importância. O mesmo acontece com toda alma que realmente tem fome e sede de justiça: ela não encontrará conforto em coisa alguma, exceto na justiça. O que quer que lhe ofereçam, além disso, pouco importa; sejam riquezas, honra ou prazer, ela ainda diz: "Não é isso que eu quero. Dê-me amor, ou eu morro!".

John Wesley

COMO SATISFAZER A ALMA SEDENTA?

Eu sou o pão da vida; o que vem a mim jamais terá fome; e o que crê em mim jamais terá sede. JOÃO 6:35

É tão impossível satisfazer a alma sedenta de Deus com o que o mundo considera religião quanto com o que considera felicidade. A religião do mundo implica em três coisas: a primeira é não praticar o mal, abster-se do pecado exterior, pelo menos do que é escandaloso, como roubo, furto, xingamento, embriaguez. A segunda é fazer o bem, socorrer os pobres, ser caridoso. A terceira é usar os meios da graça, pelo menos frequentando a igreja e participando da ceia do Senhor. A pessoa que atende a esses três requisitos é considerada pelo mundo como "pessoa religiosa". Mas isso não satisfará a pessoa que tem fome de Deus, pois ela quer uma comunhão mais profunda com Ele, quer algo mais consistente e íntimo; ela não pode mais se alimentar de coisas que não passam de mera formalidade. É verdade que ela tem o cuidado de se abster da aparência do mal, é zelosa das boas obras, obedece a todas as ordenanças de Deus, porém tudo isso não é o que ela almeja. O conhecimento de Deus, a vida que está oculta com Cristo em Deus, ser unida ao Senhor em um Espírito, ter comunhão com o Pai e o Filho, andar na luz como Deus está na luz e ser purificada assim como Ele é puro é a religião da qual essa pessoa tem sede. Nosso Senhor assegura que tais pessoas serão preenchidas com as coisas que desejam. Deus as satisfará com as bênçãos de Sua bondade, com a felicidade de Seus escolhidos; as alimentará com o pão do Céu, com o maná do Seu amor. Ele concederá a elas beber de Seus prazeres, do rio cujas águas não permitirão que os que uma vez provarem delas voltem a ter sede, a não ser a sede que reclama insaciavelmente pela Água da vida. Esta sede durará para sempre.

John Wesley

DESPOJE-SE DE TUDO QUE O AFASTA DE DEUS

Por que gastais o dinheiro naquilo que não é pão, e o vosso suor, naquilo que não satisfaz? Ouvi-me atentamente, comei o que é bom e vos deleitareis com finos manjares. ISAÍAS 55:2

Se Deus lhe der fome e sede de justiça, clame ao Senhor para que você nunca perca esse dom inestimável, para que jamais cesse esse divino apetite. Se o repreenderem e pedirem que se cale, não lhes dê atenção; sim, clame ainda mais: "Jesus, Filho de Davi, tem compaixão de mim!" (MARCOS 10:47). Diga a Ele: "Não me deixe viver, a não ser para que eu seja santo como tu és Santo!". Não gaste mais o seu dinheiro "naquilo que não é pão", nem o seu suor "naquilo que não satisfaz" (ISAÍAS 55:2). Você não pode esperar a verdadeira felicidade, buscando-a nas coisas do mundo. Despoje-se de todos os seus prazeres, desprezes as honras, considere as riquezas como esterco e escória, assim como todas as coisas que estão sob o Sol, pela excelência do conhecimento de Cristo Jesus; pela renovação total da sua alma à imagem de Deus, segundo a qual você foi originalmente criado. Cuidado para não saciar aquela bendita fome e sede com o que o mundo chama de religião; uma religião baseada apenas na forma, na aparência exterior, que deixa o coração tão terreno, carnal e longe de Deus. Que nada o satisfaça mais do que o poder da graça, o verdadeiro evangelho, que é espírito e vida; o habitar em Deus e Deus em você, o viver como um cidadão da eternidade; o acesso além do véu pelo sangue aspergido na cruz e assentar-se nos lugares celestiais com Cristo Jesus. E quanto mais você for cheio da vida de Deus, mais ternamente se preocupará com aqueles que ainda estão sem Deus no mundo, mortos em seus delitos e pecados. Tal preocupação com os que morrem sem Deus lhe trará sua recompensa.

John Wesley

A IMPORTÂNCIA DO VERDADEIRO AMOR

*Bem-aventurados os misericordiosos;
pois eles obterão misericórdia.*

MATEUS 5:7

A palavra "misericordioso", usada por nosso Senhor, refere-se mais diretamente a possuir um coração terno e compassivo; refere-se àqueles que estão longe de desprezar os que não sentem fome de Deus. Como parte fundamental do amor fraterno e em sentido pleno da palavra, os misericordiosos são aqueles que amam o próximo como a si mesmos. Devido à grande importância do amor, o apóstolo diz: "Ainda que eu fale as línguas dos homens e dos anjos [...] Ainda que eu tenha o dom de profetizar e conheça todos os mistérios e toda a ciência; ainda que eu tenha tamanha fé, a ponto de transportar montes [...] ainda que eu distribua todos os meus bens entre os pobres e ainda que entregue o meu próprio corpo para ser queimado, se não tiver amor, nada disso me aproveitará." (1 CORÍNTIOS 13:1-3). Nas palavras de Paulo, temos uma explicação especial sobre quem são os misericordiosos que alcançarão misericórdia. O "amor, ou "caridade", é longânime, é paciente para com todos os homens; suporta todas as fraquezas, ignorância, erros, imperfeições, toda a rebeldia e mesquinhez de fé por parte dos filhos de Deus, toda a malícia e iniquidade da parte dos filhos do mundo. E ele suporta tudo isso não só uma vez, ou por um curto período, mas até o fim, alimentando até mesmo o seu inimigo quando ele tem fome, ou, se ele tem sede, dando-lhe de beber. Está continuamente amontoando brasas de fogo sobre sua cabeça. Coloca-se no extremo oposto em relação à tristeza, a toda aspereza ou acrimônia de espírito e, ao mesmo tempo, inspira ao sofredor a mais amável doçura e a mais fervorosa e terna afeição.

John Wesley

O CORAÇÃO DAQUELE QUE VERDADEIRAMENTE AMA

*O amor é paciente, é benigno;
o amor não arde em ciúmes, não se ufana,
não se ensoberbece...* 1 CORÍNTIOS 13:4

O amor não inveja. É impossível que ele o faça, pois ele é diametralmente oposto a esse sentimento tão pernicioso. Não é possível que aquele que tem essa terna afeição por todos, que sinceramente deseja todas as bênçãos terrenas e espirituais neste mundo e no vindouro, aflija sua alma ao repartir qualquer coisa boa com qualquer ser humano. Quando ele recebe uma benção de Deus, ele não se aflige; ao contrário, ele se alegra e deseja que outros também a alcancem. Se, porém, ainda não recebeu, ele bendiz ao Senhor e se alegra ainda mais quando seu irmão a recebe. E quanto maior for o seu amor e mais afastado ele estiver da inveja, mais se alegrará com as bênçãos recebidas por outros ao seu redor. O amor "não se ensoberbece", não é precipitado no julgamento, não condena ninguém apressadamente, não pronuncia uma sentença severa, fruto de uma visão equivocada ou precipitada das coisas. O amor pesa todas as evidências, especialmente aquelas que são apresentadas a favor do acusado. Aquele que tem o verdadeiro amor ao próximo não é como a maioria das pessoas, que, mesmo nos casos mais amáveis, "veem um pouco, presumem muito, e assim tiram conclusões precipitadas". Não; ele procede com cautela e discrição, prestando atenção a cada passo, observando o que antigamente se dizia: "Estou tão longe de crer apressadamente no que um homem diz contra outro como de acreditar no que um homem diz a respeito de si mesmo. Sempre lhe darei oportunidade de retratação e, em muitos casos, de também buscar conselho." Ó, onde estarão os verdadeiros cristãos do nosso tempo?

John Wesley

O PODEROSO FRUTO DO AMOR

*Fiz-me tudo para com todos, com o fim de,
por todos os modos, salvar alguns.*

1 CORÍNTIOS 9:22

O amor não se ensoberbece, não permite ou faz com que o ser humano pense sobre si mesmo além do que deveria, antes pensa sobriamente; humilha a alma até o pó. Ele destrói todos os conceitos elevados que engendram orgulho e nos fazem regozijar por não sermos nada, por sermos pequenos e vis, os menores e servos de todos. Aqueles que amam "cordialmente uns aos outros com amor fraternal", não podem deixar de preferir-se "em honra uns aos outros" (ROMANOS 12:10). Aqueles que têm esse amor são unânimes, considerando os outros superiores a si mesmos (FILIPENSES 2:3). Não se comportam de maneira imprópria; não são rudes ou propositalmente ofensivos com ninguém e rendem tudo o que é devido: a quem respeito, respeito; a quem honra, honra (ROMANOS 13:7), bem como cortesia, civilidade e humanidade para com todos. O cristão que ama toda a humanidade não pode deixar de desejar agradar a todos, para o bem e edificação de todos. Esse desejo não fica escondido e aparecerá em todos os seus relacionamentos, pois seu amor não é dissimulado. Será perceptível em todas as suas ações e conversas, o constrangerá, embora sem dolo, a tornar-se tudo para todos, a fim de, se for possível, salvar alguns. E, para se tornar tudo para com todos, ele não busca o que é seu. Ao se esforçar para agradar a todos, ele não olha para a vantagem que pode ter nesse mundo; não cobiça as riquezas ou bens; não deseja nada que não seja a salvação das almas. Enquanto se esforça para que as pessoas sejam salvas da morte, ele se esquece de si mesmo, pois o zelo pela glória de Deus o consome.

John Wesley

O PROFUNDO QUEBRANTAMENTO DE QUEM VERDADEIRAMENTE AMA

...porque eu mesmo desejaria ser anátema, separado de Cristo, por amor de meus irmãos, meus compatriotas, segundo a carne. ROMANOS 9:3

Às vezes, pode parecer que a pessoa que ama, por excesso de amor, desiste de si mesma, enquanto clama, como Moisés: "Que pecado terrível este povo cometeu! Fizeram para si deuses de ouro. Agora, porém, eu te suplico que lhes perdoes o pecado; do contrário, apaga meu nome do registro que escreveste!" (ÊXODO 32:32). Ou, como Paulo, desejaria ser separada de Cristo, por amor aos seus irmãos. O amor evita mil provocações que surgiriam de outra forma, porque "não se exaspera, não se ressente do mal" (1 CORÍNTIOS 13:5). Na verdade, quem é misericordioso não pode deixar de conhecer muitas coisas que são más; não pode deixar de vê-las com seus próprios olhos e ouvi-las com seus próprios ouvidos. Pois o amor não lhe arranca os olhos, de modo que lhe é impossível não ver tais coisas; nem tira seu entendimento, de modo que ele não pode deixar de saber que elas são más. Quando vê alguém bater no vizinho ou o ouve blasfemar contra Deus, não questiona a ação feita ou as palavras ditas, duvidando que sejam más; porém, o amor verdadeiro destrói absolutamente os nossos pensamentos voluntários e a nossa inferência do mal onde ele não está presente, seja o que pensamos ou a suposição do que não vimos nem ouvimos. O amor se enraíza e ramifica; expulsa o ciúme, as más suspeitas e toda a prontidão para acreditar no mal. É franco, aberto, insuspeito e, como não pode projetar, também não teme o mal. Não se alegra com a injustiça, mesmo entre aqueles que levam o nome de Cristo. Quem não se alegra quando seu adversário dá um passo em falso, pensando que se beneficiará? Mas a pessoa que ama chora pelo pecado ou pela loucura de seu inimigo.

John Wesley

O CORAÇÃO
DO MISERICORDIOSO

...não se alegra com a injustiça,
mas regozija-se com a verdade...
1 CORÍNTIOS 13:6

O amor se regozija com a verdade que vem com a piedade, produzindo seus frutos próprios de santidade do coração e pureza nas conversações. Esse amor cobre todas as coisas, porque o misericordioso não se regozija com a injustiça, nem voluntariamente faz menção a ela. Qualquer mal que vê, ouve ou sabe, esconde, tanto quanto pode, sem se tornar participante dos pecados alheios. Aonde quer que vá ou com quem quer que ele esteja, se vê alguma coisa que não aprova, nada sai de seus lábios, a não ser para a pessoa envolvida, se, por acaso, puder ganhá-la. Ele está tão longe de fazer das faltas e falhas dos outros o assunto de sua conversa que nunca fala do ausente, a menos que possa dele falar bem. Um caluniador é para ele igual a um assassino; mas, a despeito disso, ele faz uma exceção: se for para a glória de Deus ou para o bem de seu próximo, ele pode não encobrir o mal. Porém, ele não pode fazer isso sem uma visão clara da finalidade determinada. Ainda assim, não pode falar, a menos que esteja totalmente convencido de que este meio é necessário e que o fim não pode ser alcançado tão eficazmente de qualquer outra maneira. Então, o faz com a maior tristeza e relutância, usando-o como o último e pior remédio em um caso desesperado; e o usa tão moderadamente quanto possível, com temor e tremor de transgredir a lei do amor falando demais. Pois, na verdade, aquele que ama sabe que teria feito melhor se não tivesse dito nada a respeito.

John Wesley

O AMOR TRIUNFA SOBRE TODAS AS COISAS

*...tudo sofre, tudo crê,
tudo espera, tudo suporta.*
1 CORÍNTIOS 13:7

Quem ama sempre crê; está sempre disposto a pensar o melhor; sempre pronto para crer em tudo o que tende a ser vantajoso para o bem de qualquer um. É facilmente convencido da inocência ou integridade de qualquer pessoa ou, pelo menos, da sinceridade de seu arrependimento, se, alguma vez, ela se desviou do caminho. Fica feliz em desculpar todos os erros, em condenar o ofensor o mínimo possível e acolher os fracos, o que pode ser feito sem trair a verdade de Deus. E, quando não pode mais "tudo crer", então, ele "tudo espera". A ação foi inegavelmente má? Então, quem ama espera que a intenção não tenha sido essa. E mesmo quando não há dúvida e todas as ações, intenções e comportamentos são igualmente maus, ainda assim, quem ama espera que Deus finalmente estenda Seu braço e obtenha a vitória. Assim, há "alegria no céu por causa do pecador perdido que se arrepende do que por noventa e nove justos que não precisam se arrepender" (LUCAS 15:7). E, quem ama, "tudo suporta". Isso completa o caráter daquele que é verdadeiramente misericordioso. Ele suporta não algumas, não muitas, não a maioria das coisas, mas absolutamente todas as coisas. Qualquer que seja a injustiça, a malícia, a crueldade, ele é capaz de sofrer. Não chama nada de intolerável. Ele pode não apenas fazer, mas sofrer todas as coisas por meio de Cristo, que o fortalece. E tudo o que ele sofre não destrói seu amor, nem o prejudica. O amor é à prova de tudo. É uma chama que arde até em meio às mais profundas trevas. "As muitas águas não poderiam apagar o amor, nem os rios, afogá-lo..." (CÂNTICO DOS CÂNTICOS 8:7). O amor triunfa sobre tudo; nunca falha, seja neste mundo ou na eternidade.

John Wesley

SOMOS LIMPOS DE CORAÇÃO?

O que é limpo de mãos e puro de coração, que não entrega a sua alma à falsidade, nem jura dolosamente.

SALMO 24:4

Quão excelentes coisas são ditas sobre quem ama o próximo! Este é o cumprimento da Lei, o fim da Lei. Sem isso, tudo o que temos, o que fazemos e o que sofremos não tem valor aos olhos de Deus. Mas nós precisamos do amor ao próximo que brota de Deus; do contrário, esse amor não vale nada. Convém, portanto, examinar bem em que fundamento está posto o nosso amor ao próximo. Ele realmente está construído sobre o amor de Deus? Se amamos o próximo, é porque Deus nos amou primeiro? Somos puros de coração? Pois esse é o fundamento que nunca será movido. Os limpos de coração são aqueles cujo coração Deus purificou. Por meio da fé no sangue de Jesus, eles são purificados de toda afeição mundana, da imundície da carne e do espírito, para uma santidade perfeita no temor amoroso de Deus. Eles são, pelo poder de Sua graça, purificados do orgulho, pela mais profunda pobreza de espírito; são purificados da raiva, das paixões rudes e turbulentas, pela mansidão e gentileza; são purificados do desejo carnal, para agradar e desfrutar de Deus, para conhecê-lo e amá-lo cada vez mais. Eles têm fome e sede de justiça, de forma que amam o Senhor seu Deus, de todo o seu coração, de toda a sua alma e de toda a sua força. Mas quão pouco essa pureza de coração tem sido considerada pelos falsos mestres de todas as épocas, que não ensinam os homens a se absterem das impurezas externas, como Deus mesmo proibiu: "Eu, porém, vos digo: qualquer que olhar para uma mulher com intenção impura, no coração, já adulterou com ela." (MATEUS 5:28). Porque "eis que te comprazes na verdade no íntimo..." (SALMO 51:6). Ele examina o coração e prova os pensamentos (JEREMIAS 17:10).

John Wesley

NÃO DÊ LUGAR AO MAL

Se o teu olho direito te faz tropeçar, arranca-o e lança-o de ti; pois te convém que se perca um dos teus membros, e não seja todo o teu corpo lançado no inferno. E, se a tua mão direita te faz tropeçar, corta-a e lança-a de ti; pois te convém que se perca um dos teus membros, e não vá todo o teu corpo para o inferno.

MATEUS 5:29-30

Deus não admite desculpa por conservarmos qualquer coisa que se torne ocasião de impureza. Se pessoas que são tão caras para você como seu olho direito derem motivo para que você ofenda a Deus, sendo um meio de despertar desejos ímpios em sua alma, não demore em separe-se delas. "E se a tua mão direita te faz tropeçar, corta-a e lança-a de ti…". Se alguém que lhe parece tão necessário quanto sua mão direita for uma ocasião de pecado, de desejo impuro, mesmo que nunca vá além do coração e nunca irrompa em palavra ou ação, constranja-se a uma separação completa e definitiva, corte-o de uma só vez e entregue-o a Deus. Qualquer perda, seja de prazer, bens ou amigos, é preferível à perda de sua alma. Mas pode não ser incorreto dar mais dois passos, antes de tal separação absoluta e final. Primeiro, tente verificar se o espírito impuro pode ser expulso por jejum e oração e por se abster cuidadosamente de toda ação, palavra e olhar que você descobriu serem ocasião para o mal. Em segundo lugar, se você não for libertado por esse meio, peça conselho Àquele que zela pela sua alma, ou pelo menos a alguns que têm experiência nos caminhos de Deus, no tocante ao tempo e à maneira dessa separação. Mas não confie na carne e no sangue, para que você não se entregue a uma forte ilusão de acreditar em uma mentira.

John Wesley

DEUS BUSCA
OS LIMPOS DE CORAÇÃO

*Bem-aventurados os limpos de coração,
porque verão a Deus.*

MATEUS 5:8

Grande é a pureza de coração que Deus requer e opera naqueles que creem no Filho do Seu amor. Deus os abençoará com as mais claras comunicações de Seu Espírito, a comunhão mais íntima com o Pai e com o Filho; fará com que Sua presença vá continuamente diante deles e que, sobre eles, brilhe a luz de Seu semblante. Eles o veem pela fé em tudo o que os rodeia, em tudo o que Deus criou e fez; veem-no nas alturas e nas profundezas, preenchendo tudo em todos. Os puros de coração veem todas as coisas cheias de Deus: no firmamento do céu, na Lua brilhante caminhando pelo céu, no Sol quando se regozija como um gigante correndo em seu curso, fazendo das nuvens suas carruagens e caminhando sobre as asas do vento, preparando a chuva para a terra, dando grama para o gado e erva tenra para o uso da humanidade. Eles veem o Criador de tudo, governando tudo sabiamente. Os puros de coração veem mais particularmente a Deus: veem Sua mão amparando-os para o bem, dando-lhes todas as coisas em peso e medida, contando-lhes os cabelos, fazendo uma cerca ao redor deles e dispondo todas as circunstâncias da vida deles de acordo com a profundidade de Sua sabedoria e misericórdia. Entretanto, de uma maneira especial, eles veem Deus em Suas ordenanças. Quer seja na congregação ou em seus aposentos; quer examinem os oráculos de Deus ou ouçam os embaixadores de Cristo; comendo do pão e bebendo do cálice; em todos esses caminhos, encontram uma aproximação tal que não pode ser expressa em palavras. Eles veem Deus face a face e falam com Ele como alguém que fala com seu amigo, o que é uma preparação adequada para as mansões do alto, onde o verão assim como Ele é.

John Wesley

QUEM SÃO OS PACIFICADORES?

*Ora, é em paz que se semeia o fruto da justiça,
para os que promovem a paz.*
TIAGO 3:18

A expressão "pacificadores", em seu sentido literal, designa os amigos dos homens e de Deus que detestam e abominam as lutas e debates, as divergências e contendas e que, portanto, trabalham com todas as suas forças para impedir que este fogo do inferno seja aceso; ou, se ele estiver aceso, para que ele não se espalhe ainda mais. Eles se esforçam para acalmar os espíritos tempestuosos das pessoas e suas paixões turbulentas; lutam para tranquilizar a mente das partes em conflito e, se possível, reconciliar uns com os outros. Eles usam todas as estratégias e todas as suas forças, os talentos que Deus lhes deu, tanto para preservar a paz onde ela está, como para restaurá-la onde ela foi perdida. É a alegria de seu coração promover, confirmar, aumentar a boa vontade mútua. Um pacificador é aquele que, conforme tem oportunidade, faz o bem a todos; estando cheio do amor de Deus e de toda humanidade, não se limita a expressá-lo à sua própria família, amigos, conhecidos, correligionários, aos que tenham as mesmas opiniões e nem mesmo àqueles que são participantes da mesma fé preciosa. Ele vai além de todos esses limites estreitos, a fim de poder fazer o bem a todos, para que, de uma forma ou de outra, ele possa manifestar seu amor ao próximo e a estranhos, amigos e até mesmo aos inimigos. Ele faz o bem, não de um tipo particular, mas o bem em geral, de todas as maneiras possíveis, empregando nisso todos os seus talentos, todos os seus poderes e faculdades de corpo e alma; toda sua fortuna, seu interesse, sua reputação, desejando apenas que, quando seu Senhor vier, diga: "Muito bem, servo bom e fiel" (MATEUS 25:23).

John Wesley

AJUDE SEMPRE AQUELE QUE PRECISA

O Rei, respondendo, lhes dirá: Em verdade vos afirmo que, sempre que o fizestes a um destes meus pequeninos irmãos, a mim o fizestes. MATEUS 25:40

Aquele que promove a paz se alegra em dar seu pão ao faminto e em cobrir aqueles que estão nus. Ele acolhe quem não conhece e alivia suas cargas; visita os doentes ou quem está na prisão e os auxilia conforme as suas necessidades. Como ele se regozija em poder fazer o bem à alma de qualquer homem! Não obstante, é do agrado daquele que opera tudo em todos ajudar uma pessoa por meio de outra para transmitir Seu próprio poder, bênção e amor, de um ser humano a outro. Portanto, embora seja certo que o bem que é feito sobre a Terra é Deus quem o faz, ainda assim, ninguém precisa ficar ocioso em Sua vinha por causa disso. O pacificador sempre está trabalhando como um instrumento nas mãos de Deus, preparando o terreno para o uso de Seu Mestre, semeando a semente do Reino ou regando a que já foi semeada, para que Deus a faça brotar. De acordo com a medida de graça que recebeu, ele usa de toda diligência, seja para reprovar o pecador, seja para prevenir aqueles que correm no largo caminho da perdição; para dar luz aos que estão em trevas e prestes a perecer por falta de conhecimento; para apoiar os fracos, confortando as mãos cansadas e os joelhos fracos; para trazer de volta o cego, que se desviava do caminho. E ele não é menos zeloso em confirmar aqueles que já estão se esforçando para entrar pela porta estreita, fortalecendo os hesitantes, no intuito de que corram com paciência a carreira que lhes é proposta, para que, crescendo diariamente na graça, seja-lhes "amplamente suprida a entrada no reino eterno de nosso Senhor e Salvador Jesus Cristo" (1 PEDRO 1:11).

John Wesley

NÃO SE ENTRISTEÇA POR SER PERSEGUIDO

Se vós fôsseis do mundo, o mundo amaria o que era seu; como, todavia, não sois do mundo, pelo contrário, dele vos escolhi, por isso, o mundo vos odeia. JOÃO 15:19

Encontramos claramente nas Escrituras quem são os perseguidos, a saber: os justos, os que são nascidos do Espírito; os que desejam viver piedosamente em Cristo Jesus; os que passaram da morte para a vida; aqueles que não são do mundo; os que são mansos e humildes de coração, que choram por Deus, que têm fome de Sua semelhança; todos os que amam a Deus e o próximo e, portanto, quando têm oportunidade, fazem o bem a todos. Se perguntarem: "Por que eles são perseguidos?", a resposta será igualmente simples e óbvia: por causa da justiça; porque são justos; porque são nascidos do Espírito; porque vivem piedosamente em Cristo Jesus; porque não são do mundo. São perseguidos porque são pobres de espírito, isto é, por serem o que o mundo chama de "almas mesquinhas, que não servem para nada, que não servem para viver no mundo". Por chorarem, o mundo diz que "eles são criaturas estúpidas, pesadas e atarracadas o suficiente para afundar o espírito de qualquer um que os vê; são meras cabeças-mortas: matam a alegria inocente e estragam a companhia por onde quer que vão". Por serem mansos, dizem que eles são "tolos domesticados e passivos, dignos de serem humilhados"; por terem fome e sede de justiça, dizem serem "um bando de fanáticos entusiasmados, boquiabertos com não se sabe o quê, inconformados com a religião racional, mas enlouquecidos com euforias e sentimentos particulares". Acima de tudo, são perseguidos porque são pacificadores e aproveitam todas as oportunidades para fazer o bem a todos. Essa é a grande razão pela qual eles foram perseguidos em todos os tempos e serão até a restauração de todas as coisas.

John Wesley

QUEM SÃO OS PERSEGUIDORES?

Como, porém, outrora, o que nascera segundo a carne perseguia ao que nasceu segundo o Espírito, assim também agora. GÁLATAS 4:29

Os perseguidores são aqueles que não se esforçam para viver piedosamente em Cristo Jesus; os que não passaram da morte para a vida e, consequentemente, não podem amar seu semelhante. Os perseguidores são "o mundo", isto é, segundo o conceito de nosso Senhor, são os que "...não conhecem aquele que me enviou" (JOÃO 15:21). O espírito que há no mundo é diretamente oposto ao Espírito que é de Deus; por isso, aqueles que são do mundo se opõem aos que são de Deus. Existe a maior contrariedade entre eles, em todas as suas opiniões, desejos, desígnios e comportamentos. O orgulhoso não pode deixar de perseguir o humilde e, assim, em tudo, a dessemelhança de disposição é um terreno perpétuo de inimizade para essas duas naturezas. Como os perseguidores fazem isso? Exatamente da maneira que o sábio Dispensador de todas as coisas considera ser mais adequada à Sua glória e na medida necessária à consecução desse fim; ou seja, do modo que tenda a ser mais propício para o crescimento de Seus filhos em graça e para o crescimento de Seu reino no mundo. Não há aspecto algum do governo de Deus que seja mais digno de admiração do que este. Seus ouvidos nunca estão fechados às ameaças do perseguidor ou ao clamor dos perseguidos. Seus olhos estão sempre abertos e Sua mão, estendida para dirigir cada circunstância mais ínfima. Quando a tempestade começa — quão alto ela se levantará, para que lado ela apontará seu curso, quando e como ela terminará —, tudo é determinado por Sua sabedoria infalível. O ímpio é apenas uma espada em Suas mãos, um instrumento que Ele usa como lhe agrada e que, quando os fins graciosos de Sua providência forem alcançados, será lançado ao fogo.

John Wesley

O FOGO QUE NOS REFINA

Bem-aventurados sois quando, por minha causa, vos injuriarem, e vos perseguirem, e, mentindo, disserem todo mal contra vós. MATEUS 5:11

Em alguns momentos raros, como quando o cristianismo foi inicialmente estabelecido e criava raízes na Terra, Deus permitiu que a tempestade aumentasse, e Seus filhos foram convocados a resistir até o sangue. Ele permitiu isso em relação aos apóstolos para que suas evidências fossem mais irrecusáveis. Mas, nos anais da Igreja, aprendemos que a razão que os levou a sofrer pesadas perseguições que surgiram nos séculos 2 e 3 foi bem diferente: foi pela forte iniquidade, por causa da corrupção que reinava na Igreja. Deus os castigou e, ao mesmo tempo, esforçou-se para curar, servindo-se daquelas severas, mas necessárias, visitações. Contudo é raro que Deus permita uma tempestade tão grande, na qual haja prisão, tortura e morte. Seus filhos são chamados a suportar tipos mais leves de perseguição, como quando sofrem o abandono de seus parentes ou a perda de amigos que eram como sua própria alma, encontrando a verdade da palavra de seu Senhor: "Supondes que vim para dar paz à terra? Não, eu vo-lo afirmo; antes, divisão" (LUCAS 12:51). E, portanto, ocorrerá naturalmente a perda de negócios ou do emprego. Mas todas essas circunstâncias também estão sob a sábia direção de Deus, que distribui a cada um o que é mais conveniente para Ele. Porém a perseguição que atinge todos os filhos de Deus é a que nosso Senhor descreve neste versículo. Isso não pode falhar; é a própria insígnia do nosso discipulado, é um dos selos da nossa vocação; é uma porção certa, que cabe a todos os filhos de Deus. Se não a tivermos, seremos bastardos, e não filhos.

John Wesley

NÃO FUJA DA PERSEGUIÇÃO

*Lembrai-vos da palavra que eu vos disse:
não é o servo maior do que seu senhor. Se me perseguiram
a mim, também perseguirão a vós outros...*
JOÃO 15:20

Os filhos de Deus devem saber se comportar em relação à perseguição. Eles não devem intencionalmente trazê-la sobre si mesmos. Isso é contrário ao exemplo e ao conselho de nosso Senhor e de todos os Seus apóstolos, que nos ensinam não apenas a não buscarmos a perseguição, mas também a evitá-la, tanto quanto pudermos, sem ferir nossa consciência e sem renunciar a nenhuma parte da justiça. Assim, nosso Senhor disse expressamente: "Quando, porém, vos perseguirem numa cidade, fugi para outra..." (MATEUS 10:23), que é, de fato, a maneira mais correta de evitar a perseguição. No entanto, não pense que você sempre poderá evitá-la. Se alguma vez a imaginação roubar o seu coração, ponha-a em fuga com esta advertência sincera: "...sede, portanto, prudentes como as serpentes e símplices como as pombas" (MATEUS 10:16). Mas isso não o protegerá da perseguição, a menos que você tenha mais sabedoria do que o Seu Mestre ou mais inocência do que o Cordeiro de Deus. Se você escapa da perseguição, perde da bênção daqueles que são perseguidos por causa da justiça. Se você não é perseguido por causa da justiça, não pode entrar no reino dos Céus. "Se morremos com ele, com ele também viveremos; se perseveramos, com ele também reinaremos. Se o negamos, ele também nos negará" (2 TIMÓTEO 2:11-12).

John Wesley

UM PADRÃO MAIS ELEVADO

Digo-vos, porém, a vós outros que me ouvis:
amai os vossos inimigos, fazei o bem aos que vos odeiam;
bendizei aos que vos maldizem, orai pelos
que vos caluniam. LUCAS 6:27-28

Devemos demonstrar ao mundo um padrão mais elevado que o deles em paciência, longanimidade, misericórdia e beneficência de todo tipo, demonstradas a todos, mesmo aos nossos mais implacáveis perseguidores. Este é o cristianismo em sua forma genuína, tal como seu grande Fundador o apresenta! Essa forma é uma imagem de Deus, inimitável pelo ser humano; uma imagem desenhada pelas mãos do Criador! "Vede entre as nações, olhai, maravilhai-vos e desvanecei, porque realizo" (HABACUQUE 1:5). Ou, antes, maravilhem-se e adorem! Clamem com toda a força: "Esta é a religião de Jesus de Nazaré? A religião que eu persigo? Que eu jamais seja encontrado lutando contra Deus! Senhor, que queres que eu faça?". Que beleza aparece no todo! Que simetria, que proporção exata em cada parte! Quão desejável é a felicidade ali descrita! Quão venerável, quão adorável é a santidade! Esse é o espírito da verdadeira religião, a quintessência dela. Esses são, de fato, os fundamentos do cristianismo. Que não sejamos apenas ouvintes, "Porque, se alguém é ouvinte da palavra e não praticante, assemelha-se ao homem que contempla, num espelho, o seu rosto natural; pois a si mesmo se contempla, e se retira, e para logo se esquece de como era a sua aparência" (TIAGO 1:23-24). Examinemos essa Lei perfeita da liberdade e continuemos nela. Não descansemos até que cada linha dela seja marcada em nosso próprio coração. Vamos vigiar, orar, acreditar, amar e lutar, até que cada parte dela apareça em nossa alma, gravada ali pelo dedo de Deus; até que sejamos santos como Aquele que nos chamou é santo e perfeitos como nosso Pai que está nos Céus é perfeito!

John Wesley

A VIDA SECRETA E PÚBLICA DO CRISTÃO

Assim brilhe também a vossa luz diante dos homens, para que vejam as vossas boas obras e glorifiquem a vosso Pai que está nos céus. MATEUS 5:16

O cristianismo é, essencialmente, uma religião vivida em comunhão com os outros; transformá-la em uma religião solitária é, de fato, destruí-la. Por cristianismo, quero dizer a forma de adoração a Deus, que é revelada à humanidade por Jesus Cristo. Não que possamos, de forma alguma, condenar a solitude em relação à sociedade, sem viver e tratar com outras pessoas. Isso não é apenas permitido, mas necessário, como mostra a experiência diária, para cada um que já é ou deseja ser um verdadeiro cristão. Dificilmente passaremos um dia inteiro em uma relação contínua com as pessoas sem sofrer perda em nossa alma e, em alguma medida, entristecer o Espírito Santo de Deus. Temos necessidade de retirar-nos diariamente do mundo, pelo menos de manhã e à noite, para conversar com Deus, para comungar mais livremente com o nosso Pai que está em secreto. Todavia, esse retiro não deve absorver todo o nosso tempo, pois isso seria destruir e não promover a verdadeira religião. Nosso Senhor afirma que ela não pode subsistir sem relacionamentos; sem o convívio com os outros, é manifesto que vários dos detalhes mais essenciais dela não podem ter lugar, caso não tenhamos contato com o mundo. Não há nada, por exemplo, tão essencial ao cristianismo como a mansidão. Ora, conquanto seu sentido seja de resignação à vontade de Deus ou de paciência nas dores e enfermidades, podemos tê-la mesmo no deserto, num quarto bem arrumado, em isolamento total. Porém, em outro sentido, implicando nada menos que doçura, delicadeza e tolerância, não pode existir, não pode encontrar lugar debaixo do céu, sem o relacionamento com outras pessoas; de modo que, tentar converter a mansidão em virtude solitária é riscá-la da face da Terra.

John Wesley

OCUPE O SEU LUGAR NESTE MUNDO

Já em carta vos escrevi que não vos associásseis com os impuros; refiro-me, com isto, não propriamente aos impuros deste mundo, ou aos avarentos, ou roubadores, ou idólatras; pois, neste caso, teríeis de sair do mundo. 1 CORÍNTIOS 5:9-10

Um aspecto necessário ao verdadeiro cristianismo é promover a paz e fazer o bem. Colocar esses aspectos de lado é um insulto à autoridade de nosso grande Mestre ou a qualquer outro artigo da nossa fé. Mas eles são aparentemente deixados de lado por todos os que querem viver de forma solitária e isolada. O apóstolo Paulo não está nos proibindo de termos qualquer relacionamento com aqueles que não conhecem a Deus. "...não o considereis por inimigo," — diz o apóstolo em outro lugar das Escrituras — "mas adverti-o como irmão" (2 TESSALONICENSES 3:15). Não há conselho no sentido de nos separarmos inteiramente, mesmo dos perversos. Suas palavras nos ensinam justamente o contrário, e muito mais precisas são as palavras de nosso Senhor, que estão longe de nos aconselhar a romper todo relacionamento com o mundo. Na verdade, se nos separássemos totalmente dos pecadores, como poderíamos responder ao caráter que nosso Senhor nos confere nestas mesmas palavras: "Vós sois o sal da terra..." (MATEUS 5:13)? É da natureza do divino sabor que existe em nós expandir-se em tudo quanto tocamos, por todos os lados, atingindo a todos aqueles em cujo meio estamos. Esta é a grande razão pela qual a providência de Deus nos misturou com os outros homens, de modo que as graças que tivermos recebido de Deus possam ser comunicadas, por meio de nós, aos demais; para que todos os santos impulsos, palavras e obras que procedem de nós tenham também influência sobre eles.

John Wesley

NÃO PERCA A MENTE CELESTIAL

Vós sois o sal da terra;
ora, se o sal vier a ser insípido,
como lhe restaurar o sabor?
Para nada mais presta senão para,
lançado fora, ser pisado
pelos homens. MATEUS 5:13

Para que possamos trabalhar mais diligentemente a fim de temperar tudo o que pudermos neste mundo, dando-lhe sabor santo e celestial, nosso Senhor mostra o estado de desespero daqueles que não comunicam a fé que receberam. Na verdade, eles não podem deixar de fazê-lo, contanto que Ele permaneça no coração deles. Se nós, que temos a mente santa e celestial e, consequentemente, somos zelosos de boas obras, perdermos esse sabor e não temperarmos mais este mundo; se nos tornarmos inúteis, insípidos, mortos, tão negligentes no tocante à própria alma, quão imprestáveis seremos à alma dos homens! Com que serão salgados os de fora? Como seremos recuperados? O sal insípido não pode ser restaurado ao seu sabor original! Doravante, para nada mais serve senão ser lançado fora, como se fosse a lama da rua, e ser pisado pelas pessoas, ser subjugado com desprezo eterno. Se nunca tivéssemos conhecido o Senhor, e sido encontrados nele, haveria esperança. "Se alguém não permanecer em mim, será lançado fora, à semelhança do ramo, e secará; e o apanham, lançam no fogo e o queimam." (JOÃO 15:6). Para com aqueles que nunca provaram da boa Palavra, Deus é realmente misericordioso, mas a justiça se cumpre com os que provaram que o Senhor é misericordioso e, depois, se afastaram do santo mandamento.

John Wesley

O PERIGO DA APOSTASIA

É impossível, pois, que aqueles que uma vez foram iluminados, e provaram o dom celestial, e se tornaram participantes do Espírito Santo, e provaram a boa palavra de Deus e os poderes do mundo vindouro, e caíram, sim, é impossível outra vez renová-los para arrependimento, visto que, de novo, estão crucificando para si mesmos o Filho de Deus e expondo-o à ignomínia. HEBREUS 6:4-6

Para não interpretarmos mal essas tremendas palavras, precisamos entender cuidadosamente sobre quem elas falam. Vemos que falam somente daqueles que foram uma vez "iluminados" e apenas daqueles que "provaram" o dom celestial e assim foram feitos "participantes" do Espírito Santo. Portanto, todos os que não experimentaram esses benefícios estão naturalmente fora da abordagem dessa Escritura. Em segundo lugar, precisamos entender o que vem a ser a queda de que nela se fala, que é uma apostasia absoluta e total. O crente pode cair, mas não no sentido a que essa passagem se refere. Ele pode cair e levantar-se de novo. E, mesmo que ele caia em pecado, ainda assim, não é desesperador, porque "temos Advogado junto ao Pai, Jesus Cristo, o Justo; e ele é a propiciação pelos nossos pecados" (1 JOÃO 2:1-2). Mas, acima de tudo, ele deve se guardar para que não suceda que seu coração se torne "endurecido pelo engano do pecado" (HEBREUS 3:13), para que não suceda que caia cada vez mais, até que caia totalmente; até que se torne como o sal que perdeu o sabor. "Porque, se vivermos deliberadamente em pecado, depois de termos recebido o pleno conhecimento da verdade, já não resta sacrifício pelos pecados; pelo contrário, certa expectação horrível de juízo e fogo vingador prestes a consumir os adversários" (HEBREUS 10:26-27).

John Wesley

NÃO ESCONDA A SUA LUZ

*Vós sois a luz do mundo. Não se pode esconder
a cidade edificada sobre um monte; nem se acende uma
candeia para colocá-la debaixo do alqueire, mas
no velador, e alumia a todos os que se encontram na casa.*

MATEUS 5:14-15

Nós, cristãos, somos a luz do mundo; nossa santidade nos torna tão visíveis para o mundo quanto o Sol do meio-dia. Como não podemos sair do mundo, também não podemos estar no meio dele sem sermos percebidos por toda a humanidade. Não podemos fugir dos homens, e, estando no meio deles, é impossível esconder nossa humildade e mansidão e as demais disposições pelas quais temos a aspiração a sermos perfeitos como nosso Pai celestial é perfeito. O amor é menos suscetível a ser escondido do que a luz, ainda mais quando está em ação por meio da caridade e beneficência. Os homens podem tentar esconder uma cidade edificada sobre um monte tanto quanto podem tentar esconder um cristão; se eles puderem esconder a cidade, poderão enclausurar o santo, zeloso e ativo amante de Deus e dos homens. É impossível impedir que nossa fé seja vista, a menos que a rejeitemos; quão vão é o pensamento de esconder a luz, a menos que a apaguemos. Qualquer religião que possa ser ocultada não é o verdadeiro cristianismo. Nunca, portanto, deve entrar no coração daquele a quem Deus renovou no espírito da sua mente esconder essa luz; especialmente considerando que não é apenas impossível esconder o verdadeiro cristianismo, mas também absolutamente contrário ao desígnio de seu grande Fundador.

John Wesley

O SACRIFÍCIO QUE AGRADA A DEUS

*Pois não te comprazes em sacrifícios; do contrário,
eu tos daria; e não te agradas de holocaustos. Sacrifícios
agradáveis a Deus são o espírito quebrantado;
coração compungido e contrito, não desprezarás, ó Deus.*
SALMO 51:16-17

Tem sido frequentemente dito que a verdadeira religião não reside nas coisas externas, mas no coração, no íntimo da alma; que é a união da alma com Deus, a vida de Deus na alma do ser humano; que, fora da religião, nada vale a pena, visto que Deus não tem prazer em holocaustos, em serviços externos, mas um coração puro e santo é o sacrifício que Ele não desprezará. É verdade que a raiz da verdadeira religião está no coração, no íntimo da alma, isto é, a união da alma com Deus, a vida de Deus na alma do ser humano. Se essa raiz está realmente no coração, ela não pode deixar de produzir ramos. Também é verdade que coisa alguma fora da religião, que não tenha raízes no coração, vale a pena. Deus não se agrada de tais serviços externos; um coração puro e santo é um sacrifício que sempre o agrada. Mas Ele também se satisfaz com todo serviço exterior que emana do coração, com o sacrifício de nossas orações públicas e privadas, de nossos louvores e ações de graças, com o sacrifício de nossos bens, humildemente devotados a Ele, empregados inteiramente para Sua glória, e com nosso corpo, que Ele particularmente reivindica, como o apóstolo Paulo nos exorta: "Rogo-vos, pois, irmãos, pelas misericórdias de Deus, que apresenteis o vosso corpo por sacrifício vivo, santo e agradável a Deus, que é o vosso culto racional" (ROMANOS 12:1).

John Wesley

A RELIGIÃO INTERIOR
E A RELIGIÃO EXTERIOR

Segui o amor e procurai,
com zelo, os dons espirituais...
1 CORÍNTIOS 14:1

É certo que o amor de Deus e do ser humano, surgindo da fé não fingida, é tudo em todos; é o cumprimento da Lei, o fim de todo mandamento de Deus. É verdade que, sem isso, tudo o que fazemos e sofremos não nos serve de nada. Mas não se segue a isso que o amor seja tudo, no sentido de substituir a fé ou as boas obras. É o cumprimento da Lei, não nos libertando de obedecê-la, mas nos constrangendo a isso; é o fim do mandamento, pois todos os mandamentos conduzem a Ele e nele estão centrados. É verdade que tudo o que fazemos ou sofremos sem amor não nos beneficia em nada. Por outro lado, contudo, o que fazemos ou sofremos por amor, ainda que seja apenas a reprovação por causa de Cristo, ou dar um copo de água fria para alguém em Seu nome, de modo algum perderá sua recompensa. E o apóstolo não nos incita a seguirmos a caridade e não aponta o amor como sendo um caminho mais excelente? De fato, o apóstolo nos exorta a seguirmos o amor, mas não somente ele. Se, porém, o apóstolo estivesse falando tanto da religião exterior como da religião interior e estivesse comparando-as entre si; se, em tal comparação, houvesse dado uma preferência muito maior à última; se ele houvesse preferido (como de fato poderia fazê-lo) um coração apaixonado frente a todas as obras exteriores, de qualquer espécie; ainda assim não se poderia concluir disso que deveríamos negligenciar uma ou outra. Não, Deus as reuniu desde o princípio do mundo, portanto, não as separe o homem.

John Wesley

COMO DEVEMOS ADORAR A DEUS?

Deus é espírito; e importa que os seus adoradores o adorem em espírito e em verdade.

JOÃO 4:24

O que significa adorá-lo em espírito e em verdade? Ora, significa crer nele como um Ser sábio, justo e santo, de olhos puros demais para contemplar a iniquidade, e, todavia, misericordioso, gracioso e compassivo, perdoador de toda iniquidade, transgressão e pecado; que lança para trás todos os nossos pecados e aceita-nos no Bem-amado. Significa amá-lo, deleitar-se nele, desejá-lo de todo nosso coração, mente, alma e forças; imitar Aquele a quem amamos, purificando-nos para sermos puros assim como Ele é; obedecer Àquele a quem amamos e em quem cremos, tanto em pensamento quanto em palavras e obras. E uma das consequências da adoração a Deus em espírito e verdade é guardar Seus mandamentos exteriores. Glorificá-lo, portanto, com nosso corpo, bem como com nosso espírito; realizar as obras exteriores com o coração elevado a Ele; fazer de nosso trabalho diário um sacrifício a Deus: isso é adorar a Deus em espírito e em verdade, tanto quanto orar a Ele no deserto. Sendo assim, a contemplação é apenas uma forma de adorar a Deus em espírito e em verdade, e entregar-nos inteiramente a isso seria destruir muitos ramos da adoração espiritual, todos igualmente aceitáveis a Deus e igualmente proveitosos, prejudicando a alma. Pois é um grande erro supor que a atenção às coisas exteriores, para as quais a providência de Deus nos chamou, é um obstáculo para o cristão. Aprendam o que isso significa, pobres reclusos, para que possam discernir claramente sua própria pequenez de fé.

John Wesley

NÃO SE CANSE
DE FAZER O BEM

*E não nos cansemos de fazer o bem, porque
a seu tempo ceifaremos, se não desfalecermos.*

GÁLATAS 6:9

Alguns afirmam que a experiência mostra que tentar fazer o bem é um trabalho perdido; que não adianta alimentar ou cobrir o corpo das pessoas se elas estão indo para o fogo eterno. Que benefício isso poderia fazer à alma delas? Se elas mudarem seu caminho, Deus fará por si mesmo o que elas precisam. Além disso, todas as pessoas são boas — ou pelo menos desejosas de ser —, e outras, obstinadamente más. As primeiras não precisam de nós para nada; devem pedir ajuda a Deus, que ser-lhes-á concedida. E as últimas não devem ter nenhuma ajuda nossa, pois não devemos lançar aos porcos as nossas pérolas, para que não as pisem com seus pés, conforme está em Mateus 6:7. Porém, eu digo que, quer elas por fim se percam ou se salvem, você foi expressamente ordenado a alimentar os famintos e vestir os nus. Se você pode fazê-lo, mas não quer, irá para o fogo eterno, seja qual for o destino deles. Embora seja somente Deus que muda corações, Ele geralmente faz isso por meio de pessoas. É nossa parte fazer tudo o que possamos, tão diligentemente como se pudéssemos mudá-lo nós mesmos, e então deixar esse resultado nas mãos de Deus. Em resposta às suas orações, Deus edifica os Seus filhos, "de quem todo o corpo, bem-ajustado e consolidado pelo auxílio de toda junta, segundo a justa cooperação de cada parte, efetua o seu próprio aumento para a edificação de si mesmo em amor" (EFÉSIOS 4:16). Como você tem certeza de que as pessoas à sua frente são cães ou porcos? Não as julgue, até que você tenha tentado alcançá-las de alguma forma. Como você sabe se pode ganhar ou não seu irmão? Quando ele rejeita o amor que você demonstra e blasfema contra a boa palavra, então é hora de entregá-lo a Deus.

John Wesley

FAÇA TUDO O QUE DEUS LHE ORDENAR

*Semeia pela manhã a tua semente e à tarde
não repouses a mão, porque não sabes qual prosperará;
se esta, se aquela ou se ambas igualmente serão boas.*

ECLESIASTES 11:6

Alguém pode dizer: "Tenho trabalhado tanto para que os pecadores sejam restaurados. Mas será que vale a pena?". É verdade que, em muitas pessoas, não causamos impacto algum ao testemunharmos sobre a fé, e alguns que aparentemente são transformados duram apenas como o orvalho da manhã e logo se mostraram novamente maus ou até mesmo piores do que eram. Assim, parece que só causamos prejuízo a eles e a nós mesmos, porque nossa mente se cansou e tornou-se pessimista, talvez repleta de ira em lugar de amor; por isso, achamos melhor guardar nossa fé para nós mesmos. É possível que isso seja verdade; que tenhamos tentado fazer o bem, e não conseguimos. Mas o que há de extraordinário nisso? O servo é maior do que seu senhor? E quantas vezes o Senhor Jesus se esforçou para salvar os pecadores, porém estes não lhe deram ouvido, ou, quando o seguiram por um instante, voltaram atrás como o cão que retoma a seu próprio vômito! Mas nem por isso o Mestre desistiu de lutar para fazer o bem, e vocês não deveriam fazer diferente, seja qual for o resultado. É sua responsabilidade fazer o que lhe é ordenado; o sucesso está nas mãos de Deus. Você não é responsável por isso; deixe tudo ao cuidado daquele que dirige todas as coisas para o bem. Talvez você se aflija simplesmente por se considerar responsável pelo resultado, o que na verdade ninguém é e nem pode ser, ou talvez por você não estar vigilante por seu próprio espírito. Contudo, isso não é motivo para desobedecer a Deus. Seja mais humilde diante de Deus, mais profundamente convencido de que, por si mesmo, você não pode fazer nada. Seja mais gentil e vigilante em oração. Assim, semeie pela manhã a sua semente.

John Wesley

DEIXE A SUA LUZ BRILHAR

*Vós sois a luz do mundo.
Não se pode esconder a cidade
edificada sobre um monte...*
MATEUS 5:14

Deixe brilhar a sua luz, sua humildade de coração, sua gentileza, mansidão e sabedoria; seu interesse sincero pelas coisas eternas e pesar pelo pecado e miséria das pessoas. Deixe brilhar sua luz, com seu desejo ardente de santidade universal e plena felicidade em Deus; com sua terna boa vontade para com toda a humanidade e fervoroso amor ao Seu supremo Benfeitor. Esforce-se para não ocultar essa luz, com a qual Deus iluminou sua alma; deixe-a brilhar diante de todos com quem você está, em todas as suas conversas. Deixe-a brilhar ainda mais explicitamente em suas ações, fazendo todo o bem possível a todos e em seu sofrimento por causa da justiça. Assim: "Regozijai-vos naquele dia e exultai, porque grande é o vosso galardão no céu" (LUCAS 6:23). Deixe sua luz brilhar diante de todos, para que possam ver suas boas obras. Apenas tome cuidado e não busque seu próprio louvor; não deseje qualquer honra para si mesmo. Seja este o seu único objetivo: "...que vejam as vossas boas obras e glorifiquem a vosso Pai que está nos céus" (MATEUS 5:16). Que esse seja o seu objetivo em todas as coisas que você faz. Com essa disposição, seja sincero, aberto, sem disfarces, e que seu amor não seja dissimulado. Que não haja engano em sua boca; que suas palavras sejam a imagem genuína do seu coração. Que não haja trevas ou reticências em suas conversas e nenhum disfarce em seu comportamento. Deixe isso para aqueles que têm outros projetos em vista; projetos que não suportam a luz. Seja simples e sincero com todos para que vejam a graça de Deus que está em você.

John Wesley

SOMOS CARTAS ESCRITAS PELO DEDO DE DEUS

Tendo cancelado o escrito de dívida, que era contra nós e que constava de ordenanças, o qual nos era prejudicial, removeu-o inteiramente, encravando-o na cruz.

COLOSSENSES 2:14

Entre as inumeráveis reprovações que recaíram sobre Aquele que foi desprezado e rejeitado pelos homens, estava a de que Ele era um professor de novidades, um inventor de uma nova religião. Isso poderia ser afirmado com mais intensidade, porque muitas expressões que Ele usava não eram comuns entre os judeus, não em um significado tão profundo e forte. Não é improvável que alguns esperassem que Ele abolisse a velha religião e introduzisse outra. A lei ritual ou cerimonial, entregue por Moisés aos filhos de Israel, contendo as ordenanças relacionadas aos antigos sacrifícios e serviços do templo, nosso Senhor realmente veio destruir, invalidar e abolir completamente. Mas a lei moral, contida nos Dez Mandamentos e reforçada pelos profetas, Ele não aboliu. Não era desígnio de Sua vinda revogar qualquer parte dessa lei. A lei moral se firma sobre um fundamento completamente diferente da lei cerimonial ou ritual, que fora estabelecida como um corretivo temporário a um povo desobediente e de dura cerviz, ao passo que aquela existia desde o começo do mundo, tendo sido escrita "não em tábuas de pedra…" (2 CORÍNTIOS 3:3), mas no coração de todos os filhos dos homens, ao saírem das mãos do Criador. E, por mais que as cartas uma vez escritas pelo dedo de Deus estejam, em grande parte, desfiguradas pelo pecado, ainda assim não podem ser totalmente apagadas, enquanto tivermos qualquer consciência do bem e do mal. Cada parte dessa Lei deve permanecer em inteiro vigor sobre toda a humanidade e em todos os tempos, não dependendo de época, lugar ou quaisquer circunstâncias passíveis de mudança, mas da natureza de Deus e do ser humano, em sua relação recíproca e imutável.

John Wesley

O CUMPRIMENTO DA LEI É CRISTO

*Não penseis que vim revogar a Lei ou os Profetas;
não vim para revogar, vim para cumprir.*

MATEUS 5:17

Há quem pense que o que nosso Senhor quis dizer com essas palavras é que Ele veio cumprir a Lei por Sua total obediência a ela. E não se pode duvidar de que Ele tenha cumprido todos os artigos da Lei, em certo sentido. Mas isso não parece ser o que Ele pretendia explicar, sendo estranho ao escopo desse discurso. Sem dúvida, o significado coerente com tudo quanto precede e se segue esta passagem é: "Eu vim estabelecer a Lei em sua plenitude, a despeito de todos os entendimentos humanos; vim para colocar em plena e clara luz aquilo que nela parecia obscuro; vim declarar o verdadeiro e pleno alcance de cada parte dela, mostrar seu comprimento e largura, toda a extensão de cada mandamento nela contido, a altura e a profundidade, sua inconcebível pureza e espiritualidade em todos os seus aspectos." E isso nosso Senhor fez abundantemente. Ele não introduziu uma nova religião no mundo, mas a mesma que era desde o início, uma religião tão antiga quanto a criação, sendo contemporânea do ser humano e procedente de Deus, no mesmo tempo em que o ser humano se tornou uma alma vivente. Uma religião testemunhada tanto pela Lei quanto pelos profetas e em todas as gerações seguintes. No entanto, ela nunca foi tão completamente explicada nem tão completamente compreendida, até que o seu próprio Autor condescendeu em dar à humanidade este comentário autêntico sobre todos os aspectos essenciais. Ao mesmo tempo, Ele declarou que essa Lei nunca deveria ser mudada, mas deveria permanecer em vigor até o fim dos tempos.

John Wesley

LEI E PROMESSAS DE DEUS

*Porque em verdade vos digo: até que o céu
e a terra passem, nem um i ou um til jamais passará
da Lei, até que tudo se cumpra.* MATEUS 5:18

Destas palavras, podemos aprender que não há contrariedade alguma entre a Lei e o evangelho; não há necessidade de que a Lei passe para que o evangelho se estabeleça. Na verdade, uma não exclui o outro, antes concordam entre si perfeitamente. E, as mesmas palavras, consideradas sob diferentes aspectos, são partes tanto da Lei quanto do evangelho: se considerarmos como mandamentos, são partes da Lei; se considerarmos como promessas, são partes do evangelho. As palavras "Amarás o Senhor, teu Deus, de todo o teu coração..." (MATEUS 22:37), quando consideradas como um mandamento, são um aspecto da Lei; quando consideradas como uma promessa, são uma parte essencial do evangelho. O evangelho não é outra coisa senão mandamentos da Lei propostos sob a forma de promessas. Consequentemente, a humildade de espírito, a pureza de coração e qualquer outra disposição inculcada na santa lei de Deus não são outra coisa, à luz do evangelho, senão gloriosas promessas. Existe, portanto, uma conexão mais estreita que pode ser concebida entre a Lei e o evangelho. Por um lado, a Lei continuamente abre caminho e nos aponta para o evangelho; por outro, o evangelho continuamente nos leva a um cumprimento mais exato da Lei. Esta, por exemplo, exige que amemos a Deus e o nosso próximo, que sejamos mansos, humildes e santos. Sentimos que não somos capazes de cumprir essas virtudes, que é impossível, mas vemos uma promessa de Deus de nos dar esse amor e de nos tornar humildes, mansos e santos. Assim, nos apegamos ao evangelho, às boas-novas, e é feito em nós segundo a nossa fé, e a justiça da Lei se cumpre em nós, pela fé que temos em Cristo Jesus.

John Wesley

CUIDADO COM OS "PECADOS PEQUENOS"

Aquele, pois, que violar um destes mandamentos, posto que dos menores, e assim ensinar aos homens, será considerado mínimo no reino dos céus... MATEUS 5:19

Quem viola qualquer um dos mandamentos, especialmente se for de maneira voluntária ou presunçosa, a ira de Deus permanece sobre ele, pois é como se houvesse quebrado todos os outros. "Pois qualquer que guarda toda a lei, mas tropeça em um só ponto, se torna culpado de todos" (TIAGO 2:10). Deus requer obediência integral: devemos ter os olhos postos em todos os Seus mandamentos; de outra sorte, todo o esforço que fizermos para guardar alguns dentre eles será em vão e perderemos nossa própria alma para todo o sempre. "Este pecado" — diz o transgressor — "é tão pequeno. Por que o Senhor não me pouparia neste caso? Certamente que Ele não irá ao extremo de notar isto, desde que eu não ofenda outros preceitos mais importantes da Lei". Vã esperança! Falando à maneira das pessoas, podemos chamar de grandes e pequenos mandamentos, mas, na realidade, eles não são assim. Se usarmos uma linguagem mais rigorosa, não há nada de pecado pequeno; todo pecado é uma transgressão da santa e perfeita lei de Deus e uma afronta à Sua grande majestade. Em certo sentido, pode-se dizer que todo aquele que quebra abertamente qualquer mandamento ensina outros a fazerem o mesmo. Um infrator habitual da Lei raramente se contenta com o que fez; ele geralmente ensina outros a fazerem o mesmo, tanto por palavras quanto pelo seu exemplo, especialmente quando ele endurece sua cerviz e não aceita ser reprovado. Tal pecador logo começa a defender o pecado; defende o que está decidido a não abandonar. Ele usa pretextos para o pecado que não abandonará e, assim, ensina aos outros, diretamente, cada pecado que comete.

John Wesley

SEJA UM CRISTÃO DILIGENTE

Porque vos digo que, se a vossa justiça não exceder em muito a dos escribas e fariseus, jamais entrareis no reino dos céus. MATEUS 5:20

Você que carrega o santo e venerável nome de Cristo, atente, primeiro, para que a sua justiça não fique aquém da justiça dos escribas e fariseus. Se o seu trabalho ou as suas forças físicas não permitirem que você jejue duas vezes na semana, jejue com a frequência que suas forças permitem. Não perca nenhuma oportunidade pública ou privada de derramar sua alma em oração; não negligencie a ocasião de participar da comunhão do corpo e do sangue de Cristo; seja diligente em examinar as Escrituras; leia o que puder e medite nelas dia e noite; alegre-se por abraçar todas as oportunidades de ouvir a Palavra de reconciliação declarada pelos embaixadores de Cristo. Ao usar todos os meios da graça, em um atendimento constante e cuidadoso a cada ordenança de Deus, viva de acordo com Seus ensinamentos, até que você possa ir além da justiça dos escribas e fariseus. Dê esmolas de tudo o que você possui. Se vir alguém com fome, alimente-o; se vir alguém com sede, dê-lhe água; se vir alguém nu, cubra-o com roupa. Se você tem bens, não limite sua beneficência a uma proporção escassa; seja misericordioso até o derradeiro limite das suas possibilidades. "…das riquezas de origem iníqua fazei amigos; para que, quando aquelas vos faltarem, esses amigos vos recebam nos tabernáculos eternos" (LUCAS 16:9). Mas não pare nisso; não se contente em guardar toda a Lei e ofendê-la em um ponto. Conserve-se firme, guarde todos os mandamentos e abomine todos os caminhos da falsidade. Faça todas as coisas que Deus ordenou com todas as suas forças. Você pode fazer todas as coisas por meio de Cristo, que o fortalece. E lembre-se de que, sem Ele, você nada pode fazer.

John Wesley

NÃO FAÇA NADA PARA RECEBER GLÓRIA DOS HOMENS

Guardai-vos de exercer a vossa justiça diante dos homens, com o fim de serdes vistos por eles; doutra sorte, não tereis galardão junto de vosso Pai celeste. Quando, pois, deres esmola, não toques trombeta diante de ti, como fazem os hipócritas, nas sinagogas e nas ruas, para serem glorificados pelos homens. MATEUS 6:1-2

Embora somente as esmolas sejam mencionadas nesta passagem, nela se incluem, todavia, todas as obras de caridade; tudo o que damos, falamos ou fazemos para que o nosso próximo possa ser beneficiado, seja em seu corpo ou sua alma. Alimentar o faminto, vestir o nu, abrigar ou ajudar o estrangeiro, visitar os doentes ou os presos, confortar o aflito, instruir o ignorante, reprovar o ímpio, exortar e encorajar aquele que faz o bem; e, se houver qualquer outra obra de justiça e misericórdia, ela está igualmente incluída nesta expressão. A orientação para não exercermos a nossa justiça diante dos homens não é uma proibição de fazermos o bem diante das pessoas — pois isso não torna a ação pior ou melhor —, mas, sim, de fazê-la exclusivamente com a intenção de sermos vistos pelos homens. Digo "exclusivamente" porque, em alguns casos, isso pode fazer parte de nossa intenção. Podemos ter o propósito de que algumas de nossas ações sejam vistas e, ainda assim, sejam aceitáveis a Deus; podemos ter a intenção de que nossa luz brilhe diante dos homens, quando nossa consciência dá testemunho no Espírito Santo e a nossa finalidade é que eles glorifiquem nosso Pai que está nos Céus ao verem nossas boas obras. Mas tenha cuidado de não fazer absolutamente nada visando o aplauso dos homens. Se você buscar sua própria glória, se tiver qualquer intenção de merecer a honra que vem dos homens, aquilo que você fizer não terá sido feito ao Senhor. Ele não aceitará tais ações, e você não terá galardão do nosso Pai celeste.

John Wesley

DEUS TRANSFORMA O PESO EM ALEGRIA

Desventurado homem que sou! Quem me livrará do corpo desta morte? Graças a Deus por Jesus Cristo, nosso Senhor. De maneira que eu, de mim mesmo, com a mente, sou escravo da lei de Deus, mas, segundo a carne, da lei do pecado. ROMANOS 7:24-25

É nesse momento que termina o miserável cativeiro, e o pecador já não se encontra mais "debaixo da Lei", mas "debaixo da graça". Ele olha para Aquele a quem traspassaram e vê a luz do glorioso amor de Deus estampada em Sua face. Tem uma divina convicção das coisas que não se veem, inclusive das coisas profundas de Deus, e toda a sua alma exclama: "Meu Senhor e meu Deus!" (JOÃO 20:28). Ele reconhece que o Senhor conhece todas as suas iniquidades e que Ele as colocou sobre si mesmo no madeiro. Por isso, ele claramente discerne que Deus estava em Cristo reconciliando consigo o mundo, para que, por meio dele, todos pudéssemos ser feitos justiça de Deus por intermédio do sangue da nova aliança. Então, não há mais lugar para a culpa e para o poder do pecado habitar nele. Agora ele pode dizer: "Estou crucificado com Cristo; logo, já não sou eu quem vive, mas Cristo vive em mim; e esse viver que, agora, tenho na carne, vivo pela fé no Filho de Deus, que me amou e a si mesmo se entregou por mim" (GÁLATAS 2:19-20). Cessa o remorso, a tristeza e toda escravidão do medo, pois Deus transforma peso em alegria e o coração se torna leve, porque crê no Senhor. Não há mais necessidade de temer a ira de Deus, pois o homem não o considera mais um Juiz irado, mas um Pai amoroso. Ele não precisa mais temer o diabo, porque sabe que ele não tem poder algum, a menos que seja dado a ele do alto, nem o inferno, pois ele é herdeiro do reino dos Céus. E sabe que "se a nossa casa terrestre deste tabernáculo se desfizer, temos da parte de Deus um edifício, casa não feita por mãos, eterna, nos céus" (2 CORÍNTIOS 5:1).

John Wesley

QUEM ESTÁ SOB A GRAÇA VENCE!

Mas aquele que considera, atentamente, na lei perfeita, lei da liberdade, e nela persevera, não sendo ouvinte negligente, mas operoso praticante, esse será bem-aventurado no que realizar. TIAGO 1:25

Onde está o Espírito do Senhor, aí há liberdade, não apenas da culpa e do medo, mas também do pecado, do mais pesado de todos os jugos, do mais degradante de todos os cativeiros. Para o filho de Deus, seu trabalho não é em vão. Ele não apenas se esforça, mas também prevalece; Ele não apenas luta, mas também conquista. O pecado já não reina sobre ele, o seu corpo não é instrumento de injustiça para o pecado, mas de justiça, para Deus. Assim, tendo paz com Deus, por meio de nosso Senhor Jesus Cristo, o servo de Deus se regozija na esperança da glória de Deus, sendo uma testemunha viva da gloriosa liberdade que é concedida aos Seus filhos e participante da mesma fé preciosa, dando testemunho a uma só voz com os que receberam o Espírito de adoção da parte de Deus. Agora, o Espírito de Deus continuamente opera sobre nós, tanto o querer quanto o realizar, conforme a Sua boa vontade. É Ele quem derrama o amor de Deus e por toda a humanidade em nosso coração, purificando-o do amor ao mundo, da concupiscência da carne, dos olhos e da soberba da vida. É por Ele que somos libertos da raiva, do orgulho e das vis afeições; Ele nos torna livres de todas as palavras e obras más, de fazer mal a alguém e nos faz zelosos de toda boa obra. A paz de Deus faz morada em nosso coração, guardando-nos do pecado. O homem natural não pode vencer essa luta; porém, o homem que está debaixo da graça luta e vence; sim, ele é mais que vencedor, por meio daquele que o ama.

John Wesley

VOCÊ TEM PAZ EM SEU CORAÇÃO?

*Bem-aventurado o homem
que não anda no conselho dos ímpios...*
SALMO 1:1

O homem natural não teme nem ama a Deus; o que está debaixo da Lei apenas O teme; e o que está debaixo da graça O ama. O primeiro não discerne as coisas de Deus e anda em profundas trevas; o segundo vê a penosa chama do inferno; já o terceiro vê a gloriosa luz do Céu. O que dorme na morte tem uma falsa paz; o que é despertado pela Lei não tem paz de modo algum; o que crê em Cristo tem verdadeira paz — a paz de Deus, que enche e governa seu coração. Examine-se, portanto, não apenas para ver se você é sincero, mas se você está na fé. Examine de perto para saber qual é o princípio dominante em sua alma. É o amor de Deus? É o temor de Deus? Ou nem um, nem outro? Você tem a paz em seu coração? Você sente o Espírito Santo em você? Se essas perguntas geram incômodo e você não consegue entender o que eu quero dizer, então tire a sua máscara, descalce suas sandálias e olhe para o Céu; Deus lhe dirá quem você é. Se você está dormindo, desperte e invoque o seu Deus, antes que as profundezas o traguem. Cuidado para não se acomodar no estado em que você está, como acontece com bem muitos que são reputados "bons cristãos". Deus preparou coisas melhores para você; portanto, siga firme e as alcançará. Você não foi chamado para temer e tremer como os demônios, mas para se alegrar e amar como os anjos de Deus. Continue orando sem cessar e dando graças em tudo, fazendo sempre a vontade de Deus, provando da Sua boa, aceitável e perfeita vontade. Que o Deus de paz aperfeiçoe você em toda boa obra, operando o que é agradável aos Seus olhos, por meio de Jesus Cristo, a quem seja glória para todo o sempre! Amém.

John Wesley

O TESTEMUNHO DO NOSSO ESPÍRITO

E aquele que guarda os seus mandamentos permanece em Deus, e Deus, nele. E nisto conhecemos que ele permanece em nós, pelo Espírito que nos deu. 1 JOÃO 3:24

Devemos considerar qual é o testemunho do nosso espírito? O apóstolo Paulo diz que nós recebemos "o espírito de adoção, baseados no qual clamamos: Aba, Pai" (ROMANOS 8:15), o que pode ser traduzido que o mesmo Espírito dá testemunho ao nosso espírito de que somos os filhos de Deus. Mas eu afirmo que não. Lendo tantos textos, com a experiência de todos os verdadeiros cristãos, encontro evidências suficientes de que há, em cada crente, tanto o testemunho do Espírito de Deus quanto o testemunho do seu próprio espírito de que ele é um filho de Deus. Encontro esse fundamento em numerosos textos das Escrituras que descrevem as marcas dos filhos de Deus; textos que foram colocados sob a Luz mais forte por muitos estudiosos antigos e modernos. Aquele que tem a marca das Escrituras em si, sabe que é filho de Deus. Se precisar de mais Luz, pode recebê-la por meio do ministério da Palavra de Deus, da meditação com o Pai e conversando com aqueles que têm o conhecimento dos Seus caminhos. Ele compreende que aqueles que são conduzidos pelo Espírito de Deus têm comportamentos e ações santas, pois são os filhos de Deus. Com isso, entende o que o apóstolo João escreve em 1 João 2:3,5: "Ora, sabemos que o temos conhecido por isto: se guardamos os seus mandamentos. [...] Aquele, entretanto, que guarda a sua palavra, nele, verdadeiramente, tem sido aperfeiçoado o amor de Deus." E o apóstolo continua: "Filhinhos, não amemos de palavra, nem de língua, mas de fato e de verdade" (1 JOÃO 3:18). Esses e outros versículos de 1 João podem ser resumidos ao seguinte: aqueles que têm esta marca são reconhecidos como filhos de Deus.

John Wesley

CONFORMADOS SEGUNDO A SUA IMAGEM

Vivei, acima de tudo,
por modo digno do evangelho de Cristo...
FILIPENSES 1:27

Como podemos demonstrar que amamos a Deus e o próximo e que guardamos os Seus mandamentos? Note que, com esta pergunta, buscamos saber como se evidencia a nós mesmos, e não aos outros, que somos filhos de Deus. Ora, eu pergunto: como você pode saber que está vivo, que está agora tranquilo e não sob sofrimento? Não é por estar plenamente consciente disso? Por essa mesma consciência, você poderá saber se sua alma vive para Deus, se está a salvo da chama do orgulho e da ira e se tem a serenidade de um espírito manso. Da mesma forma, não pode deixar de saber se você ama, regozija-se e deleita-se em Deus. Por esse mesmo motivo, você deve ter certeza de que ama o seu próximo como a si mesmo e se você é bondoso para com todas as pessoas e cheio de gentileza e longanimidade. Não haverá dúvida dentro do seu coração, dia após dia, se seus lábios professarem o nome de Deus sem seriedade e devoção, sem reverência e temor. Esse é o testemunho do nosso espírito, ou seja, o testemunho de nossa consciência, que Deus nos deu para sermos santos de coração e em palavras e obras. A consciência de termos recebido o Espírito de adoção faz com que tenhamos um coração amoroso para com Deus e para com toda a humanidade. Tornamo-nos como uma criança que confia totalmente em seu pai; não desejamos nada além do Senhor, lançando sobre Ele todo nosso cuidado; abraçamos todos com sinceridade e terna afeição. Temos a consciência de que somos interiormente conformados pelo Espírito de Deus à imagem de Seu Filho, e que andamos diante dele em justiça, misericórdia e verdade, fazendo aquilo que é agradável aos Seus olhos.

John Wesley

SABEMOS QUE SOMOS DE DEUS

O próprio Espírito testifica com o nosso espírito que somos filhos de Deus. Ora, se somos filhos, somos também herdeiros, herdeiros de Deus e coerdeiros com Cristo; se com ele sofremos, também com ele seremos glorificados. ROMANOS 8:16-17

Como o Espírito Santo testifica com o nosso espírito que somos filhos de Deus? É difícil encontrar palavras na linguagem humana para explicar as coisas profundas de Deus. Na verdade, não há nenhuma palavra que possa expressar adequadamente esta experiência dos filhos de Deus. Mas, talvez, possamos dizer que o testemunho do Espírito é uma impressão íntima feita sobre a alma, pela qual Ele diretamente testifica ao meu espírito que sou filho de Deus, que Jesus Cristo me amou e deu-se a si mesmo por mim, que todos os meus pecados foram cancelados e que fui reconciliado com Deus. Devemos ser santos de coração e na vida antes que possamos ter consciência de que o somos; e precisamos amar a Deus antes de sermos santos, pois é deste amor que brota toda santidade. Não podemos conhecer o Seu amor perdoador por nós até que o Seu Espírito dê testemunho ao nosso espírito. Então, quando o Espírito de Deus testifica ao nosso que Deus nos amou e deu Seu próprio Filho para ser a propiciação pelos nossos pecados, passamos a saber que só conseguimos amar a Deus e o nosso irmão porque Ele nos amou primeiro. E, por meio disso, temos a consciência sobre a nossa condição e conhecemos as coisas que nos são dadas gratuitamente por Deus; sabemos que somos de Deus porque o amamos e guardamos Seus mandamentos. Este é o testemunho do nosso próprio espírito: que, enquanto continuarmos a amar a Deus e guardar os Seus mandamentos, permaneceremos unidos ao Seu Espírito, o qual testemunha que somos filhos de Deus.

John Wesley

NÃO TENHA DÚVIDA DA SUA ADOÇÃO

Assim como nos escolheu, nele, antes da fundação do mundo, para sermos santos e irrepreensíveis perante ele; e em amor nos predestinou para ele, para a adoção de filhos, por meio de Jesus Cristo, segundo o beneplácito de sua vontade. EFÉSIOS 1:4-5

Sabemos que o Espírito de Deus não apenas opera em nós as boas obras, mas também ilumina Sua própria obra, mostrando claramente o que Ele faz em nós. É disso que fala o apóstolo Paulo, como um dos grandes fins para o qual recebemos o Espírito: o testemunho do Espírito vem para que possamos conhecer as coisas que nos são dadas livremente por Deus, de modo que Ele possa fortalecer o testemunho da nossa consciência e permitir-nos discernir, com uma Luz mais intensa e mais forte, que nós fazemos agora as coisas que lhe agradam. Talvez, perguntaremos: "Como o Espírito de Deus pode testificar com o nosso espírito que somos filhos de Deus, de modo a não termos nenhuma dúvida?". E a resposta é: quando a nossa alma percebe tão íntima e abertamente que ela ama, deleita-se e alegra-se em Deus, como quando ama e se deleita em qualquer coisa na Terra. Sendo o cristão um filho de Deus, já não há nele nenhuma dúvida; ele tem tanta certeza disso como de que as Escrituras são de Deus. Assim, é inexplicável o modo como o testemunho do nosso espírito se manifesta com a mesma convicção em nosso coração, de tal maneira que não temos dúvida de que somos filhos de Deus. Esse conhecimento é maravilhoso e excelente demais! Não podemos alcançá-lo! O vento sopra e ouvimos a Sua voz, mas não posso dizer de onde vem e para onde vai. Mas o fato é que sabemos que o Espírito de Deus dá ao crente um testemunho da sua adoção.

John Wesley

AS MARCAS DA NOSSA ELEIÇÃO

E, assim, se alguém
está em Cristo, é nova criatura...
2 CORÍNTIOS 5:17

O testemunho de que somos filhos de Deus nos traz uma mudança ampla e poderosa, uma mudança das trevas para a luz, uma passagem da morte para a vida. Sabemos que nem todas as pessoas compreenderão essa mudança. Muitos poderão dizer: "Sempre fui um cristão e desconheço a necessidade de tal mudança." Porém, se eles refletirem bem, saberão que não são nascidos do Espírito, que ainda não conhecem a Deus e confundem a voz da natureza com a Sua voz. Por isso, pelas marcas presentes no crente, podemos facilmente distinguir um filho de Deus de um enganador. As Escrituras descrevem a alegria no Senhor que acompanha o testemunho daqueles que seguem a Cristo: uma alegria humilde, uma alegria que se reduz ao pó. Onde habita a humildade, há mansidão, paciência, longanimidade. Existe um espírito suave e submisso, uma doçura e uma ternura de alma que as palavras não podem expressar. Mas esses frutos atendem àquele suposto testemunho do Espírito de um homem presunçoso? Os frutos são exatamente o contrário. Quanto mais confiante ele está no favor de Deus, mais ele se exalta. Quanto mais ele se exalta, mais arrogante e presunçoso é seu comportamento. Quanto mais forte o testemunho que ele imagina ter, mais autoritário ele se torna para com todos ao seu redor. Você não é gentil e manso, portanto, a sua alegria não vale nada. Clame ao Pai para que as escamas caiam dos seus olhos, para que você saiba como realmente é; para que receba a sentença de morte, até que você ouça a voz que ressuscita os mortos dizendo: "Tem bom ânimo, filha, a tua fé te salvou" (MATEUS 9:22).

John Wesley

O NOSSO SACRIFÍCIO ESPIRITUAL

*E o testemunho é este: que Deus nos deu a vida eterna;
e esta vida está no seu Filho.*

1 JOÃO 5:11

As Escrituras ensinam, em 1 João 5:3, que "este é o amor de Deus: que guardemos os seus mandamentos." E nosso Senhor também diz: "Aquele que tem os meus mandamentos e os guarda, esse é o que me ama" (JOÃO 14:21). Quem verdadeiramente ama a Deus se alegra em obedecer-lhe e anseia fazer a Sua vontade na Terra como ela é feita no Céu. Mas quem finge amar a Deus, seu amor lhe dá liberdade para desobedecer e não guardar os mandamentos. Ele olha para si como alguém que não está sob a Lei e julga não ser mais obrigado a observá-la. Assim, torna-se menos zeloso de boas obras, menos cuidadoso em abster-se do mal, menos vigilante sobre seu próprio coração, menos atento ao falar e menos empenhado em negar a si mesmo e em tomar sua cruz diariamente. Ele fantasia estar livre em sua própria alma e não se exercita em piedade, combatendo apenas contra carne e sangue. Acredita ter encontrado um caminho mais fácil para o Céu, um caminho largo, limpo e florido, no qual ele pode dizer à sua alma: "...descansa, come, bebe e regala-te." (LUCAS 12:19). A evidência fica cada vez mais visível de que ele não tem o verdadeiro testemunho de seu próprio espírito. Descubra-se a si mesmo, pobre iludido! A palavra do Senhor prova que você não recebeu o Espírito de Jesus. Você não é gentil nem manso, portanto, a sua alegria é falsa; não é alegria no Senhor. Clame a Deus para que as escamas caiam de seus olhos, para que você se conheça da forma como é conhecido, porque os frutos visíveis do Espírito reinando no coração são amor, alegria, paz, misericórdia, humildade de espírito, mansidão e longanimidade. Aperfeiçoe a santidade no temor de Deus e deixe que todos os seus pensamentos, palavras e obras sejam um sacrifício espiritual, santo e aceitável a Deus, por meio de Cristo Jesus!

John Wesley

SEUS SENTIDOS ESPIRITUAIS ESTÃO BEM AGUÇADOS?

Ora, nós não temos recebido o espírito do mundo, e sim o Espírito que vem de Deus... 1 CORÍNTIOS 2:12

Como pode alguém distinguir o dia da noite, ou a chama de uma tocha da luz do sol do meio-dia? Não existe uma diferença inerente, óbvia e essencial entre uma e outra? Será que não é possível perceber, imediata e intuitivamente, a diferença, desde que seus sentidos estejam atentos? Da mesma forma, há uma diferença inerente e essencial entre a luz espiritual e as trevas espirituais, e entre a luz com que o Sol da justiça ilumina nosso coração e aquela luz resplandecente que surge das faíscas da nossa própria excitação. Seria necessário um relato mais detalhado para podermos dizer que conhecemos a voz de Deus? Suponhamos que Ele agora fale à nossa alma: "Seus pecados estão perdoados". Deus estaria certo de que aquela alma conheceria sua voz; de outro modo, estaria falando ao vento; e Ele é capaz de fazer isso, porque, desde que Ele queira, o realizar está em Suas mãos; desde que o faça, aquela alma estará absolutamente certa de que essa voz é a voz de Deus. Aquele que tem esse testemunho não pode explicá-lo a quem não o tem. Haveria algum método natural para explicar as coisas de Deus para o homem natural? Tal homem não pode discernir e conhecer as coisas do Espírito de Deus. Isto é o que afirma o apóstolo Paulo: que o homem natural não pode entender as coisas espirituais "porque elas se discernem espiritualmente" (1 CORÍNTIOS 2:14). E como podemos saber se nossos sentidos espirituais estão bem aguçados? Essa também é uma pergunta de grande importância, pois uma pessoa pode continuar vivendo no erro e na ilusão sem fim. Então, como ter certeza de que esse não é o seu caso? Pelos frutos que Ele tem produzido em seu espírito, você pode conhecer o testemunho do Espírito de Deus, ou saber se você está se iludindo e enganando sua própria alma.

John Wesley

SEJA PURO COMO O SEU SENHOR É PURO

Graças a Deus por seu dom inefável!
2 CORÍNTIOS 9:15

Tão certo como a santidade é de Deus e o pecado é obra do diabo, assim o testemunho do Espírito que você tem em si mesmo não é de Satanás, mas de Deus. Pelo fruto do Espírito, você pode distinguir a voz de Deus de qualquer ilusão diabólica, pois quem tem um espírito arrogante não pode se humilhar diante de Deus. Desde que o fruto do Espírito reine em seu coração em "amor, alegria, paz, longanimidade, benignidade, bondade, fidelidade, mansidão, domínio próprio" (GÁLATAS 5:22-23), levando-o a fazer o bem a todos os homens, a não maltratar ninguém, a andar na Luz e obedecer zelosamente a todos os mandamentos de Deus, você certamente poderá dizer: "Graças a Deus, por saber em quem temos crido, que enviou o Espírito de Seu Filho ao nosso coração". Assim, "O próprio Espírito testifica com o nosso espírito que somos filhos de Deus" (ROMANOS 8:16). Que não apenas os nossos lábios, mas também toda a nossa vida proclame esse louvor a Deus, pois Ele nos selou para si mesmo; glorifiquemos, pois, em nosso corpo e em nosso espírito, que somos dele. O Todo-poderoso Deus prometeu perdão de pecados a todos os que, com sincero arrependimento e verdadeira fé, voltam-se para Ele. Portanto, amado, se você tem essa esperança, purifique-se, para ser puro tal como Ele é. Enquanto você considera com que amor o Pai o amou, para que você pudesse ser chamado filho de Deus, purifique-se de toda impureza, tanto da carne quanto do espírito, aperfeiçoando a santidade no temor de Deus; sejam todos os seus pensamentos, palavras e obras um sacrifício espiritual, santo e aceitável a Deus, por Jesus Cristo, nosso Senhor!

John Wesley

NÃO AME O MUNDO

*...porque, onde está o teu tesouro,
aí estará também o teu coração.*
MATEUS 6:21

Ouçam isto, todos vocês que amam o mundo onde habitam: vocês podem ser muito estimados pelas pessoas, mas são uma abominação aos olhos de Deus. Por quanto tempo a alma de vocês se apegará ao pó? Por quanto tempo vocês se sujarão com esta lama espessa? Vocês precisam acordar e ver que os incrédulos estão mais perto do reino dos Céus do que vocês. Escolham a melhor parte, que não lhes pode ser tirada. Procurem apenas juntar tesouros no Céu, renunciando, receando, aborrecendo todos os outros tesouros. Se vocês almejam acumular tesouros na Terra, não estão apenas perdendo seu tempo e gastando suas forças naquilo que não é pão, pois não conseguirão nenhum fruto disso, mas estão assassinando a sua alma. Vocês extinguiram a última centelha de vida espiritual que havia nela. Agora, de fato, em meio à vida, vocês estão na morte; são pessoas vivas, mas cristãos mortos. O coração de vocês está sepultado no pó; sua alma se apega à Terra; suas afeições estão postas, não nas coisas de cima, mas nas coisas terrenas, em pobres cascas que podem envenenar, mas não podem satisfazer um espírito eterno, feito para Deus. O amor, a alegria, o desejo de vocês estão colocados nas coisas que perecem pelo uso. Jogaram fora o tesouro do Céu. Deus e Cristo estão perdidos para vocês. Ganharam riquezas e, junto, o fogo do inferno.

John Wesley

VOCÊ ESTÁ PREPARADO PARA O GRANDE JULGAMENTO?

Porque importa que todos nós compareçamos perante o tribunal de Cristo, para que cada um receba segundo o bem ou o mal que tiver feito por meio do corpo. 2 CORÍNTIOS 5:10

Permita-me perguntar algo a você que está na presença do Senhor: você não se preocupa em ser aprovado como servo de Deus, agindo retamente e amando a misericórdia, fazendo a todos o que você deseja que os outros lhe façam? Pois, aquele grande Juiz, sob cujo olhar continuamente você está, também lhe dirá: "Muito bem, servo bom e fiel; foste fiel no pouco, sobre o muito te colocarei; entra no gozo do teu senhor" (MATEUS 25:21). Eu e você estaremos diante do tribunal de Cristo. Por ora, estamos apartados do Senhor nesta Terra, que não é nosso lar, nesta prisão de carne e sangue, e muitos dentre nós, talvez, em algemas de escuridão espiritual, até que seja ordenada nossa partida. Então, seremos chamados para responder por nossos delitos e prestar contas de todas as nossas obras, desde o berço até a sepultura; de todas as nossas palavras, desejos e inclinações, pensamentos e intenções de nosso coração e do uso que fizemos dos nossos talentos, até que Deus diga: "Presta contas da tua administração, porque já não podes mais continuar nela" (LUCAS 16:2). É possível que, nos tribunais humanos, alguns culpados escapem por falta de evidências, mas, perante aquele tribunal celestial, elas não faltarão. Todos as pessoas com quem você se relacionou e confiou, que acompanharam todos os seus desígnios e ações, estarão diante de você. Assim, também, sua própria consciência, que é como mil testemunhas em uma, não mais capaz de se fazer de cega ou de emudecer, constrangida a falar a verdade, no tocante a todos os seus pensamentos, palavras e ações. E o próprio Deus, que é como mil consciências! Ó, quem poderá resistir perante a face do grande Deus, nosso Senhor e Salvador Jesus Cristo?

John Wesley

A VINDA DO SENHOR ESTÁ PRÓXIMA

*Porque, ainda dentro de pouco tempo,
aquele que vem virá e não tardará...*
HEBREUS 10:37

Sabemos que podemos estar muito próximos da vinda do Senhor com voz de arcanjo e trombeta de Deus, quando cada um de nós comparecerá diante dele para prestar contas das próprias obras. Por isso, vigie, uma vez que você sabe que Ele virá e não tardará. "Fazei tudo sem murmurações nem contendas, para que vos torneis irrepreensíveis e sinceros, filhos de Deus inculpáveis no meio de uma geração pervertida e corrupta" (FILIPENSES 2:15). Por que não ser achado assim? Por que seria alguém colocado à mão esquerda de Cristo na Sua vinda? O Senhor não deseja que nenhuma alma pereça, mas que todos cheguem ao arrependimento. E, pelo arrependimento, à fé em um ensanguentado Senhor, ao amor sem defeito e à plena imagem de Deus renovada no coração, que produz santidade de palavras. Lembre-se de que o Juiz de todos é também o Salvador de todos, e não duvide disso. Ele não o comprou com Seu próprio sangue para que você pereça, mas para que receba a vida eterna. Ó, prove então da Sua misericórdia em vez da Sua justiça, e do Seu amor em vez do trovejar do Seu poder! Ele não está longe de nenhum de nós, e agora vem não para condenar, mas para salvar o mundo. Pecador, Jesus não está batendo agora à porta do seu coração? Que você conheça, ao menos neste dia, as coisas que pertencem à Sua paz! Que você possa se entregar agora Àquele que se deu a si mesmo por você, em fé humilde e em amor santo, ativo e paciente! Assim, você se regozijará com grande alegria quando Ele vier com poder nas nuvens do céu.

John Wesley

… 15 DE JUNHO

ENTREGUE SUA VIDA AO SENHOR

...na presença do Senhor, *porque vem, vem julgar a terra; julgará o mundo com justiça e os povos, consoante a sua fidelidade.* SALMO 96:13

Veja! Veja! Ele vem! Faz das nuvens Sua carruagem e cavalga sobre as asas do vento. Um fogo devorador lavra diante dele, e, depois que Ele passa, uma chama arde! Veja! Ele está assentado em Seu Trono, revestido de luz e adornado de majestade e honra. Os Seus olhos são como chamas de fogo e Sua voz, como o som de muitas águas! Como você pensa poder escapar? Clamará para que as montanhas caiam sobre você e que as rochas o cubram? Infelizmente, as montanhas, as rochas, a Terra e o Céu estão justamente fugindo dele! Você acha que poderá evitar essa sentença com o valor integral de sua casa ou com ouro e prata? Infeliz e cego! Você saiu nu do ventre da sua mãe e da mesma forma passará à eternidade. Ouça o Senhor, o Juiz: "Vinde, benditos de meu Pai! Entrai na posse do reino que vos está preparado desde a fundação do mundo" (MATEUS 25:34). Que jubilosas palavras! Quão infinitamente diferentes daquelas que soarão na expansão dos Céus, dizendo: "Apartai-vos de mim, malditos, para o fogo eterno, preparado para o diabo e seus anjos" (MATEUS 25:41). Quem pode dificultar ou postergar a execução dessa sentença? Vã esperança! Não temos muito tempo antes da vinda do Senhor com voz de arcanjo e com trombeta de Deus. Portanto, amados, sabendo que Ele virá e não tardará, "empenhai-vos por serdes achados por ele em paz, sem mácula e irrepreensíveis" (2 PEDRO 3:14). Eis que o inferno se prepara para receber os que se encontram prontos para a destruição, e as portas eternas se abrem para que os herdeiros da glória possam entrar!

John Wesley

NÃO ANDE EM TREVAS

Porque a nossa glória é esta: o testemunho da nossa consciência, de que, com santidade e sinceridade de Deus, não com sabedoria humana, mas, na graça divina, temos vivido no mundo e mais especialmente para convosco.

2 CORÍNTIOS 1:12

"Eu sou a luz do mundo", diz nosso Senhor, "quem me segue não andará nas trevas; pelo contrário, terá a luz da vida" (JOÃO 8:12). Assim age o verdadeiro cristão, enquanto permanece na fé e no amor. Assim como recebeu o Senhor Jesus Cristo, também anda nele. E enquanto anda nele, a exortação do apóstolo Paulo, "Alegrai-vos sempre no Senhor; outra vez digo: alegrai-vos" (FILIPENSES 4:4), permanece em sua vida, dia após dia, para que não construa sua casa sobre a areia — e, assim, quando a chuva cair, o vento soprar e as águas inundarem tudo, a casa não cairá. Sabemos que a verdadeira paz do cristão, aquela serena satisfação do espírito, surge do testemunho de sua consciência, como descreve o apóstolo Paulo. Deus nos fez seres pensantes, capazes de perceber o presente e refletir sobre o passado. Em particular, somos capazes de perceber tudo o que se passa no nosso coração e na nossa vida, de saber tudo o que sentimos ou fazemos. Podemos dizer que isso nos faz seres conscientes. Particularmente, nas epístolas de Paulo, podemos entender, por consciência, a faculdade ou poder, implantado por Deus em cada alma que vem ao mundo, de perceber o que é certo ou errado em seu próprio coração sobre seus comportamentos, pensamentos, palavras e ações. Mas a regra cristã quanto ao certo e o errado é a Palavra de Deus, a Bíblia — tudo o que os homens santos do passado escreveram, movidos pelo Espírito Santo. Ela é a lâmpada para os pés do cristão, que ilumina o seu caminho.

John Wesley

O TESTEMUNHO DO ESPÍRITO SANTO EM NÓS

E, porque vós sois filhos, enviou Deus ao nosso coração o Espírito de seu Filho, que clama: Aba, Pai! De sorte que já não és escravo, porém filho; e, sendo filho, também herdeiro por Deus. GÁLATAS 4:6-7

Se o Espírito de Deus realmente testifica que somos filhos de Deus, teremos o fruto do Espírito se manifestando em amor, alegria, paz, longanimidade, benignidade, bondade, fidelidade, mansidão e domínio próprio. A alegria no Espírito Santo pode ser retirada durante um período da provação e pode ser que a pessoa não perceba que o fruto do Espírito esteja apagado nela. Sua alma pode ficar extremamente triste enquanto o poder das trevas continua atuando, mas chegará o momento da restauração, e ela voltará a se regozijar com uma alegria indescritível, cheia da glória do Senhor. Muito antes de termos esse testemunho em nós, antes que o Espírito de Deus testemunhe com nosso espírito que temos a redenção no sangue de Jesus, pode haver um grau menor desse amor, alegria, paz, longanimidade, benignidade, bondade, fidelidade, mansidão e domínio próprio. Mas não devemos descansar; se formos sábios, clamaremos continuamente a Deus, até que Seu Espírito clame em nosso coração: "Aba, Pai!". Este é o privilégio de todos os filhos de Deus e, sem isso, não poderemos ter certeza de que somos Seus filhos. Quando recebemos o Espírito de adoção, essa paz excede todo o entendimento e lança fora todas as dúvidas e medos, mantendo nosso coração e nossa mente em Cristo Jesus. Que venha do testemunho do Espírito de Deus e do nosso próprio testemunho a consciência de que caminhamos em toda a justiça e verdadeira santidade!

John Wesley

A NECESSIDADE DE UMA BOA CONSCIÊNCIA

Lâmpada para os meus pés é a tua palavra e, luz para os meus caminhos. SALMO 119:105

A regra pela qual o homem julga o bem e o mal não é a mesma para os cristãos e não cristãos. A dos não cristãos é "a norma da lei gravada no seu coração", pois quando eles "que não têm lei, procedem, por natureza, de conformidade com a lei, não tendo lei, servem eles de lei para si mesmos" (ROMANOS 2:14-15). Mas a regra cristã do justo é a Palavra de Deus. O cristão não reputa coisa alguma como boa, a não ser que a Palavra de Deus recomende diretamente, ou por inferência lógica; o cristão nada reputa como mau, a não ser que ela proíba expressamente, ou por inegável dedução. Aquilo que a Escritura nem recomenda, nem prescreve, quer diretamente ou por dedução clara, o cristão acredita ser de natureza indiferente, não sendo, em si mesmo, nem bom, nem mau. Esta é a regra única e total pela qual é dirigida sua consciência em todos os assuntos. O cristão tem a resposta de uma boa consciência para com Deus quando entende, pela Sua Palavra, "a boa, agradável e perfeita vontade..." (ROMANOS 12:2) para ele, conforme nela revelada, pois é impossível seguirmos uma regra se não sabemos o que ela significa. É necessário um verdadeiro conhecimento sobre nós mesmos, sobre nosso coração, nossa vida, temperamento, pensamentos, palavras e ações, de acordo com a Palavra de Deus. Sem isso, se tivermos alguma consciência, só poderá ser uma má consciência. Lembre-se de que ninguém é participante de Cristo até que possa testificar claramente: "...esse viver que, agora, tenho na carne, vivo pela fé no Filho de Deus, que me amou e a si mesmo se entregou por mim" (GÁLATAS 2:20).

John Wesley

O FUNDAMENTO DE UMA MENTE SADIA

Porque esta é a aliança que firmarei com a casa de Israel, depois daqueles dias, diz o Senhor: na sua mente imprimirei as minhas leis, também sobre o seu coração as inscreverei; e eu serei o seu Deus, e eles serão o meu povo. HEBREUS 8:10

Quem deseja ter uma consciência livre de ofensa cuide de lançar um fundamento adequado. Lembre-se de que "ninguém pode lançar outro fundamento, além do que foi posto, o qual é Jesus Cristo" (1 CORÍNTIOS 3:11). E lembre-se também de que ninguém edifica sobre Jesus Cristo a não ser por intermédio de uma fé viva. Só mediante a fé se pode ter convicção das coisas invisíveis, por meio da qual os olhos do nosso entendimento são abertos e passamos a ver as maravilhas da lei de Deus, a excelência, pureza, altura, profundidade, comprimento e a largura de todos os mandamentos contidos nelas. É pela fé que contemplamos a luz da glória de Deus, e ela na face de Jesus Cristo, e percebemos, como em um espelho, tudo o que está dentro em nós, os movimentos mais íntimos de nossa alma. Por meio do bendito amor de Deus derramado em nosso coração, podemos amar uns aos outros como Cristo nos amou. Assim sua alma é conectada à Sua santa e perfeita lei, e todo pensamento é levado cativo à obediência de Cristo. Então, o coração do crente e a sua vida podem estar totalmente em harmonia com os mandamentos de Deus. O cristão passa a glorificar a Deus, dizendo juntamente com o apóstolo Paulo: "Porque a nossa glória é esta: o testemunho da nossa consciência, de que, com santidade e sinceridade de Deus, não com sabedoria humana, mas, na graça divina, temos vivido no mundo e mais especialmente para convosco" (2 CORÍNTIOS 1:12). E todas as suas atitudes, palavras e talentos são usados para a glória de Deus e benefício de seu próximo.

John Wesley

COMO CAMINHAR EM MEIO ÀS TREVAS

São os olhos a lâmpada do corpo. Se os teus olhos forem bons, todo o teu corpo será luminoso; se, porém, os teus olhos forem maus, todo o teu corpo estará em trevas. Portanto, caso a luz que em ti há sejam trevas, que grandes trevas serão! MATEUS 6:22-23

"Temos vivido no mundo", afirma Paulo (2 CORÍNTIOS 1:12), e não vivemos apenas entre os filhos de Deus, mas entre os filhos do diabo, entre aqueles que estão entregues à maldade, ao maligno. Assim como nosso Deus é bom e faz o bem, o deus deste mundo e todos os seus filhos são maus e praticam o mal, na medida que lhes é permitido, contra os filhos de Deus. Tal como seu pai, os ímpios estão atentos, procurando a quem possam devorar por meio de fraudes, artimanhas secretas e violência; tudo com a intenção de destruir aqueles que não são desse mundo. É uma guerra contra a nossa alma, combatendo continuamente com qualquer tipo de arma que possa nos fazer cair no laço do diabo, no caminho que leva à perdição. Por isso, "temos vivido no mundo" com "santidade e sinceridade de Deus". Para isso, o Senhor Jesus recomenda que tenhamos "olhos bons". "São os olhos", diz Ele, "a lâmpada do corpo"; por isso, "Se os teus olhos forem bons, todo o teu corpo será luminoso". O sentido disso é: os olhos são para o corpo o que a intenção é para todas as palavras e ações; se, pois, os olhos de sua alma forem bons, todas as suas ações e palavras serão "luminosas", cheias de luz, amor, paz e alegria no Espírito Santo. Seremos simples de coração porque os olhos de nossa mente estarão fixos em Deus, que é a nossa porção, força, felicidade, nossa grande recompensa, nosso tudo aqui na Terra e na eternidade. Assim, teremos a intenção de unicamente promover Sua glória, fazendo Sua bendita vontade, fonte perene de todos os nossos pensamentos, desejos e propósitos.

John Wesley

COMO SER SANTO E SINCERO DIANTE DO MUNDO

...mantendo exemplar o vosso procedimento no meio dos gentios, para que, naquilo que falam contra vós outros como de malfeitores, observando-vos em vossas boas obras, glorifiquem a Deus no dia da visitação.

1 PEDRO 2:12

A diferença entre santidade e sinceridade parece ser principalmente esta: a santidade diz respeito à intenção em si; a sinceridade é a prática da primeira. A sinceridade não se refere apenas às nossas palavras, mas a tudo o que fazemos no mundo, para atingir o alvo que almejamos pela santidade. Isso implica que estamos de fato falando e fazendo tudo para a glória de Deus. Nossas palavras e ações fluem como uma corrente uniforme, a fim de que nossa vida siga em direção a Deus, caminhando com firmeza na estrada da santidade, nos caminhos da justiça, da misericórdia e da verdade. Não podemos viver neste mundo a partir de qualquer conhecimento ou sabedoria naturalmente adquiridos, pois somos incapazes de obter essa santidade ou praticar essa sinceridade pela força do bom senso, da boa natureza ou da boa educação. Esse viver ultrapassa todos os preceitos da filosofia e as regras mais requintadas da educação humana. O apóstolo Paulo denomina essa sinceridade como sinceridade piedosa ou a "sinceridade de Deus", que não deve ser confundida com a sinceridade dos não cristãos. Como toda virtude cristã, a sinceridade de Deus aponta para o Pai das luzes, de quem vem todo dom perfeito. A graça de Deus e o Seu amor perdoador são manifestados a nossa alma, e podemos ter o testemunho da nossa consciência, o qual nunca poderíamos ter pela sabedoria carnal. Podemos realizar o que era impossível e fazer todas as coisas sob a luz e poder desse amor divino manifesto por meio de Cristo, que nos fortalece.

John Wesley

AS MARCAS DA VERDADEIRA ALEGRIA

*Mas o que, para mim, era lucro, isto considerei perda por
causa de Cristo. Sim, deveras considero tudo
como perda, por causa da sublimidade do conhecimento
de Cristo Jesus, meu Senhor; por amor do qual
perdi todas as coisas e as considero como refugo,
para ganhar a Cristo.* FILIPENSES 3:7-8

Esta é a base da alegria do crente. Podemos claramente entender como se alegra aquele que tem em si mesmo esse testemunho. Alegro-me naquele que, por Seu amor imerecido por mim, por Sua livre e terna misericórdia, chamou-me para este estado de salvação, no qual, por Seu poder, agora permaneço. Alegro-me porque Seu Espírito testifica ao meu espírito que fui comprado com o sangue do Cordeiro e que, crendo nele, sou um membro de Cristo, um filho de Deus e um herdeiro do reino dos Céus. Alegro-me porque o amor de Deus por mim, pelo mesmo Espírito, operou em mim para amá-lo e, por amor a Ele, para amar todas as almas que Ele criou. Alegro-me porque Ele me faz experimentar a mente que havia em Cristo e por poder sempre fixar o olhar amoroso de minha alma naquele "que me amou e a si mesmo se entregou por mim" (GÁLATAS 2:20). Também me alegro e me alegrarei ainda mais porque minha consciência testifica no Espírito Santo que eu ando firmemente na vocação a que fui chamado; que me abstenho de toda forma de mal e fujo do pecado como da face de uma serpente; que, segundo as oportunidades que tenho, faço todo bem possível a todos os homens; que sigo a meu Senhor em todos os meus caminhos e faço e que é aceitável aos Seus olhos. Alegro-me por ver, pela luz de Deus que brilha em meu coração, que tenho poder para andar em Seus caminhos e que, por Sua graça, não me desvio deles, nem para a direita, nem para a esquerda.

John Wesley

A FONTE DA VERDADEIRA ALEGRIA

*...na tua presença
há plenitude de alegria...*
SALMO 16:11

A alegria do cristão não resulta de qualquer causa natural nem de algum transbordamento súbito do seu espírito, do qual decorre um tipo de alegria passageira. Sua alegria não pode se ocasionar do fato de ele ter saúde, bem-estar físico ou da força e solidez da sua constituição física, porque ele se mantém forte na doença e na dor; talvez até muito mais forte do que quando tem saúde. Muitos cristãos ainda não experimentaram essa alegria que enche a alma mesmo quando o corpo está quase esgotado pela dor ou consumido por uma enfermidade terrível. Essa alegria incomparável não está ligada à prosperidade financeira, aos favores recebidos ou à abundância de bens materiais, pois, quando sua fé é provada por toda espécie de aflições externas, os filhos de Deus se alegram naquele a quem amam com uma alegria indizível. A alegria de um cristão também não resulta do endurecimento da consciência, de sua incapacidade de discernir o bem e o mal. Longe disso, ele era um completo estranho a essa alegria, até os olhos de seu entendimento serem abertos! Ele não sabia nada sobre ela até ter seus sentidos espirituais ajustados para discernir o bem espiritual e o mal. Agora os olhos de sua alma não se escurecem e nunca foram tão perspicazes, tornando-se tão perceptíveis às pequenas coisas que isso surpreende o homem natural. Assim como um cisco se torna visível diante dos raios do sol, o pecado está plenamente visível para aquele que está caminhando na Luz, até mesmo quando não tem a presença do Sol. Sua alma está sempre desperta: não há qualquer cochilo, qualquer cruzar de braços para descanso. O crente sempre vela na torre, à escuta do que dirá o Senhor a seu respeito, sempre regozijando-se em ver o que é invisível.

John Wesley

A GLÓRIA DOS SANTOS DE DEUS

*O Senhor, teu Deus, está no meio de ti, poderoso
para salvar-te; ele se deleitará em ti com alegria; renovar-te-á
no seu amor, regozijar-se-á em ti com júbilo.*

SOFONIAS 3:17

Certamente, nunca houve no mundo quem tenha se alegrado como aqueles que foram tratados como "lixo do mundo, escória de todos" (1 CORÍNTIOS 4:13); que andaram errantes, sofrendo falta de todas as coisas; em fome, frio e nudez; aqueles que padeceram não somente escárnios cruéis, mas também cadeias e prisões; aqueles que, afinal, em nada consideraram sua vida preciosa para si mesmos, contanto que completassem a carreira e o ministério que receberam do Senhor Jesus. Por certo, uma espécie de alegria pode surgir naqueles cujo coração está obscurecido, insensível, insensato e, consequentemente, sem discernimento espiritual. Por seu coração insensível, eles se alegrarão e cometerão pecados chamando isso de liberdade. Mas, na verdade, isso é a mera embriaguez da alma, um entorpecimento fatal do espírito e uma estúpida insensibilidade de uma consciência cauterizada. Um verdadeiro cristão tem a sensibilidade de uma consciência apurada, pois o amor de Deus reina em seu coração, e isso é sua glória e alegria. Ele nos vivificou, e estamos mortos para o pecado e vivos para Deus, por meio de Jesus Cristo, nosso Senhor. Por isso, nós nos regozijamos em andar de acordo com a aliança da graça, no Seu santo amor e na obediência aos Seus mandamentos. Alegramo-nos em saber que, sendo justificados por Sua graça, corremos na força que Ele nos dá, obedecendo Seus mandamentos. Ele nos cinge de força para a guerra, e nós lutamos com alegria o bom combate da fé, sempre nos regozijando naquele que vive em nosso coração, por termos alcançado a fé e a vida eterna em Cristo Jesus.

John Wesley

GUARDE-SE DO PECADO

*Entrai pela porta estreita (larga é a porta,
e espaçoso, o caminho que conduz para a perdição,
e são muitos os que entram por ela).*

MATEUS 7:13

O Senhor chama nossa atenção quanto aos perigos que facilmente nos assaltam quando estamos na verdadeira fé. Há tropeços que naturalmente emergem em nós por causa da fraqueza do nosso coração. Ele também nos fala sobre os embaraços externos, particularmente sobre o mau exemplo. Devido a ele, milhares de pessoas que estavam trilhando o bom caminho voltaram-se para a perdição; entre elas estão, lamentavelmente, algumas que não eram neófitas e tinham feito progresso na prática da justiça. Para que possamos nos prevenir contra o mau exemplo, Ele nos orienta: "Entrai pela porta estreita...". Ao dizer que "larga é a porta, e espaçoso, o caminho que conduz para a perdição", Cristo nos apresenta a característica fundamental da estrada que leva ao inferno. O pecado é a porta do inferno, e a maldade é o caminho da destruição. O pecado não se espalhou por todos os nossos pensamentos e não se misturou a todas as nossas vontades? Não constituiu o fermento que leveda toda a massa das nossas afeições? Será que não podemos, por meio de um atento e fiel exame de consciência, perceber as raízes de amargura que continuamente brotam em nós, infeccionando todas as nossas palavras e manchando todas as nossas ações? E quão interminável sequência de males procede de nós, em todas as eras e por todo o mundo! Eles são suficientemente poderosos para cobrir de trevas a Terra inteira! Mais fácil seria contar as gotas da chuva, ou os grãos de areia de uma praia. Da mesma forma, tão "larga é a porta, e espaçoso, o caminho que conduz para a perdição".

John Wesley

O PERIGO DO PECADO INTERIOR

Mas não foi assim que aprendestes a Cristo [...] no sentido de que, quanto ao trato passado, vos despojeis do velho homem, que se corrompe segundo as concupiscências do engano, e vos renoveis no espírito do vosso entendimento, e vos revistais do novo homem, criado segundo Deus, em justiça e retidão procedentes da verdade. EFÉSIOS 4:20,22-24

Acaso podemos dizer que há pecado naquele que está em Cristo, no sentido de que o pecado permanece nos que são nascidos de Deus e estão inteiramente libertos dele? Emprego a palavra "pecado" no sentido de "pecado interior", que é toda tendência pecaminosa, paixão ou afeição, como orgulho, obstinação, amor ao mundo, luxúria, raiva, rabugice e qualquer disposição contrária à mente que havia em Cristo. A questão não é sobre se um filho de Deus comete pecado exteriormente ou não. Todos concordamos que "aquele que pratica o pecado procede do diabo..." (1 JOÃO 3:8). Sabemos que o estado daquele que é justificado é inexprimivelmente grande e glorioso. Ele nasceu de novo, é filho de Deus, um membro de Cristo, um herdeiro do reino dos Céus. A paz de Deus, que excede todo o entendimento, guarda seu coração e sua mente em Cristo Jesus. Seu corpo é templo do Espírito Santo e habitação de Deus pelo Espírito. Seu coração é purificado pela fé da corrupção que habita no mundo, e o amor de Deus é derramado em seu coração pelo Espírito Santo, fazendo com que ele ande no amor e adore a Deus em Espírito e em verdade. Ele guarda os mandamentos de Deus e faz as coisas que lhe são agradáveis exercitando-se para ter a consciência isenta de ofensa para com Deus e para com os homens. Ele tem poder sobre o pecado, exterior e interior, a partir do exato momento em que é justificado. Alegramo-nos em saber que, sendo justificados por Sua graça, e por Deus ter graciosamente nos reconciliado consigo mesmo, somos feitos nova criatura.

John Wesley

A OPOSIÇÃO DA CARNE CONTRA O ESPÍRITO

Se vivemos no Espírito, andemos também no Espírito. GÁLATAS 5:25

Paulo afirma que "a carne milita contra o Espírito, e o Espírito, contra a carne, porque são opostos entre si..." (GÁLATAS 5:17), e, em 1 Coríntios 3:1,3, ele diz: "Eu [...] não vos pude falar como a espirituais, e sim como a carnais, como a crianças em Cristo. [...] Porquanto, havendo entre vós ciúmes e contendas, não é assim que sois carnais e andais segundo o homem?". Segundo Paulo, havia inveja (uma tendência má), ocasionando lutas entre os irmãos de Corinto, mas ele não afirma que eles haviam perdido a fé, ou que não a tinham, caso contrário, não poderiam ser "crianças em Cristo". Com isso, ele mostra que todo crente é, em certo grau, carnal, enquanto permanece nessa condição. Na verdade, nas cartas de Paulo e mesmo em todas as Escrituras, encontramos dois princípios contrários atuando no crente: natureza e graça, carne e Espírito. E quase todas as orientações e exortações contidas nas Sagradas Escrituras estão fundamentadas na pressuposição de que existem tendências más ou práticas erradas naqueles que são reconhecidos como crentes. Ademais, eles são continuamente exortados a lutar contra esses males pelo poder da fé que neles habita. Portanto, quando o apóstolo exorta os crentes a se purificarem "de toda impureza, tanto da carne como do espírito..." (2 CORÍNTIOS 7:1), ele claramente está ensinando que esses crentes ainda não foram purificados. Por exemplo: se um homem me insulta e sinto ressentimento, mas escolho não responder nada, eu me abstenho "de toda forma de mal" (1 TESSALONICENSES 5:22), mas isso não me purifica daquela imundície de espírito. Isso nos mostra que a carne, a natureza má, opõe-se ao Espírito, mesmo na vida do crente. Mesmo regenerado, ele convive com dois princípios, Espírito e carne, pois estes "são opostos entre si".

John Wesley

A LUTA DIÁRIA CONTRA O PECADO

*...aos quais Deus quis dar a conhecer qual seja a riqueza
da glória deste mistério entre os gentios, isto é,
Cristo em vós, a esperança da glória.* COLOSSENSES 1:27

O crente sente continuamente seu coração sendo inclinado para a rebeldia, uma tendência natural para o mal, para se afastar de Deus e apegar-se às coisas deste mundo. Sente diariamente o pecado que permanece em seu coração, a saber, orgulho, obstinação, incredulidade, e o pecado que se apega a tudo quanto ele diz e faz, mesmo nas suas melhores ações e seus deveres mais santos. No entanto, ao mesmo tempo, ele sabe que pertence a Deus e não duvida disso nem por um momento. Sente que o Espírito Santo testemunha claramente com seu espírito que ele é filho de Deus, por isso, alegra-se em Deus, por meio de Cristo Jesus, por quem, então, recebe a expiação de seus pecados. Mas pode Cristo estar no mesmo coração onde está o pecado? Sem dúvida, Ele pode. Caso contrário, ninguém nunca poderia ser salvo do pecado. Onde está a doença, está o médico, continuando seu trabalho internamente, esforçando-se até expulsar o mal. Na verdade, Cristo não pode reinar onde reina o pecado, nem habitar onde este é permitido. Mas Ele está e mora no coração de cada crente que está lutando contra todo pecado. Portanto, tanto quanto possível, usemos de toda diligência em combater o bom combate da fé. Cada vez mais, vigiemos e oremos contra o nosso inimigo interior. Tenhamos o cuidado de usar toda a armadura de Deus, de modo que, embora não lutemos contra a carne e o sangue, mas contra principados, poderes e espíritos depravados nos lugares elevados, busquemos estar firmes no dia mau, e, tendo feito tudo, permaneçamos firmes na fé.

John Wesley

OS VERDADEIROS AMIGOS DE DEUS

*Vós sois meus amigos, se fazeis
o que eu vos mando.*
JOÃO 15:14

Quão poucos são os que se apresentam diante de Deus limpos de atos de injustiça e de maldade! Quão poucos são os que não ofendem com sua língua, não falando nada de mau e mentiroso! Quão pequena é a proporção da humanidade que se mostra inocente, mesmo de transgressões exteriores! E menor ainda é a proporção dos que têm coração reto diante de Deus, que são puros e santos diante de Seus olhos. Onde estão aqueles em quem os olhos de Deus descobrem verdadeira humildade, que se quebrantam até o pó e a cinza na presença de seu Salvador? Onde estão os que são profunda e constantemente sérios, que velam sobre seus próprios desejos e passam o tempo de sua jornada na Terra em temor? Onde estão aqueles que são verdadeiramente mansos e humildes, que nunca se deixam vencer pelo mal, mas vencem o mal com o bem? Que são sempre sedentos de Deus e continuamente suspiram por ser transformados à Sua semelhança? Poucos são os que estão espalhados pela face da Terra cuja alma se alarga em amor por toda a humanidade e que amam a Deus de toda sua força, que lhe deram seu coração e que nada mais desejam na Terra ou nos Céus! Quão poucos são os amigos de Deus e do homem que esgotam todas as suas energias fazendo o bem a todos e que estão prontos a padecer tudo, inclusive a própria morte, para salvar uma alma da morte eterna! Estreito é, na verdade, o caminho da humildade de espírito; o caminho das lágrimas piedosas; o caminho da mansidão; o caminho dos que têm fome e sede de justiça. Estreito é o caminho da misericórdia; do amor não fingido; da pureza de coração; do fazer o bem a todos os homens e do sofrer o mal com prazer, por causa da justiça.

John Wesley

PESE-SE NA BALANÇA DE DEUS

E eis que alguém, aproximando-se, lhe perguntou: Mestre, que farei eu de bom, para alcançar a vida eterna? [...] Disse-lhe Jesus: Se queres ser perfeito, vai, vende os teus bens, dá aos pobres e terás um tesouro no céu; depois, vem e segue-me. MATEUS 19:16,21

Se uma pessoa rica quer saber o que deve fazer para alcançar a vida eterna, a resposta, segundo os Oráculos de Deus, é que Ele não ordena que ela venda tudo o que tem. Na verdade, Aquele que vê o coração viu que isso era necessário em um caso peculiar: o do jovem rico. Porém Ele nunca estabeleceu isso como regra geral para todas as pessoas ricas, em todas as gerações seguintes. Sua orientação geral é que não sejamos altivos, pois Deus não vê como o homem vê. Ele não nos estima por nossas riquezas, grandeza, posses, ou por qualquer qualificação ou realização. Tudo isso para Ele é como esterco e escória, e deve ser assim, também, para você. Cuidado para não pensar que é um pouco mais sábio ou melhor que os outros por causa dessas coisas. Pese-se em outra balança; avalie-se apenas pela medida de fé e amor que Deus concedeu a você. Não confie na incerteza das riquezas como seu socorro ou esperando ter nelas a sua felicidade. Elas terão pouco proveito no dia da angústia. O desejo dos seus olhos, a esposa de sua mocidade, seu filho ou o amigo que era como a sua própria alma podem ser tirados de você de forma muito repentina. Podem elas proteger você das doenças, da dor, ou da morte? Você acha que tais lástimas visitam apenas os pobres? Todas essas coisas são ostentações vazias. Não olhe para elas. Confie no Deus vivo e, assim, você estará a salvo sob da sombra do Onipotente; Sua fidelidade e verdade serão seu escudo e defesa.

John Wesley

MANTENHA SEUS OLHOS FIXOS EM DEUS

...se, porém, os teus olhos forem maus, todo o teu corpo estará em trevas. Portanto, caso a luz que em ti há sejam trevas, que grandes trevas serão!

MATEUS 6:23

Se nossa intenção, em tudo o que fazemos, não estiver unicamente voltada para Deus, então, nossa mente e consciência estão contaminadas. Nossos olhos são maus se, em qualquer obra que fizermos, nosso alvo tender para outro fim que não seja Deus; se tivermos outro objetivo além de conhecer e amar a Deus, de servi-lo e agradá-lo em tudo; se acolhermos outro desígnio que não seja de sermos felizes no Senhor, agora e para sempre. Se os seus olhos não estiverem fixos em Deus, todo o seu corpo ficará em trevas; o véu ainda estará sobre seu coração; sua mente ficará cada vez mais cega pelo deus deste mundo, e a luz do glorioso evangelho de Cristo não brilhará sobre você. Você estará cheio de ignorância e erro quanto às coisas de Deus, não podendo recebê-las ou discerni-las, mesmo que tenha algum desejo de servi-lo. Você estará cheio de impiedade e injustiça; seus desejos, inclinações e afeições estarão desorientados; suas palavras serão más, assim como seu coração, não temperadas com sal ou adequadas para ministrar graça aos que ouvem você. Não há paz estável e sólida para aqueles que não conhecem a Deus. Não há verdadeiro e duradouro contentamento para quem não busca o Senhor de todo o coração. Enquanto você buscar as coisas que perecem, tudo o que terá delas será vaidade e aflição de espírito, tanto na busca quanto no desfrutar. Você realmente corre atrás de uma sombra vã e fica inquieto em vão; anda em trevas tão espessas que poderia apalpá-las; dorme, mas não consegue descansar. Os sonhos da vida causam dor e não há alívio. Não há descanso neste mundo ou no mundo vindouro a não ser em Deus, que deve ser o centro de tudo para nós.

John Wesley

O PERIGO DE ACUMULAR TESOUROS

Não acumuleis para vós outros tesouros sobre a terra...
MATEUS 6:19

Não nos é proibido neste mandamento fazermos provisão de coisas honestas, de forma que a ninguém fiquemos "devendo coisa alguma, exceto o amor..." (ROMANOS 13:8). Nem é proibido prover para nós mesmos coisas que são necessárias para o corpo: comida suficiente, simples e saudável e roupas limpas. E mais: devemos, sim, buscar essas coisas, desde que Deus as coloque em nosso poder, pois é o nosso dever comer o nosso próprio pão e não ser um peso a ninguém. Ainda também não estamos proibidos de sustentar nossos filhos e os de nossa própria casa; isso também é nosso dever. Todo homem deve prover as necessidades básicas da vida para sua própria esposa e filhos e torná-los capazes de prover para si mesmos, quando ele partir deste mundo. Quando digo "necessidades básicas", falo daquilo que é necessário para a vida, não iguarias e coisas supérfluas. Mas, se algum homem não provê para seus próprios filhos, bem como para as viúvas de sua própria casa, como diz o apóstolo Paulo a Timóteo, esse tal "tem negado a fé e é pior do que o descrente" (1 TIMÓTEO 5:8). Também não estamos proibidos de acumular, de vez em quando, o que é necessário para o custeio dos nossos negócios. O que o mandamento de "não acumular tesouros sobre a terra" proíbe é adquirir mais bens deste mundo do que as necessidades citadas exigem, trabalhando apenas para ter um aumento de riquezas, estendendo sua possessão para além das exigências normais. Portanto, se um homem não deve nada a ninguém, tem comida e roupas para si e para os de sua casa, tem o suficiente para realizar seus negócios (na medida estrita dos propósitos razoáveis) e, ainda assim, busca para si uma porção maior nesta vida, ele vive em uma negação aberta e habitual do Senhor e negou a sua fé.

John Wesley

FAÇA O BEM, MAS NÃO SE VANGLORIE

Quando, pois, deres esmola, não toques trombeta diante de ti, como fazem os hipócritas, nas sinagogas e nas ruas, para serem glorificados pelos homens. Em verdade vos digo que eles já receberam a recompensa.

MATEUS 6:2

Para nós, a palavra "sinagoga" não tem o sentido de um local de culto, mas de qualquer local público, como o mercado. Era comum entre os judeus que eram homens de grande fortuna, principalmente fariseus, fazer soar uma trombeta diante deles nos locais públicos da cidade, quando estavam para dar uma esmola considerável. A pretensa razão para isso era reunir os pobres para receber sua parte, mas o verdadeiro motivo era o de receber louvor. Daí a exortação do Senhor: "...não toques trombeta diante de ti", ou seja, não use ostentação ao fazer o bem; busque a honra que vem somente de Deus. Pois aqueles que buscam o louvor das pessoas já têm sua recompensa e não receberão nenhum louvor de Deus. "Tu, porém, ao dares a esmola, ignore a tua mão esquerda o que faz a tua mão direita" (MATEUS 6:3). Esta é uma expressão proverbial cujo significado é: faça-o da maneira mais secreta possível, tão secreta que seja como se não houvesse feito, e faça, todavia, do modo mais eficiente. Aqui, há uma exceção a ser feita: quando você estiver totalmente persuadido de que, ao não ocultar o bem que é realizado, você mesmo será capacitado a fazer um bem maior e outros serão estimulados a também fazer o bem, nesse caso, não o oculte. Deixe sua luz brilhar para que todos a vejam. Mas, a menos que a glória de Deus e o bem da humanidade o obriguem ao contrário, aja de maneira privada e reservada conforme a oportunidade lhe permitir, "e teu Pai, que vê em secreto, te recompensará" (MATEUS 6:6).

John Wesley

A HIPOCRISIA NA ORAÇÃO

> *E, quando orardes, não sereis como
> os hipócritas; porque gostam de orar em pé
> nas sinagogas e nos cantos das praças,
> para serem vistos dos homens...* MATEUS 6:5

A hipocrisia — ou falta de sinceridade — é a primeira coisa contra a qual você deve se precaver quando ora. Cuidado para não dizer o que, de fato, não sente. Orar é elevar o coração a Deus; por isso, todas as palavras não sinceras ditas na oração constituem pura hipocrisia. Portanto, sempre que você se propuser a orar, certifique-se de que o seu único objetivo é ter comunhão com Deus, elevar seu coração a Ele, derramar sua alma diante dele. E não como os hipócritas, que amam orar em pé onde quer que esteja uma multidão a fim de serem vistos por ela. Esta é a única finalidade das orações que eles fazem. Esse tipo de gente nada deve esperar do nosso Pai que está nos Céus. Mas não é apenas o fato de esperar o louvor das pessoas que nos priva de recompensa no Céu, ou seja, que não nos permite esperar a bênção de Deus sobre nossas obras. A pureza de intenção é igualmente destruída quando a pessoa espera por alguma recompensa temporal. Se fizermos nossas orações, assistirmos a cultos e socorrermos os pobres esperando ter algum ganho, tal coisa não será nem um pouco mais aceitável a Deus do que se fosse feita com o objetivo de receber louvor. Qualquer objetivo temporal, qualquer motivo alheio à eternidade, qualquer desígnio que não seja de promover a glória de Deus e a felicidade das pessoas por amor a Ele, torna cada ação, por mais justa que possa parecer, uma abominação ao Senhor.

John Wesley

SEJA SÁBIO AO ORAR

*Tu, porém, quando orares, entra no teu quarto
e, fechada a porta, orarás a teu Pai,
que está em secreto; e teu Pai, que vê em secreto,
te recompensará.* MATEUS 6:6

Há momentos em que você deve glorificar a Deus abertamente, fazer suas orações e louvá-lo na grande congregação. Mas, quando você deseja fazer seus pedidos conhecidos a Deus, mais íntima e especificamente, seja à noite, pela manhã ou ao meio-dia, entre em seu quarto e feche a porta. Use toda a privacidade que puder; derrame todo o seu coração diante de Deus, "e teu Pai, que vê em secreto, te recompensará" publicamente. "E, orando, não useis de vãs repetições, como os gentios; porque presumem que pelo seu muito falar serão ouvidos." (MATEUS 6:7). Não use palavras sem significado algum; não diga a mesma coisa repetidamente; não pense que o fruto de suas orações depende da duração dela. Não é simplesmente a extensão de nossas orações que é reprovada (não mais do que se reprovaria a brevidade delas), mas sim a extensão sem sentido: falar muito com pouco ou nenhum significado. Nem todas as repetições são reprováveis — pois nosso Senhor orou três vezes repetindo as mesmas palavras —, mas o uso de repetições vãs (como as que os pagãos faziam, recitando os nomes de seus deuses continuamente), imaginando que Deus mede as orações por sua extensão e se agrada mais das que lhe soem mais longamente aos ouvidos. Isso é o que fazem alguns cristãos (assim chamados) que recitam sem cessar a mesma ladainha, sem qualquer convicção do que dizem, pensarem que serão ouvidos pelo seu "muito falar". Essas coisas são exemplos de superstição e insensatez que todos os que são chamados cristãos deveriam deixar aos pagãos, àqueles sobre os quais a luz do evangelho ainda não resplandeceu.

John Wesley

APRENDENDO A ORAR COM O SENHOR

...o vosso Pai, sabe o de que tendes necessidade, antes que lho peçais. Portanto, vós orareis assim...
MATEUS 6:8-9

Quem já experimentou a graça de Deus em Cristo Jesus deve estar plenamente convencido de que seu Pai sabe as coisas de que temos necessidade, antes mesmo que as tenhamos ou que lhe peçamos algo. Não oramos para mover a Deus, pois Ele está sempre mais disposto a dar do que nós estamos de pedir, mas sim para mover a nós mesmos, a fim de que possamos querer e estar prontos a receber as boas dádivas que Ele mesmo já preparou para nós. Em geral, podemos observar na oração ensinada pelo Senhor que ela indica como devemos pedir, porque não há nada de que tenhamos necessidade, nada que possamos pedir sem ofendê-lo, que não se inclua direta ou indiretamente nela. Essa oração ensinada pelo Senhor contém tudo quanto podemos razoável e inocentemente desejar, seja para a glória de Deus, seja para utilidade ou proveito de nós mesmos e de toda criatura. Isso porque, de fato, nossas orações são um teste adequado para os nossos desejos, pois não há nada neste mundo que seja adequado para ter um lugar junto aos nossos desejos que não deva ser apropriado para as nossas orações. Não podemos orar por alguma coisa sem, primeiro, desejá-la. Por isso, a oração deve conter todo o nosso dever para com Deus e para com as pessoas, tudo o que é puro e santo, tudo o que Deus requer da humanidade, tudo o que é aceitável aos Seus olhos, tudo com o que possamos beneficiar nosso próximo, de forma explícita ou implícita.

John Wesley

O FUNDAMENTO DA NOSSA ORAÇÃO

Pai nosso... MATEUS 6:9

Se Deus é pai, então Ele é bom e amoroso com Seus filhos. Este é o primeiro e grande fundamento para a oração. E se Deus está disposto a abençoar, peçamos a benção ao "Pai nosso", nosso Criador, Aquele que nos fez, que nos moldou do pó da terra e soprou em nós o fôlego de vida, fazendo-nos alma vivente. Então, se Ele nos fez, peçamos, pois Ele não reterá nenhum bem à obra de Suas próprias mãos. O "Pai nosso" é o nosso preservador, que, dia após dia, sustenta a vida que nos deu; de Seu amor contínuo, recebemos, a cada momento, vida, alento e todas as coisas. Então: "Acheguemo-nos, portanto, confiadamente, junto ao trono da graça, a fim de recebermos misericórdia e acharmos graça para socorro em ocasião oportuna" (HEBREUS 4:16). Acima de tudo, o Pai de nosso Senhor Jesus Cristo e de todos os que nele creem nos justifica gratuitamente por Sua graça, pela redenção que há em Jesus. Ele apagou todos os nossos pecados e curou todas as nossas enfermidades; nos recebeu como Seus próprios filhos, por adoção e graça. E, porque somos filhos, enviou o Espírito de Seu Filho ao nosso coração, para clamar: "Aba, Pai" (ROMANOS 8:15). Ele nos gerou novamente da semente incorruptível como um novo ser em Cristo Jesus. Assim, sabemos que Ele sempre nos ouve; por isso, oramos a Ele sem cessar. Oramos porque o amamos. E o amamos "porque ele nos amou primeiro" (1 JOÃO 4:19). Ele é o "Pai nosso"; não somente "meu Pai", mas "nosso", no sentido mais abrangente do termo. Ele é o Deus e Pai dos anjos e dos homens, o Pai do universo de todas as famílias que há no Céu e na Terra. Ele não faz acepção de pessoas e ama todos que criou. Seu prazer está naquele que o teme e confia em Sua misericórdia.

John Wesley

O LUGAR DA HABITAÇÃO DO DEUS A QUEM ORAMOS

...que estás nos céus...
MATEUS 6:9

O Senhor é grande e exaltado, Deus sobre todas as coisas, bendito para sempre! Aquele que está assentado na abóbada dos Céu e vê todas as coisas, tanto no Céu quanto na Terra. Seus olhos permeiam toda a esfera da criação e para Ele são conhecidas todas as obras de suas criaturas, não apenas desde o início do mundo, mas desde a eternidade; de eternidade a eternidade. Ele constrange os exércitos do Céu, bem como os filhos dos homens, a clamar com admiração e assombro: "Ó profundidade da riqueza, tanto da sabedoria como do conhecimento de Deus!" (ROMANOS 11:33). "Que estás nos céus": Ele é o Senhor e governador de todos, que conduz e dispõe todas as coisas; Ele é o Rei dos reis e Senhor dos senhores, o bendito e único Soberano; é forte e cingido de poder, fazendo tudo o que lhe agrada! Ele é o Todo-poderoso, pois tudo o que quer pode fazer. "Nos céus", Ele eminente está. O Céu é o Seu trono, o lugar onde a Sua honra particularmente habita. Mas Ele não está ali sozinho; porque Ele enche o Céu, a Terra e toda a extensão do espaço. O Céu e a Terra estão cheios da Sua glória. Glória ao Senhor Altíssimo! Por tudo isso, devemos servir ao Senhor com temor e reverentemente nos regozijarmos nele. Devemos pensar, falar e agir como quem está continuamente sob os Seus olhos, na presença direta do Senhor, o Rei.

John Wesley

QUE O NOME DO NOSSO DEUS SEJA CONHECIDO

...santificado seja o teu nome...
MATEUS 6:9

O nome de Deus é o próprio Deus, ou seja, Sua natureza, no limite do que pode ser revelado ao homem. Significa, portanto, junto com Sua existência, todos os Seus atributos, Sua perfeição, Sua eternidade, particularmente representada por Seu grande e inexpressável nome YAHWEH, como o apóstolo João o traduz: "...o Alfa e o Ômega, [...] o Princípio e o Fim [...] aquele que era, que é e que há de vir" (APOCALIPSE 22:13; 4:8). Sua plenitude é revelada por outro grande nome: "Eu Sou O Que Sou" (ÊXODO 3:14). Seu nome nos revela Sua onipresença, Sua onipotência, que é, na verdade, a única força motora no Universo, pois toda matéria é essencialmente inerte e inativa e se move apenas quando acionada pelo dedo de Deus. Ele é a fonte que move toda criatura, visível e invisível, e nenhuma delas poderia agir ou mesmo existir sem a contínua ação de Seu poder onipotente. Sua sabedoria pode ser claramente vista na forma como o Universo está ordenado; Sua trindade nos é revelada nas linhas de Sua Palavra escrita, dada pela boca de todos os Seus santos profetas e apóstolos, assim como Sua pureza, santidade e, acima de tudo, Seu amor, que é o próprio "resplendor de sua glória" (HEBREUS 1:3). Ao orarmos para que Deus, ou melhor, para que o Seu nome seja santificado ou glorificado, oramos para que Ele seja conhecido, tal como Ele é, por todos os que são capazes disso, por todos os seres inteligentes e com afeições adequadas a esse conhecimento. Oramos para que Ele seja devidamente honrado, temido e amado por todos — em cima, no Céu, e embaixo, na Terra —, por todos os anjos e seres humanos, que, para esse fim, Ele tornou capazes de conhecê-lo e amá-lo eternamente.

John Wesley

MOTIVOS PARA ORAR PELA VINDA DO SEU REINO

...venha o teu reino...
MATEUS 6:10

Para que o nome de Deus seja santificado, pedimos que o Seu reino, o reino de Cristo, venha. E esse reino vem a cada pessoa em particular quando ela se arrepende e crê no evangelho, quando ela é ensinada por Deus a não apenas conhecer-se a si mesma, mas também a conhecer "a Jesus Cristo e este crucificado" (1 CORÍNTIOS 2:2). Esta é a vida eterna: conhecer o único Deus verdadeiro e Jesus Cristo, a quem Ele enviou. Assim o reino de Deus começa na Terra, firmando-se no coração do crente. Então, o Senhor Deus Onipotente reina, quando é conhecido através de Jesus Cristo. Ele assume todo Seu poder, sujeitando a Si mesmo todas as coisas. Ele se assenhoreia da alma como vencedor e para vencer, "até que haja posto todos os inimigos debaixo dos pés...", "levando cativo todo pensamento à obediência de Cristo" (1 CORÍNTIOS 15:25; 2 CORÍNTIOS 10:5). E, quando todos os reinos se curvarem diante dele e todas as nações lhe prestarem serviço, então se verá que o Senhor é o Rei, que se vestiu de glória e se revelou a cada alma humana como Rei dos reis e Senhor dos senhores. É adequado a todos os que amam Sua vinda orar para que Ele apresse o tempo, para que esse Seu reino da graça venha rapidamente e absorva todos os reinos da Terra; para que toda a humanidade o receba como Seu rei e creia verdadeiramente em Seu nome. Cabe orar para que todos possam ser cheios de justiça, paz e alegria, com santidade e felicidade, até que sejam levados daqui para o Seu reino celestial, para reinarem com Ele para todo o sempre. Por isso também oramos: "venha o teu reino". Oramos pela vinda do Seu reino eterno, o reino da glória nos Céu — a continuação e o aperfeiçoamento do Reino da graça na Terra.

John Wesley

ATÉ QUE TODOS FAÇAM A SUA VONTADE

...faça-se a tua vontade, assim na terra como no céu.
MATEUS 6:10

É provável que muitas pessoas, talvez todas, ao primeiro exame dessas palavras, pensem que elas representem apenas um pedido de resignação, ou seja, uma prontidão para fazer a vontade de Deus, qualquer que seja ela em relação a nós. E esta é inquestionavelmente uma disposição divina e excelente, um precioso dom de Deus. Mas não é por isso que oramos para que se faça a Sua vontade, pelo menos não no sentido primário e mais importante dela. Oramos, não tanto por uma conformidade passiva, mas por uma conformidade ativa com a vontade de Deus. E como isso é feito pelos anjos de Deus no Céu? Eles fazem de boa vontade; eles amam os Seus mandamentos e atentam de bom grado para as Suas palavras. A comida e a bebida deles é fazer Sua vontade; por isso, nela encontram maior glória e alegria. Eles a cumprem continuamente; não há interrupção em seus serviços voluntários. Eles não descansam de dia nem de noite (para usar linguagem humana) no cumprimento de Seus mandamentos, executando Seus desígnios, realizando conforme o conselho de Sua vontade. E eles fazem isso perfeitamente. Portanto, quando oramos para que a vontade de Deus seja feita na Terra como no Céu, o sentido disso é que todos os habitantes da Terra possam fazer a vontade de Seu Pai celestial tão voluntariamente quanto os santos anjos. E, para que possam fazer isso perfeitamente, o Deus de paz, pelo sangue da aliança eterna, pode torná-los perfeitos em toda boa obra e operar neles tudo o que é agradável aos Seus olhos. Por isso, oramos, a fim de que toda a humanidade faça a vontade de Deus em todas as coisas. Que essa seja a única razão e fundamento, todo e o único motivo de tudo o que pensamos e tudo o que falamos e fazemos.

John Wesley

A PROVISÃO PARA CADA DIA DA VIDA

...o pão nosso de cada dia dá-nos hoje...
MATEUS 6:11

Nesta petição, oramos mais especificamente por um suprimento para nossas próprias necessidades. Por "pão", podemos compreender todas as coisas que nos são necessárias, seja para nossa alma ou corpo, isto é, as coisas pertinentes à vida e à piedade. Não entendemos apenas como o pão exterior, que nosso Senhor chama de "comida que perece", mas muito mais o pão espiritual, a graça de Deus, o alimento que "subsiste para a vida eterna" (JOÃO 6:27). Ele é o pão nosso "de cada dia" no sentido mais claro e natural que pode ter, ou seja, daquilo que é suficiente para este dia e, assim, para cada dia sucessivamente. Ele diz "dá-nos", porque não reivindicamos nada por direito, apenas por misericórdia e graça. Não merecemos o ar que respiramos, a terra que nos sustenta ou o Sol que brilha sobre nós. Mas Deus nos ama sem reservas. Portanto, pedimos a Ele que dê o que não podemos obter por nós mesmos. Não que a bondade ou o poder de Deus sejam uma razão para ficarmos ociosos. É Sua vontade que usemos de diligência em todas as coisas, que empreguemos nossos melhores esforços, tanto como se nosso sucesso fosse o efeito natural de nossa própria sabedoria e força. E, então, como se não tivéssemos feito nada, fiquemos na dependência do Senhor, o doador de toda boa dádiva. Ele diz "hoje", porque não devemos nos preocupar com o amanhã. Para isso mesmo, nosso sábio Criador dividiu a vida em pequenas porções de tempo, tão claramente separadas umas das outras, para que possamos ver cada dia como um novo dom de Deus, como outra vida que podemos devotar à Sua glória, e cada noite como o fim da vida, além da qual nada possamos ver senão a eternidade.

John Wesley

ALCANÇADOS PELO FAVOR DE DEUS

...e perdoa-nos as nossas dívidas...
MATEUS 6:12

Nossos pecados são frequentemente representados nas Escrituras pela expressão "dívidas". Cada pecado nos faz contrair uma nova dívida para com Deus, a quem já devíamos, por assim dizer, mil talentos. O que então podemos responder quando Ele nos pedir: "Paga-me o que me deves" (MATEUS 18:28)? Não temos, de forma alguma, como pagar; desperdiçamos todos os nossos bens. Sendo assim, se Ele nos tratar de acordo com o rigor de Sua lei, se exigir de nós o que pode com justiça, deve ordenar que sejamos amarrados pelos pés e mãos e entregues aos algozes. Na verdade, já estamos de pés e mãos amarrados pelas correntes dos nossos próprios pecados. Estes, considerados em relação a nós, são correntes de ferro e grilhões de bronze; são feridas com que o mundo, a carne e o diabo nos cortaram e mutilaram; são doenças que sugam o nosso sangue e o nosso vigor, que nos levam às câmaras da sepultura. Em relação a Deus, são dívidas imensas e incontáveis. Pois bem, visto que não temos como pagar, podemos clamar a Ele para que verdadeiramente nos perdoe por completo. A palavra traduzida como "perdoa" implica perdoar uma dívida ou tirar um grilhão. Se nossas dívidas forem perdoadas, as correntes cairão de nossas mãos. No instante em que, pela graça de Deus em Cristo, recebemos perdão dos pecados, recebemos igualmente herança entre os que são santificados, pela fé que está nele. O pecado perde seu poder e já não tem domínio sobre aqueles que estão sob a graça, ou seja, que foram alcançados pelo favor de Deus. "Agora, pois, já nenhuma condenação há para os que estão em Cristo Jesus" (ROMANOS 8:1). Eles estão livres do pecado e da culpa; a justiça da Lei se cumpre, e eles já não andam segundo a carne, mas segundo o Espírito.

John Wesley

PERDOE PARA SER PERDOADO

*...assim como nós temos perdoado
aos nossos devedores...* MATEUS 6:12

Nessas palavras, nosso Senhor claramente estabelece a condição e a medida sob as quais podemos esperar ser perdoados por Deus. Todas as nossas ofensas e pecados são perdoados, se perdoarmos e fizermos isso do mesmo modo que perdoamos aos outros. Este é um ponto de extrema importância. E nosso bendito Senhor é tão zeloso para que não deixemos isso escapar de nossa atenção que Ele não apenas o insere no texto de Sua oração, mas logo depois o repete mais duas vezes. "Porque, se perdoardes aos homens as suas ofensas, também vosso Pai celeste vos perdoará; se, porém, não perdoardes aos homens [as suas ofensas], tampouco vosso Pai vos perdoará as vossas ofensas" (vv. 14-15). Deus nos perdoa "assim como" perdoamos aos outros, de forma que, se alguma maldade, amargura ou raiva permanecer em nós, se não perdoarmos a todos plenamente e de coração, restringiremos o perdão de que nós precisamos. Deus não poderá nos perdoar totalmente. Ele poderá nos mostrar algum grau de misericórdia, mas não daremos lugar para que Ele apague todos os nossos pecados e perdoe todas as nossas iniquidades. Porém, se não perdoarmos de coração as ofensas de nosso próximo, que tipo de oração ofereceremos a Deus sempre que pronunciarmos essas palavras? Na verdade, estaremos desafiando Deus a não nos perdoar. É como se disséssemos: "Não nos perdoes de forma alguma; não desejamos nenhum favor das Tuas mãos. Oramos para que mantenhas nossos pecados em Tua mente e que a Tua ira permaneça sobre nós". Mas você pode seriamente oferecer tal oração a Deus? Ó, não provoque o Senhor por mais tempo. Por Sua graça, perdoe como você quer ser perdoado! Tenha compaixão do seu conservo, como Deus teve e terá de você.

John Wesley

SOB A PROTEÇÃO DE DEUS

*...e não nos deixes cair em tentação;
mas livra-nos do mal...*
MATEUS 6:13

A palavra traduzida como tentação nesta passagem significa qualquer tipo de prova. Em sua epístola, Tiago a emprega tanto no sentido de inclinação ao pecado quanto no de prova: "Ninguém, ao ser tentado, diga: Sou tentado por Deus; porque Deus não pode ser tentado pelo mal e ele mesmo a ninguém tenta. Ao contrário, cada um é tentado pela sua própria cobiça [ou, desejo], quando esta o atrai e seduz." (TIAGO 1:13-14). Em outras palavras, aquele que é tentado é apanhado como um peixe que se atira à isca. A tentação o envolve como numa nuvem que pervade toda a sua alma. E quão difícil poderá ser para aquele que é tentado escapar do laço! Por isso pedimos a Deus: "não nos deixes cair em tentação", uma vez que, não tentando Deus a ninguém, também não permite que sejamos arrebatados pela tentação. Também pedimos: "livra-nos do mal", que quer dizer, inquestionavelmente, "do maligno", chamado o príncipe e deus deste mundo, que opera com grande poder nos filhos da desobediência. Mas todos aqueles que são filhos de Deus pela fé estão livres de suas mãos. O maligno pode lutar contra eles, e assim o fará, mas não pode vencê-los, a menos que eles traiam a própria alma. Ele pode atormentar por um tempo, mas não pode destruir, pois Deus está do lado deles e não falhará no final, para vingar Seus eleitos, que clamam a Ele dia e noite. Por isso, oramos: "Senhor, quando formos tentados, não permitas que sejamos vencidos pela tentação. Abre um caminho para que possamos escapar, para que o maligno não nos toque."

John Wesley

A FÉ E AS OBRAS

Vês como a fé operava juntamente com as suas obras; com efeito, foi pelas obras que a fé se consumou...
TIAGO 2:22

Desde o início do mundo, tem sido o esforço de Satanás separar aquilo que Deus uniu; separar a religião interior da religião exterior, colocando-as uma contra a outra. E ele tem conseguido considerável resultado entre os que ignoram Seus desígnios. Muitos, em todas as épocas, tendo zelo por Deus, mas não de acordo com o conhecimento, estritamente se apegaram à justiça da Lei, ao cumprimento de deveres externos, mas menosprezaram totalmente a justiça interior, a "justiça de Deus mediante a fé em Jesus Cristo..." (ROMANOS 3:22). Outros foram para o extremo oposto, desconsiderando todos os deveres exteriores, talvez até falando mal da Lei e julgando-a, com desagrado proporcional às vantagens que a própria Lei impõe ao cumprimento de tais obrigações. É por esse mesmo artifício de Satanás que a fé e as obras têm sido tão frequentemente postas em oposição uma à outra. E muitos, de ambos os lados, que tinham verdadeiro zelo por Deus, por algum tempo, caíram na armadilha do tentador. Alguns têm magnificado a fé até a completa exclusão das boas obras, não apenas no sentido de elas serem a causa de nossa justificação — pois sabemos que o ser humano é justificado gratuitamente pela redenção que está em Jesus —, mas também como o fruto necessário da fé. Outros, ansiosos por evitar esse erro perigoso, correram demais na direção contrária, sustentando que as boas obras são a causa, ou, pelo menos, a condição prévia de justificação, tratando-as como se fossem a própria religião de Jesus Cristo. Contudo, a justiça de um cristão excede a justiça destes, no sentido de cumprir o Espírito e a letra da Lei, tanto pela obediência interior como exterior.

John Wesley

O VALOR DO JEJUM

*Tu, porém, quando jejuares,
unge a cabeça e lava o rosto...*
MATEUS 6:17

Muitas vezes, a finalidade da verdadeira religião e os meios da graça são colocados em conflito. Algumas pessoas bem-intencionadas parecem limitar a sua religião em acompanhar as orações da igreja, participar da Ceia do Senhor, ouvir sermões e ler livros sobre a piedade cristã, negligenciando o fim de tudo isso, que é o amor a Deus e ao próximo. E essa mesma conduta tem confirmado outros na negligência e desprezo às ordenanças de Deus de forma tão miserável que mina e destrói o próprio fim que eles foram designados a cumprir. Mas, de todos os meios da graça, raramente há algum em relação ao qual as pessoas tenham chegado a extremos maiores do que esse que nosso Senhor fala nesta passagem. Alguns exaltam o jejum acima das Escrituras, da própria razão; já outros o desconsideram totalmente, vingando-se, por assim dizer, em desvalorizá-lo tanto quanto os primeiros o supervalorizam. Os primeiros falam do jejum como se fosse tudo em todas as coisas, como se fosse um fim em si mesmo; os últimos falam dele como se não fosse nada, como um labor infrutífero e sem nenhuma conexão com a verdadeira religião. Certo é que a verdade está a meio caminho desses extremos. O jejum não é tudo nem é nada. Ele não o fim, mas um precioso meio que o próprio Deus ordenou, pelo qual o Senhor nos comunicará Suas bênçãos, quando usado devidamente.

John Wesley

COMO DEVEMOS JEJUAR

*Quando jejuardes, não vos mostreis
contristados como os hipócritas; porque
desfiguram o rosto com o fim de
parecer aos homens que jejuam...* MATEUS 6:16

Os escritores inspirados, tanto no Antigo quanto no Novo Testamento, tratam a palavra jejuar como "não comer", ou seja, o ato de abster-se de alimento. Isso é tão claro que seria um trabalho perdido citar as palavras de Davi, Neemias, Isaías e outros profetas, ou de nosso Senhor e Seus apóstolos, todos concordes quanto ao sentido de jejuar como ato de abster-se de alimento por um tempo determinado. A isso, outras circunstâncias eram geralmente associadas por eles, cujo sentido não tinha nenhuma conexão, tal como a negligência no vestir-se, o abandono dos ornamentos que estavam acostumados a usar, como faziam durante o luto, o espalhar cinzas sobre a cabeça ou usar pano de saco. Entretanto, encontramos pouca menção no Novo Testamento sobre esses atos acessórios. Também não há qualquer ênfase sobre essa questão pelos cristãos dos primeiros tempos, ainda que alguns penitentes pudessem usá-los voluntariamente, como sinais externos de humilhação interna. Muito menos os apóstolos ou os cristãos de seu tempo bateram ou flagelaram sua própria carne, como era típico dos sacerdotes de Baal, como lemos 1 Reis 18:28. Os deuses dos pagãos eram apenas demônios e foi, sem dúvida, aceitável para seu deus-demônio quando seus sacerdotes clamaram em voz alta e se cortaram, até tirarem sangue de si mesmos. Mas isso não pode ser agradável a Deus e, consequentemente, também não pode ser para os Seus seguidores, pois Ele veio ao mundo não para destruir a vida dos homens, mas para salvá-los.

John Wesley

QUANTO TEMPO DEVE DURAR NOSSO JEJUM

*Com o fim de não parecer aos homens
que jejuas, e sim ao teu Pai, em secreto;
e teu Pai, que vê em secreto, te recompensará.*

MATEUS 6:18

Sobre a intensidade e a duração do jejum, o tempo de jejum mencionado com mais frequência nas Escrituras é de um dia, ou seja, do amanhecer até o anoitecer. Esse também era o jejum comumente observado entre os cristãos antigos. Mas, além desses, eles também faziam os meio-jejuns (*semi jejunia*, como chamada por Tertuliano), às quartas e sextas-feiras, ao longo de todo o ano. Nesses dias, eles não se alimentavam até às três horas da tarde, quando voltavam do culto público. É mais ou menos isso que hoje entendemos pelo termo "abstinência", quando não podemos jejuar integralmente por causa de doença ou fraqueza corporal. O tipo mais raso de jejum é o abster-se de alimentos agradáveis. Como no caso de Daniel e seus companheiros que, para não se contaminar com a porção da comida do rei, comeram legumes e beberam água. Na Igreja Primitiva, havia jejuns anuais e semanais guardados por alguns durante quarenta e oito horas, por outros durante a semana inteira e por muitos durante duas semanas, sem alimento algum, até o entardecer de cada dia. Ao lado dos jejuns estabelecidos, eram observados jejuns ocasionais, conforme as circunstâncias e as oportunidades requeriam. Assim, em nossos dias, pessoas que atentam aos seus próprios caminhos e desejam caminhar humilde e intimamente com Deus encontrarão ocasiões para terem momentos privados para afligir a alma diante de Seu Pai que está em secreto.

John Wesley

O FUNDAMENTO PARA O JEJUM

Enquanto amanhecia, Paulo rogava a todos que se alimentassem, dizendo: Hoje, é o décimo quarto dia em que, esperando, estais sem comer, nada tendo provado.
ATOS 27:33

Pessoas que estão sob fortes sentimentos morais ou por emoções veementes, como tristeza ou medo, podem ser subjugadas por essas coisas e até mesmo se esquecerem de se alimentar. Nesses períodos, elas pouco se importam com a comida, não só com o que é necessário para o sustento do corpo, mas também com os manjares finos e variados, estando completamente mergulhadas em seus muitos pensamentos. Aqueles que estavam no navio com o apóstolo Paulo, quando uma grande tempestade caiu sobre eles e não havia esperança de que fossem salvos, permaneceram em jejum, não tendo comido nenhuma refeição regular por quatorze dias seguidos. E Davi e os homens que andavam com ele, quando souberam que o povo fora derrotado na batalha e muitos tinham sido feridos e mortos, dentre eles Saul e seu filho Jônatas, "prantearam, choraram e jejuaram até à tarde por Saul, e por Jônatas, seu filho, e pelo povo do SENHOR, e pela casa de Israel..." (2 SAMUEL 1:12). Aqui está o fundamento natural para o jejum. Aquele que está sob profunda aflição, oprimido pela tristeza do pecado e sob uma forte expectativa da ira de Deus, esquece-se de comer seu pão e abstém-se não apenas da comida agradável, mas até mesmo do alimento básico. Quando a tempestade se elevar forte e um terrível pavor tomar conta de alguém que estiver sem Deus no mundo, sua alma detestará todo tipo de carne, será inoportuno e enfadonho para ele; ficará impaciente com qualquer coisa que interrompa seu clamor incessante: "Salva-me, Senhor, ou morrerei."

John Wesley

A AFLIÇÃO QUE PRECEDE O JEJUM

Afligi-vos, lamentai e chorai.
Converta-se o vosso riso em pranto,
e a vossa alegria, em tristeza. TIAGO 4:9

Quando as pessoas sentem sobre si o pesado fardo do pecado, veem a condenação como sua recompensa e contemplam com os olhos da mente o horror do inferno, elas estremecem, vacilam e são interiormente tocadas pelo quebrantamento do coração, não podendo acusar senão a si mesmas; elas expõem sua dor ao Deus Todo-poderoso e clamam por misericórdia. Caso isso seja feito de forma séria, seu espírito se preocupa tanto (dominado, em parte, pela tristeza e pela ansiedade, e, em parte, pelo desejo sincero de ser libertado do perigo de condenação ao inferno) que todo desejo de comer e beber é posto de lado, vindo, em seu lugar, a repugnância por todas as coisas terrenas e seus prazeres. Nada lhes dá prazer, a não ser chorar e lamentar, tanto em palavras quanto em atitudes que revelam estarem fatigadas de sua própria existência. Muitos que temem a Deus estão profundamente conscientes da frequência com que pecam contra Ele, abusando das coisas lícitas. Sabem o quanto estão transgredindo a santa lei de Deus e como são condescendentes com seus apetites sensuais, talvez prejudicando até mesmo a saúde física, com grande sofrimento para sua alma. Para remover o efeito, removem a causa; mantêm distância dos excessos e se abstêm, tanto quanto possível, daquilo que quase os mergulhou na perdição eterna. Baseando-se nisso, todo aquele que é sábio refreará sua alma e a manterá humilde; afastá-la-á cada vez mais de todas as indulgências dos apetites inferiores, que naturalmente tendem a acorrentá-la à Terra e tanto poluí-la como aviltá-la. Por isso, o constante jejum ajuda a remover o alimento da luxúria e sensualidade, retirando os incentivos dos desejos tolos e nocivos, das afeições vis e fúteis.

John Wesley

POR QUE JEJUAR?

Tendo Acabe ouvido estas palavras, rasgou as suas vestes, cobriu de pano de saco o seu corpo e jejuou; dormia em panos de saco e andava cabisbaixo. 1 REIS 21:27

O mais importante motivo para o jejum é que ele representa uma ajuda inestimável para a oração, particularmente quando separamos porções maiores de tempo para o praticarmos. Deus tem especialmente o prazer de erguer a alma de Seus servos acima de todas as coisas terrenas e envolvê-los nas coisas do terceiro Céu. Além de ser uma ajuda na oração, o jejum também é um meio nas mãos de Deus, não apenas de confirmar e aumentar uma virtude ou a santidade, mas também a seriedade de espírito, a sensibilidade e ternura de consciência, a morte para o mundo e, consequentemente, o amor a Deus e toda afeição santa e celestial. Não há qualquer conexão natural e necessária entre o jejum e as bênçãos que Deus transmite por sua prática. Mas o Senhor sempre terá misericórdia como quiser ter misericórdia e transmitirá tudo o que a Ele parece bom, pelos meios que a Ele aprouver escolher. Em todas as eras, Deus designou o jejum como uma forma de aplacar a Sua ira e para obtermos Suas bênçãos, que, de tempos em tempos, necessitamos. Como este meio (o jejum) é poderoso para apaziguar a ira de Deus, podemos aprender com o exemplo notável de Acabe. Não houve ninguém como ele, que tenha se vendido, que tenha se entregado totalmente como um escravo da maldade. Porém, quando ele rasgou as suas vestes, pôs pano de saco sobre a sua carne e jejuou, então veio a palavra do Senhor, dizendo: "Não viste que Acabe se humilha perante mim? Portanto, visto que se humilha perante mim, não trarei este mal nos seus dias..." (1 REIS 21:29).

John Wesley

UM INCENTIVO AO JEJUM PENITENTE

*Os ninivitas creram em Deus, e proclamaram
um jejum, e vestiram-se de panos de saco, desde
o maior até o menor.* JONAS 3:5

Não é apenas com o povo de Deus que aprendemos a buscá-lo com jejum e oração quando a Sua ira se acende, mas também com os povos pagãos. Quando Jonas profetizou que, dentro de quarenta dias, Nínive seria destruída, seu trabalho não foi em vão. O povo daquela cidade proclamou um jejum e vestiu-se de pano de saco, desde o maior deles até o mais humilde, "e Deus se arrependeu do mal que tinha dito lhes faria e não o fez" (JONAS 3:10). O jejum é um meio, não somente de apaziguar a ira de Deus, mas também de atrair quaisquer bênçãos de que tivermos necessidade. Os apóstolos sempre uniam o jejum à oração quando desejavam as bênçãos de Deus. "E, servindo eles ao Senhor e jejuando, disse o Espírito Santo: Separai-me, agora, Barnabé e Saulo para a obra a que os tenho chamado. Então, jejuando, e orando, e impondo sobre eles as mãos, os despediram" (ATOS 13:2-3). Bênçãos podem ser obtidas por este meio que, de outra forma, não seria possível: "Mas esta casta não se expele senão por meio de oração e jejum" (MATEUS 17:21). Estes são os meios designados para alcançar a fé pela qual os próprios demônios se sujeitam a você. Quaisquer que sejam as razões para despertar os antigos no zeloso e constante cumprimento do dever de jejuar, elas ainda têm a mesma força para nos despertar. Acima de tudo, temos uma razão peculiar para estar em jejuns frequentes, a saber: a ordem daquele por cujo Nome somos chamados. Isso constitui um motivo e um encorajamento à prática desse dever, havendo, ademais, a promessa que nosso Senhor graciosamente anexou ao reto cumprimento de tal dever: "...e teu Pai, que vê em secreto, te recompensará" (MATEUS 6:18).

John Wesley

FAÇA O QUE DEUS MANDA E COMO ELE MANDA

...devíeis, porém, fazer estas coisas, sem omitir aquelas.
LUCAS 11:42

Existem fundamentos, razões e finalidades que nos encorajam a perseverar no jejum, apesar da abundância de objeções que algumas pessoas têm continuamente levantado contra essa prática. Dizem que um cristão deve jejuar de pecado e não de alimento, pois isso é o que Deus requer. É a mais pura verdade que um cristão, pela graça de Deus, deve se abster do pecado, mas também de comida, como nos ensinam a experiência e as Escrituras. Dizem que é melhor abster-se de orgulho e vaidade, de desejos tolos e nocivos, de rabugice, raiva e descontentamento do que de alimento. Sem dúvida é. Porém, precisamos lembrar das palavras de nosso Senhor: "Devíeis, porém, fazer estas coisas, sem omitir aquelas". Abstemo-nos de comida para que, pela graça de Deus, por meio deste meio externo, em conjunto com todos os outros canais de Sua graça, possamos ser capazes de nos abster das paixões e dos impulsos naturais que não são agradáveis aos Seus olhos. Refreamos um para sermos fortalecidos com poder do alto e ser capazes de refrear o outro. Outros argumentam que têm jejuado frequentemente, entretanto não se tornaram nem um pouco melhores e não encontraram nenhuma bênção nisso. Dizem que, em vez de prevenir a raiva, por exemplo, o jejum tem sido um meio de aumentá-la a tal ponto de não conseguirem suportar os outros ou a si mesmos. Realmente é possível jejuar ou orar de maneira a tornar-se muito pior do que antes; mais desesperados e mais profanos. No entanto, a culpa não está no meio em si, senão na maneira de usá-lo. Use-o outra vez, mas de maneira diferente. Faça o que Deus manda e como Ele manda; então, indubitavelmente, Sua promessa se cumprirá sem falta e Sua bênção não tardará em ser derramada.

John Wesley

COM QUE FREQUÊNCIA DEVEMOS JEJUAR

*E fez-se proclamar e divulgar em Nínive:
Por mandado do rei e seus grandes, nem homens, nem
animais, nem bois, nem ovelhas provem coisa
alguma, nem os levem ao pasto, nem bebam água...*
JONAS 3:7

Algumas pessoas me perguntam: "Ora, se o jejum é de fato tão importante, não seria melhor jejuar sempre em vez de fazer isso só de vez em quando? Não seria melhor um jejum contínuo tanto quanto a nossa força física consiga suportar?". E eu respondo: Que ninguém seja desencorajado a fazer isso, pois será uma ajuda considerável, não apenas à castidade, mas também à mente celestial, para afastar suas afeições pelas coisas de baixo e colocá-las nas coisas lá de cima. Por todos os meios, use o mínimo de alimento e simples. Exerça tanta abnegação nisso, em todo o tempo, na medida em que suportar sua capacidade física, e isso pode conduzir, pela graça divina, a vários dos grandes fins do jejum. Use continuamente de tanta abstinência quanto você quiser, pois isso não é outra coisa, senão a temperança cristã; mas que a temperança não se confunda com a observância dos tempos solenes de jejum e oração. Que essa prática de abstinência ou temperança não o impeça de jejuar em secreto, caso você se sinta subitamente esmagado sob o peso de imensa tristeza e remorso. Semelhante estado de espírito quase nos força a jejuar; rejeitamos nosso alimento diário, mesmo uma pequena porção, até que possamos dizer: "Tirou-me de um poço de perdição, de um tremedal de lama; colocou-me os pés sobre uma rocha e me firmou os passos" (SALMO 40:2). O mesmo caso seria se você estivesse em agonia de desejo, lutando veementemente com Deus por Sua bênção. Você não precisaria de ninguém para instruí-lo a não comer até obter o pedido de seus lábios.

John Wesley

NÃO PENSE QUE VOCÊ MERECE ALGUMA COISA

*Tu, porém, quando jejuares,
unge a cabeça e lava o rosto...*
MATEUS 6:17

Há uma maneira como devemos jejuar, para que seja um serviço aceitável ao Senhor. Primeiramente isso deve ser feito ao Senhor, com os nossos olhos fixos nele. Que a nossa intenção seja apenas de glorificar nosso Pai que está nos Céus; de expressar nossa tristeza e vergonha por nossas múltiplas transgressões à Sua santa lei; de esperar por um aumento da graça purificadora, atraindo nossas afeições para as coisas de cima; de acrescentar seriedade e fervor às nossas orações; de evitar a ira de Deus e obter todas as grandes e preciosas promessas que Ele nos fez em Cristo Jesus. Portanto, tenha cuidado para não zombar de Deus e transformar seu jejum, bem como a sua oração, em uma abominação ao Senhor, por meio da mistura de qualquer visão secular sobre esses serviços ou buscando o louvor dos homens. Haja como está acostumado em outras situações, para que não pareça a ninguém que você está jejuando; que aparecer aos homens não seja parte de sua intenção; e se, sem qualquer intenção sua, souberem que você jejua, isso não importa. Tome cuidado de não pensar que você merece alguma coisa de Deus por causa do seu jejum. Não percebemos com facilidade em que medida o desejo de estabelecer nossa própria justiça, procurando a salvação por pagamento, e não por graça, está profundamente enraizado em nosso coração. O jejum é apenas um caminho que Deus ordenou, no qual esperamos em Sua imerecida misericórdia, sem nenhum merecimento de nossa parte. Ele prometeu livremente dar-nos a Sua bênção.

John Wesley

A SABEDORIA PARA JEJUAR

*Seria este o jejum que escolhi, que o homem
um dia aflija a sua alma, incline a sua cabeça como o junco
e estenda debaixo de si pano de saco e cinza?
Chamarias tu a isto jejum e dia aceitável ao SENHOR?*

ISAÍAS 58:5

Não devemos imaginar que, pela realização de um simples ato físico, como o jejum, atrairemos a bênção de Deus. Se o jejum for um mero ato exterior, é quase um trabalho perdido. Ele possivelmente afligirá o corpo, mas, quanto à alma, de nada aproveita. Inclusive, o corpo pode ser afligido excessivamente, tornando-se impróprio para as obras da nossa vocação; por isso, devemos nos guardar contra esse erro, pois precisamos preservar nossa saúde como uma boa dádiva de Deus a nós. O jejum deve ser proporcional em relação às nossas forças, pois não podemos oferecer a Deus um suicídio como sacrifício ou destruir nosso corpo para ajudar nossa alma. Se não podemos nos abster totalmente, devemos nos abster de alimentos agradáveis e, assim, não buscaremos Sua face em vão. Que cada jejum seja um período de exercício daquelas santas afeições que implicam em um coração quebrantado e contrito; que seja um pranto devoto, de piedosa tristeza pelo pecado, a respeito da qual diz o apóstolo: "...agora, me alegro não porque fostes contristados, mas porque fostes contristados para arrependimento; pois fostes contristados segundo Deus..." (2 CORÍNTIOS 7:9). A tristeza que é segundo Deus é um dom precioso de Seu Espírito, elevando a alma a Ele, que opera o arrependimento para a salvação. Que o nosso pesar opere em nós arrependimento — a mudança completa de coração — renovado à imagem de Deus, em justiça e verdadeira santidade, e opere mudança de vida, até que sejamos santos, assim como Deus é santo.

John Wesley

O JEJUM E A ORAÇÃO FERVOROSA

Porventura, não é este o jejum que escolhi: que soltes as ligaduras da impiedade, desfaças as ataduras da servidão, deixes livres os oprimidos e despedaces todo jugo?

ISAÍAS 58:6

Devemos sempre unir o jejum à oração fervorosa, derramando a nossa alma diante de Deus, confessando os nossos pecados com todos os seus agravantes. Devemos nos humilhar sob a Sua mão poderosa, expondo diante dele todas as nossas necessidades, culpas e desesperanças. No período de jejum, devemos intensificar nossas orações, tanto em favor de nós mesmos quanto de nossos irmãos. Podemos observar que os homens de Deus nos tempos antigos sempre uniam a oração ao jejum. Para que a nossa observância de tal jejum seja aceitável ao Senhor, devemos acrescentar-lhe esmolas e atos de misericórdia, segundo as nossas posses, tanto para o corpo quanto para a alma daqueles que necessitam. Deus se agrada de tais sacrifícios. Vemos que um anjo declarou a Cornélio quando ele estava jejuando: "Cornélio! Este, fixando nele os olhos e possuído de temor, perguntou: Que é, Senhor? E o anjo lhe disse: As tuas orações e as tuas esmolas subiram para memória diante de Deus" (ATOS 10:4). Que haja em nós o mesmo cuidado, para sermos achados em Deus imaculados e irrepreensíveis, abstendo-nos de toda aparência do mal; que tenhamos a mesma indignação, a mesma aversão veemente ao pecado, o mesmo cuidado com o nosso coração enganoso, o mesmo desejo de estar, em todas as coisas, em conformidade com a santa e aceitável vontade de Deus. Que tenhamos o mesmo zelo em tudo o que pode ser um meio para Sua glória e para o nosso crescimento no conhecimento de nosso Senhor Jesus Cristo, e que tenhamos a mesma atenção contra Satanás e todas as suas obras, contra toda a imundície, tanto da carne como do espírito.

John Wesley

OS OLHOS DO CORPO E OS OLHOS DA ALMA

São os olhos a lâmpada... MATEUS 6:22

Nosso Senhor fala sobre as ações da vida comum e mostra que a pureza de intenção é tão indispensável nos assuntos religiosos quanto nos da vida comum. A mesma pureza de intenção que torna aceitáveis tanto nossas esmolas quanto nossas devoções deve também tornar o nosso trabalho ou emprego uma oferta adequada a Deus. Se alguém dirige seu negócio para que possa elevar-se a um estado tal de riqueza no mundo, ele não está mais servindo a Deus com seu trabalho e não tem mais direito a uma recompensa divina do que aquele que dá esmolas ou ora para ser visto pelos homens, pois os desígnios vãos e terrenos não são mais aceitos em nossa vida comum do que em nossas esmolas e devoções. Tais desígnios não são maus apenas quando se insinuam em nossas boas obras ou em nossos atos religiosos; eles têm a mesma natureza má quando ocorrem nas obras triviais do nosso ofício. Mas, não sendo nossas esmolas e devoções um serviço aceitável, salvo se procederem de uma intenção pura, assim nosso trabalho comum não pode ser reconhecido como serviço a Deus, a não ser que seja feito com a mesma piedade de coração. É isso que o nosso bendito Senhor declara da maneira mais viva possível. Os olhos são a intenção; o que os olhos são para o corpo, a intenção é para a alma. Assim como o primeiro guia todos os movimentos do corpo, a intenção guia os da alma. Dizem que os olhos da alma são simples quando olham somente uma coisa, quando nosso propósito não é outro senão conhecer a Deus e a Jesus Cristo, que Ele enviou; conhecê-lo com os afetos adequados, amando-o como Ele nos amou; agradando a Deus em todas as coisas; servindo-o, porque o amamos, de toda a nossa alma, de todo o nosso entendimento e de toda a nossa força. Fazemos isso para desfrutar de Deus em todas e acima de todas as coisas, no tempo presente e na eternidade.

John Wesley

O QUE É A LUZ?

*Se os teus olhos forem bons,
todo o teu corpo será luminoso...*
MATEUS 6:22

Se os seus olhos estiverem fixos em Deus, todo o seu corpo estará cheio de luz. Tudo o que você é, tudo o que você faz; seus desejos, desígnios, afeições; seus pensamentos, palavras e ações, todos serão cheios de luz, de conhecimento verdadeiro e divino. Esta é a primeira coisa que podemos entender por luz: "...na tua luz, vemos a luz" (SALMO 36:9). Aquele que no passado ordenou que a luz brilhasse nas trevas brilhará em nosso coração. Ele iluminará os olhos do nosso entendimento com o conhecimento da glória de Deus, e Seu Espírito nos revelará as coisas profundas de Deus. A inspiração do Espírito Santo nos dará entendimento e nos fará conhecer a sabedoria secreta de Deus, e a unção que recebemos dele permanecerá em nós e nos ensinará todas as coisas. A experiência confirma isso; mesmo depois de Deus ter aberto os olhos do nosso entendimento, se buscamos ou desejamos qualquer outra coisa que não Deus, quão rapidamente nosso tolo coração escurece. Nuvens de trevas caem sobre a nossa alma outra vez. Dúvidas e medos nos dominam de novo; somos jogados de um lado para outro e não sabemos mais o que fazer, ou qual é o caminho que devemos seguir. Mas, quando não desejamos e não buscamos nada a não ser a Deus, as nuvens tenebrosas e as dúvidas se dissipam. Nós, que antes éramos trevas, agora somos luz no Senhor. A noite brilha como o dia e descobrimos que "a vereda dos justos é como a luz da aurora..." (PROVÉRBIOS 4:18). Deus nos mostra o caminho que devemos seguir e torna claro o caminho diante de nós.

John Wesley

O ANDAR DO CRENTE NA LUZ

E todos nós, com o rosto desvendado, contemplando, como por espelho, a glória do Senhor, somos transformados, de glória em glória, na sua própria imagem, como pelo Senhor, o Espírito.

2 CORÍNTIOS 3:18

Quando pensamos em luz, também podemos pensar em santidade. Quando você busca a Deus em todas as coisas, encontra-o em tudo e enche-se continuamente da santidade de Sua própria semelhança, justiça, misericórdia e verdade. Enquanto olhar para Jesus e somente para Ele, você se encherá da mente que havia nele. Sua alma será renovada dia a dia conforme a imagem daquele que a criou. Se os olhos de sua mente não se desviarem dele, se você perseverar vendo Aquele que é invisível e não buscar nada mais no Céu ou na Terra, quando contemplar a glória do Senhor, será transformado na mesma imagem, de glória em glória, pelo Espírito do Senhor. É uma questão de experiência diária de ser salvo pela graça, mediante a fé. É pela fé que os olhos da mente são abertos para que vejamos a luz do glorioso amor de Deus. É pela fé que os olhos da mente se abrem à visão da luz do glorioso amor de Deus; e, desde que eles se fixem atentamente em Deus, no Deus que é revelado em Cristo, reconciliando o mundo consigo mesmo, nos encheremos mais e mais do amor de Deus e dos homens, de ternura, mansidão e paciência; seremos cheios de todos os frutos da santidade que são, por Cristo Jesus, para a glória de Deus Pai. E se há alguma consolação em Cristo, algum conforto de amor, alguma paz que exceda toda compreensão, algum regozijo na esperança da glória de Deus, tudo isso pertence àquele cujos olhos são simples. Ele anda na luz como Deus está na luz, regozijando-se sobremodo, orando sem cessar e em tudo dando graças, alegrando-se na vontade de Deus concernente a ele, não importa qual seja.

John Wesley

PERMANEÇA SEMPRE VIGILANTE EM ORAÇÃO

*E, assim, se alguém está em Cristo, é nova criatura;
as coisas antigas já passaram; eis que se fizeram novas.*
2 CORÍNTIOS 5:17

Um crente pode ser apenas parcialmente renovado, como era o caso dos coríntios. Eles foram renovados no espírito de sua mente; caso contrário, não poderiam chegar a ser crianças em Cristo. No entanto, eles não tinham a mente que houve em Cristo, pois invejavam uns aos outros. Não precisamos interpretar as palavras do apóstolo de modo a torná-lo contraditório. Se o tornarmos consistente com seu próprio ensino, o significado de suas palavras será este: se seu antigo conceito acerca da justificação, da santidade, da felicidade e no tocante às coisas de Deus em geral passou, então também passaram seus antigos desejos, desígnios, afeições, tendências e palavras vãs. Todas as coisas se tornaram realmente novas em relação ao que eram antes; contudo, podem não ser totalmente novas, pois ele ainda sente que permanecem traços demasiadamente manifestos de seus primitivos pendores e afeições, embora não possam ter domínio sobre sua alma enquanto permanecer vigilante na oração. "Mas está escrito expressamente que as coisas antigas já passaram e todas as coisas se tornaram novas", alguém dirá. Porém, não devemos interpretar as palavras do apóstolo a ponto de contradizê-lo. O significado claro é: o antigo julgamento já passou, assim como os antigos desejos, desígnios, afeições, temperamentos e conversas. Tudo se fez novo; embora sejam novos, no entanto, não são totalmente novos. Ele é salvo do pecado, mas não inteiramente. E, se você pensa que o pecado não permanece, certamente não considerou a altura, a profundidade, o comprimento e a largura da lei de Deus. Um homem pode ter o Espírito de Deus habitando nele e pode andar segundo o Espírito, mesmo que ainda sinta a carne desejando lutar contra o Espírito.

John Wesley

MANTENHAM-SE FIRMES NA FÉ

Quanto ao mais, sede fortalecidos no Senhor e na força do seu poder.
EFÉSIOS 6:10

Os cristãos são reconciliados com Deus através do sangue da cruz. Por causa disso, a corrupção da natureza, que é inimizade para com Deus, é colocada sob nossos pés. A carne não tem mais domínio sobre nós; entretanto, devemos nos lembrar de que ela ainda é, por sua natureza, inimiga de Deus, e, por isso, milita contra o Espírito. "Os que são de Cristo Jesus crucificaram a carne, com as suas paixões e concupiscências." (GÁLATAS 5:24), mas, ainda assim, permanece neles a luta para deixar a cruz. Portanto, mantenham-se firmes na sã doutrina e, com muito mais fervor, vigiem e orem contra o seu próprio eu. "Revesti-vos de toda a armadura de Deus, para poderdes ficar firmes contra as ciladas do diabo…" (EFÉSIOS 6:11); lembrem-se de que "…vos despistes do velho homem com os seus feitos…" (COLOSSENSES 3:9), e que "…as coisas antigas já passaram; eis que se fizeram novas." (2 CORÍNTIOS 5:17). Poderia lhes citar cem textos com o mesmo sentido, e sempre teríamos a mesma resposta, que podemos resumir em uma verdade: "Cristo amou a igreja e a si mesmo se entregou por ela […] para a apresentar a si mesmo igreja gloriosa, sem mácula, nem ruga, nem coisa semelhante, porém santa e sem defeito." (EFÉSIOS 5:25,27).

John Wesley

O PECADO NÃO PODE DOMINAR O CRENTE

Agora, pois, já nenhuma condenação há para os que estão em Cristo Jesus.

ROMANOS 8:1

O homem pode ter orgulho e pode pensar de si mesmo mais do que deveria pensar (vangloriando-se acerca daquilo que sua ilusão lhe convence) e, mesmo assim, não ser um homem inteiramente orgulhoso em seu caráter. Pode abrigar a ira dentro de si, ou mesmo uma forte inclinação para a cólera incontrolável, e não ceder a elas. Mas pode habitar a raiva e o orgulho no coração que deveria manifestar somente mansidão e humildade? Não, mas vale dizer que esses sentimentos existem, ainda que não reinem no coração. Alguém poderá argumentar que o pecado, de qualquer espécie ou grau, não pode existir onde ele não reina, contudo isso é absolutamente contrário a toda experiência, a toda a Escritura e a todo senso comum. O ressentimento gerado por uma afronta recebida é pecado, é anomia, é falta de conformidade com a lei do amor. Esse ressentimento surge em mim milhares de vezes, todavia, ele nunca reinou nem reina em mim. Se o ressentimento que sinto não for adiante, nem por um momento, de modo algum haverá culpa, nem condenação da parte de Deus, por causa dele. Nesse caso, esse pecado não tem poder para prevalecer. O pecado que está em nós não domina nossas forças, assim como um homem que é crucificado não domina os que o crucificam. Nem implica em que o pecado usurpe nosso coração, pois o usurpador está destronado. Se permanece, com efeito, onde uma vez dominou, permanece em cadeias. Deste modo, até certo ponto, ele prossegue em guerra contra nós, embora se torne cada vez mais fraco, enquanto o crente cresce em forças, vencendo sempre, para continuar a vencer.

John Wesley

NÃO PERCA O FAVOR DE DEUS

*Digo, porém: andai no Espírito
e jamais satisfareis à
concupiscência da carne.*
GÁLATAS 5:16

Não acredito que qualquer pessoa justificada por Deus continue sendo escrava do pecado. Ainda assim, creio que o pecado permanece (pelo menos por um tempo) em todos os que são justificados. Contudo, se permanece o orgulho, por exemplo, então esse alguém é orgulhoso; se há obstinação, ele é obstinado; se há descrença, então, ele é um incrédulo. Consequentemente, esse tal não poderia, de modo nenhum, ser um crente. Mas, se isso for assim, qual é a diferença entre os incrédulos e os que são salvos, porém não regenerados? Ora, se há pecado como orgulho e obstinação no crente, ele não é orgulhoso ou obstinado no mesmo sentido que os incrédulos, que são governados pelo orgulho ou pela obstinação. Essa é a diferença dos não regenerados: o incrédulo obedece ao pecado; os não regenerados, não. A carne está em ambos, porém o primeiro anda segundo a carne, e o outro anda segundo o Espírito. Um homem pode estar sob o favor de Deus embora sinta o pecado. Ter pecado não o leva a perder o favor de Deus, mas ceder ao pecado, sim. Mesmo que sua carne lute contra o Espírito, você ainda pode ser um filho de Deus; no entanto, se você anda segundo a carne, você é um filho do diabo. Esta doutrina não incentiva ninguém a obedecer ao pecado, mas a resisti-lo com todas as suas forças.

John Wesley

ORE E VIGIE COM FERVOR

Exercita-te, pessoalmente, na piedade.
1 TIMÓTEO 4:7

Mesmo depois de ter sido justificado, há, em cada crente, dois princípios contrários: a natureza e a graça, denominados por Paulo como a "carne" e o "espírito". Consequentemente, mesmo que as crianças em Cristo sejam santificadas, elas o são apenas em parte. Elas são espirituais, segundo a medida de sua fé; em outra, elas são carnais. Por esse motivo, os crentes são exortados a vigiar contra a carne, contra o mundo e contra o diabo. Isso está de acordo com a constante experiência dos filhos de Deus. Não obstante sintam em si mesmos esse testemunho, também sentem uma vontade não totalmente resignada à vontade de Deus. Eles sabem que estão em Deus, mas possuem um coração pronto a separar-se dele. Em muitos casos, sentem uma inclinação para o mal e certa repugnância para todo o bem. Por isso, retenhamos a sã doutrina, "que uma vez por todas foi entregue aos santos" (JUDAS 1:3), e por eles ensinada, mediante a Palavra escrita, a todas as gerações seguintes. Apesar de termos sido renovados, lavados, purificados, santificados, quando verdadeiramente cremos em Cristo, ainda não somos renovados, lavados, purificados inteiramente. A natureza má ainda permanece (embora subjugada) e luta contra o Espírito. Usemos, pois, de toda diligência no bom combate da nossa fé. Vigiemos e oremos com muito mais fervor contra o nosso inimigo interno. Tomemos toda a armadura de Deus, de modo que, embora lutemos tanto contra carne e sangue quanto contra "principados e potestades, contra os dominadores deste mundo tenebroso, contra as forças espirituais do mal, nas regiões celestes", possamos ser capazes de "resistir no dia mau", e tendo feito tudo, permanecermos firmes na fé (EFÉSIOS 6:12-13).

John Wesley

JUSTIFICADOS DE FÉ EM FÉ

*Respondeu-lhes Pedro: Arrependei-vos,
e cada um de vós seja batizado em nome
de Jesus Cristo para remissão dos
vossos pecados, e recebereis o dom do
Espírito Santo. Pois para vós outros
é a promessa, para vossos filhos e para
todos os que ainda estão longe...*

ATOS 2:38-39

O arrependimento e a fé são apenas a porta de entrada para a religião cristã; são necessários no começo de nossa jornada, quando estamos iniciando o caminho para o reino de Deus. Isso parece ser confirmado pelo apóstolo Paulo ao exortar os cristãos hebreus a prosseguirem "para o que é perfeito", deixando de lado "os princípios elementares da doutrina de Cristo", não lançando, "de novo, a base do arrependimento de obras mortas e da fé em Deus..." (HEBREUS 6:1). Há um arrependimento e uma fé que são especialmente necessários no início: um arrependimento que é uma convicção de nossa absoluta pecaminosidade, culpa e desamparo, que precede o ato de recebermos o reino de Deus, que, segundo Jesus, está dentro de nós; e uma fé pela qual recebemos esse Reino de "justiça, paz e alegria no Espírito Santo." (ROMANOS 14:17). Não obstante, há também um arrependimento e uma fé que são necessários depois de termos crido no evangelho. Esse arrependimento e essa fé são tão completos quanto necessários para a nossa permanência e crescimento na graça e para a nossa entrada no reino de Deus. Por isso, continue crendo naquele que nos amou e se entregou por nós, que levou todos os nossos pecados em Seu próprio corpo sobre o madeiro, salvando-nos de toda condenação. Assim, seremos justificados de fé em fé, purificados dos nossos pecados e de toda impureza.

John Wesley

NÃO ABANDONE SUA CONFIANÇA EM CRISTO

*Todo aquele que é nascido de Deus não vive
na prática de pecado; pois o que
permanece nele é a divina semente...* 1 JOÃO 3:9

Arrependimento significa uma mudança interior, uma mudança de mente, mudança do pecado para a santidade. Mas, neste momento, trato desse tema em um sentido bem diferente, como um tipo de autoconhecimento, o conhecimento da nossa pecaminosidade, conservando, todavia, a nossa condição de filhos de Deus. De fato, tomamos conhecimento dessa realidade pela primeira vez quando encontramos a redenção no sangue de Jesus, quando o amor de Deus é derramado pela primeira vez em nosso coração e o Seu reino é estabelecido em nós. É natural supor que já não somos mais pecadores e que todos os nossos pecados não são apenas cobertos, mas destruídos. Como não sentimos nenhum mal em nosso coração, prontamente imaginamos que não há mais nenhum mal nele. Assim, alguns entendem que essa ausência de mal se verifica não só no início da fé, persuadindo-se de que, ao sermos justificados, também somos inteiramente santificados. Creem que todo pecado é destruído quando somos justificados e que não há pecado no coração de um crente, estando ele completamente limpo. Embora reconheçamos que "todo aquele que é nascido de Deus não vive na prática de pecado" (1 JOÃO 3:9), ainda assim não podemos admitir que ele não sinta o pecado no seu coração. O que verdadeiramente ocorre é que o pecado já não reina, mas permanece nele. E a convicção do pecado que permanece em nosso coração é um aspecto do arrependimento de que estamos falando. Ele sabe que está sob o favor de Deus e que não pode, nem deve, abandonar sua confiança em Cristo, pois o Espírito Santo testemunha com seu espírito que ele é um filho de Deus.

John Wesley

NÃO CONFIE EM SI MESMO

*...não nos gloriaremos
sem medida...*
2 CORÍNTIOS 10:13

Não é incomum que aquele que acredita não haver nenhum mal em seu coração também creia e sustente firmemente que todo pecado é destruído quando somos justificados. Porém, o orgulho surge em seu coração mais cedo do que ele imaginava, quando pensa "de si mesmo além do que convém..." (ROMANOS 12:3). Em pouco tempo, tal pessoa também sente a obstinação em sua alma; uma vontade contrária à vontade de Deus. Considero que todo homem deve ter vontade própria, desde que tenha entendimento, pois ela é parte essencial da natureza humana. Nosso bendito Senhor tinha uma vontade humana, caso contrário, não seria humano. Entretanto, Sua vontade humana estava constantemente sujeita à vontade do seu Pai e, em todo momento e ocasião, mesmo na mais profunda aflição, Ele podia dizer: "...não seja como eu quero, e sim como tu queres" (MATEUS 26:39). Mas, com o verdadeiro crente, isso não se dá a todo momento, pois frequentemente encontra sua vontade inclinada a exaltar a si mesmo em oposição à vontade de Deus. Porém, se ele permanecer firme em sua fé, combaterá esse mal com todas as suas forças! Todavia, se não vigiar e orar continuamente, sentirá a concupiscência conduzindo-o até quase a ponto de não ter força contra ela. Pode sentir uma forte propensão para amar mais seu filho, seu pai, seu marido ou esposa, mais que ao Criador, e sentirá, de diferentes maneiras, o desejo pelos prazeres terrenos. Na mesma proporção, ele se esquecerá de Deus, não buscando mais no Senhor sua felicidade, e consequentemente se tornará mais amigo dos prazeres do que de Deus.

John Wesley

CUIDADO COM A SOBERBA DA VIDA

*Porque tudo que há no mundo,
a concupiscência da carne, a concupiscência
dos olhos e a soberba da vida, não
procede do Pai, mas procede do mundo.*

1 JOÃO 2:16

A vontade própria e o orgulho são formas de idolatria; por isso, são diretamente opostos ao amor de Deus. Os verdadeiros crentes estarão sujeitos a lidar com a vontade própria e com o orgulho mais cedo ou mais tarde, em maior ou menor intensidade, de um modo ou de outro, em sua caminhada cristã. É verdade que, quando o crente passa "da morte para a vida" (1 JOÃO 3:14), não deseja nada além de Deus e diz: "Na tua presença, Senhor, estão os meus desejos todos"; "Com minha alma suspiro de noite por ti e, com o meu espírito dentro de mim, eu te procuro diligentemente"; "Quem mais tenho eu no céu? Não há outro em quem eu me compraza na terra." (SALMO 38:9; ISAÍAS 26:9; SALMO 73:25). Mas nem sempre será assim, pois, com o tempo, ele sentirá "a concupiscência da carne, a concupiscência dos olhos e a soberba da vida". E, se ele não vigiar a todo momento, cairá com frequência. E como há diversos meios de a cobiça assaltar a alma! Talvez com ninharias mais pobres, coisas nunca destinadas a satisfazer o apetite do espírito. No entanto, quão natural é para nós, mesmo depois de termos provado os poderes do mundo vindouro, afundarmos novamente nesses desejos tão tolos e baixos! Quão difícil é para os filhos de Deus vencer a soberba da vida! O apóstolo João parece dizer-nos que isso tudo não é nada mais do que um desejo e um deleite na glória que vem dos homens. Um desejo e um amor ao elogio, somados ao medo de ser reprovado. Consequentemente, a pessoa que cai nessa cilada torna-se um amante dos prazeres do mundo mais do que um amante de Deus.

John Wesley

VOCÊ REALMENTE AMA SEU PRÓXIMO?

O amor é paciente, é benigno; o amor não arde em ciúmes, não se ufana, não se ensoberbece, não se conduz inconvenientemente, não procura os seus interesses, não se exaspera, não se ressente do mal... 1 CORÍNTIOS 13:4-5

Quem às vezes não sente profundamente manifestações de caráter que são contrárias ao amor ao próximo? Paulo afirma que o amor não se exaspera e não se ressente do mal. Não encontramos em nós algo semelhante a isso? Não temos alimentado ciúmes em nós, suspeitas do mal, ou seja, suspeitas infundadas ou sem razão de ser? Quem for inculpável a esse respeito, que atire a primeira pedra contra seu próximo. Quem de nós não sente alguma vez outras inclinações ou movimentos interiores parecidos, que sabemos serem contrários ao amor fraterno? Se nada há de malícia, ódio ou amargura em nós, não haverá então algum resquício de inveja, particularmente em relação àqueles que desfrutam de algum bem real ou imaginado que desejamos ter, mas que não conseguimos alcançá-lo? Será que jamais encontramos em nós qualquer espécie de ressentimento, ao sermos injuriados ou ofendidos, principalmente por aqueles que amávamos com predileção e a favor de quem muito trabalhamos para os ajudar ou favorecer? Será que a injustiça e a ingratidão não suscitam em nós qualquer desejo de vingança, qualquer desejo de retribuir mal por mal, em vez de vencermos o mal com o bem? Tudo isso também mostra o quanto ainda há, em nosso coração, o que é contrário ao amor pelo próximo. Agora, onde está o homem, mesmo dentre os mais fortes na fé, que não encontre em si mesmo, em qualquer medida, algumas dessas más inclinações? Mesmo os mais vigilantes em guardar a verdade se encontram apenas meio "crucificados para o mundo", porque a raiz da maldade ainda permanece em seu coração.

John Wesley

NÃO BRINQUE COM O PECADO

*Porque, no tocante ao homem interior, tenho prazer
na lei de Deus; mas vejo, nos meus membros,
outra lei que, guerreando contra a lei da minha mente,
me faz prisioneiro da lei do pecado
que está nos meus membros.* ROMANOS 7:22-23

Tantas pessoas sérias têm se inclinado a compreender estes versículos de Romanos como um ensino positivo do apóstolo em referência aos que estão sob a graça, que são "justificados gratuitamente, por sua graça, mediante a redenção que há em Cristo Jesus..." (ROMANOS 3:24). E está correto. Mesmo nos que estão justificados, permanece ainda a mente que, em certo sentido, é carnal. Permanece um coração inclinado à apostasia, ao orgulho, à vontade própria, à ira, à vingança, ao amor ao mundo e para toda forma de mal; permanece uma raiz de amargura que, se, por um só momento, não for refreada, imediatamente brota; permanece uma corrupção tamanha que, sem a clara luz de Deus, dificilmente poderíamos conceber. Foi por isso que o apóstolo disse aos crentes de Corinto: "...sois carnais..." (1 CORÍNTIOS 3:3). E a convicção de todo esse pecado que permanece em seu coração é o arrependimento que pertence aos que são justificados. Devemos estar convencidos de que, assim como o pecado permanece em nosso coração, ele se apega a todas as nossas palavras e ações. De fato, devemos temer que muitas de nossas palavras estejam contaminadas com o pecado, o que nos torna pecadores, pois não existe uma conversa amorosa que não brote de um amor fraterno. Nelas estão incluídas todas as maledicências, as piadas maliciosas, as murmurações, a exposição de defeitos de pessoas em sua ausência, porque tudo isso é inquestionavelmente pecaminoso e entristece o Espírito Santo de Deus, acarretando ainda o juízo, visto que daremos conta de cada palavra frívola que proferirmos no Dia do Juízo.

John Wesley

NÃO CONFIE EM SEUS PRÓPRIOS LÁBIOS

Procura apresentar-te a Deus aprovado, como obreiro que não tem de que se envergonhar, que maneja bem a palavra da verdade. Evita, igualmente, os falatórios inúteis e profanos, pois os que deles usam passarão a impiedade ainda maior.

2 TIMÓTEO 2:15-16

Suponhamos que o crente continuamente vigie e ore para não entrar em tentação, que ele constantemente coloque um vigia para guardar a porta dos seus lábios, a fim de que suas palavras sejam sempre temperadas com sal e ministrem graça aos que o ouvem. Ainda assim, não cairia ele, diariamente, em palavras inúteis, apesar de toda precaução? E, mesmo quando busca falar por Deus, suas palavras são puras e livres de mistura de impiedade? Não há nada de errado em suas intenções? Ele fala apenas o que agrada a Deus e não o que agrada a si mesmo? Quando está instruindo outras pessoas, não encontra nenhum orgulho ou nenhuma preferência por si mesmo? Quando está consolando os aflitos ou estimulando outro à prática do amor e das boas obras, não percebe qualquer autoelogio interior, o pensamento "Agora você falou bem" ou um desejo de que os outros pensem assim dele e o estimem por causa disso? Em alguns ou em todos esses aspectos, é quando o pecado se adere nessas conversas e entre os crentes. Eles não sabem que muitas de suas ações não são para a glória de Deus. É certo que muitos não têm os seus olhos fixos em Deus e estão procurando agradar a si mesmos em vez de o próprio Deus; portanto, suas chamadas "boas ações" estão longe de ser realmente boas ações, estando contaminadas pela maldade. A convicção de todos esses pecados é outro aspecto do arrependimento que pertence àqueles que são justificados por Deus.

John Wesley

QUANTOS SÃO OS NOSSOS PECADOS DE OMISSÃO?

Agora, entretanto, vos jactais das vossas arrogantes pretensões. Toda jactância semelhante a essa é maligna. Portanto, aquele que sabe que deve fazer o bem e não o faz nisso está pecando.

TIAGO 4:16-17

Quanto pecado o crente pode achar em si mesmo se sua consciência estiver inteiramente desperta? Enquanto tenta fazer o bem, ele não sente o peso de tendências más e inclinações de diversas espécies. Embora ele esteja ouvindo a Palavra de Deus, que é capaz de salvar a sua alma, não acontece de frequentemente se entregar a pensamentos que servem para sua própria condenação? E não ocorre o mesmo enquanto o crente faz suas orações a Deus, seja em público ou particular, ou quando participa do culto mais solene, à mesa do Senhor? Seu coração às vezes não vagueia pelos confins da Terra, enchendo-se de fantasias tais que ele teme que seu culto seja uma abominação aos olhos de Deus? Diante disso, ele se envergonha de seus melhores serviços, muito mais do que outrora se envergonhava dos seus piores pecados. Por quais pecados esse crente se sente acusado? Embora Tiago nos diga que "aquele que sabe que deve fazer o bem e não o faz nisso está pecando", o crente não se recorda de mil casos em que ele poderia ter feito o bem a seus inimigos, a desconhecidos e irmãos, tanto em relação aos seus corpos como às almas, mas não fez. De quantas omissões ele é culpado em seu dever para com Deus? Quantas oportunidades de transmitir ou ouvir Sua palavra ele negligenciou? Tanta razão tinha aquele santo homem, o arcebispo Usher, que, depois de todos os seus trabalhos devotados para Deus, gritou, em seus últimos suspiros: "Senhor, perdoe os meus pecados de omissão."

John Wesley

NINGUÉM PODE SATISFAZER A JUSTIÇA DE DEUS

*Se, todavia, alguém pecar,
temos Advogado junto ao Pai,
Jesus Cristo, o Justo...*
1 JOÃO 2:1

Muitos crentes têm dificuldade de perceber que possuem falhas interiores, como de não ter o amor, o temor e a confiança que deveriam ter em Deus; também não amam o próximo e nem os seus irmãos, que são os filhos de Deus; não têm o caráter santo que deveriam ter e estão em falta com Deus em muitas coisas. Todavia, estão prontos a clamar como Monsieur de Renty: "Sou uma terra cheia de espinhos!", ou como Jó: "Por isso, me abomino e me arrependo no pó e na cinza." (JÓ 42:6). A convicção de seus erros diante de Deus é outro aspecto daquele arrependimento que pertence aos filhos de Deus, mas isso deve ser entendido com cautela e em um sentido singular. É certo que não há condenação para os que estão em Cristo Jesus, que creem nele pelo poder da fé e não andam segundo a carne, mas segundo o Espírito. No entanto, eles não podem satisfazer a estrita justiça de Deus mais do que podiam antes de crerem nele e, em razão disso, a justiça de Deus os declara como dignos de morte. E assim seriam condenados, não fosse o sangue expiatório de Cristo. Por isso, os crentes podem estar perfeitamente convencidos de que ainda merecem punição, embora estejam livres, graças ao sangue da cruz. Uns pensam que não têm mais pecado e outros que estão condenados (quando não estão), ou que não merecem ser justificados. Eu considero que a verdade se encontra no meio desses dois extremos: eles ainda merecem a condenação do inferno, mas o que merecem não lhes sobrevém porque eles têm um Advogado junto ao Pai. A vida, a morte e a intercessão de Cristo se interpõem entre eles e sua merecida condenação.

John Wesley

CONVENÇA-SE DE SUA COMPLETA IMPOTÊNCIA

Riquezas e glória vêm de ti, tu dominas sobre tudo, na tua mão há força e poder; contigo está o engrandecer e a tudo dar força.

1 CRÔNICAS 29:12

A convicção plena de nossa impotência é parte do processo de arrependimento. Isso significa duas coisas: primeiro, que não somos capazes de manter, por nós mesmos, bons pensamentos, bons desejos, falar boas palavras ou realizar boas obras, mais do que éramos antes de sermos justificados. Não possuímos nenhum poder para praticarmos o bem ou para resistirmos o mal; nenhuma capacidade de vencermos o mundo ou de nos opormos a ele, ao diabo e à nossa própria natureza. É verdade que os crentes podem fazer tudo isso, mas não pelo seu próprio poder. A vitória sobre nossos inimigos interiores não vem de nossa natureza humana, e sim do dom de Deus que nos é dado. Em segundo lugar, essa impotência significa a absoluta incapacidade de nos libertarmos da culpa ou do sentimento de que merecemos punição. Sabemos que pecados como o orgulho, a obstinação, o amor ao mundo, a ira e a propensão para nos separarmos de Deus permanecem no coração, assim como o mal que, a despeito de todos os nossos esforços, mistura-se a todas as nossas palavras e obras. Se alguém acredita ser capaz de remover esses pecados de seu coração e de sua vida, faça um teste! Tente. E não desanime depois de uma ou duas tentativas. E repita esse teste várias vezes se for necessário; quanto mais você tentar, mais se convencerá de sua total impotência em todos esses pecados.

John Wesley

COMO VENCER O PECADO?

Ele é quem perdoa todas as tuas iniquidades;
quem sara todas as tuas enfermidades...
SALMO 103:3

Existe uma verdade tão evidente que quase todos os filhos de Deus geralmente concordam a respeito, ainda que discordem em muitos outros pontos: que, embora possamos, pelo Espírito, mortificar as obras do corpo, resistir o pecado interior e exterior, não podemos expulsar esses pecados. Mesmo com toda a graça recebida quando somos justificados, não podemos extirpar esses males de nós. Por mais que vigiemos e oremos, não podemos purificar nosso coração e nossas mãos. Certamente, não podemos até que o Senhor fale, pela segunda vez, ao nosso coração: "Seja limpo". Então, e somente então, nossa lepra será purificada; a raiz do mal e a mente carnal serão destruídas, e o pecado inato não mais existirá. Mas, se não houver essa segunda mudança, se não houver libertação após a justificação, se não houver nada além de uma obra gradual de Deus, teremos que nos contentar em permanecer cheios de pecado e de culpa até a morte. Porque é impossível que a culpa ou o sentimento de merecimento de punição sejam removidos de nós enquanto permanecem em nosso coração misturados às nossas palavras e ações. Para isso, devemos nos arrepender, depois de sermos justificados. Não podemos progredir sem isso, exatamente porque, sem a consciência da enfermidade, não se admite a necessidade de cura. Então, quando nos arrependemos, somos chamados a crer no evangelho, mas esse "crer" deve ser compreendido em sentido especial, diferente do arrependimento pelo qual cremos para sermos justificados.

John Wesley

DEUS É QUEM NOS LIMPA E NOS SALVA

*Porque me cobriu
de vestes de salvação...*
ISAÍAS 61:10

Creia nas boas-novas de grande salvação que Deus preparou para todo o povo. Creia que Aquele que é o resplendor da glória de Seu Pai e expressão exata do Seu Ser "também pode salvar totalmente os que por ele se chegam a Deus..." (HEBREUS 7:25). Ele pode salvá-lo de todo pecado que ainda permanece em seu coração. Ele pode salvá-lo de todo pecado que está presente nas suas palavras e ações. Ele pode salvá-lo dos seus pecados de omissão e suprir tudo o que está faltando em você. É verdade que isso é impossível para o homem, mas, para o Deus que se fez homem, todas as coisas são possíveis! O que pode ser difícil demais para Ele que tem todo o poder no Céu e na Terra? Ele nos deu essas grandiosas e preciosas promessas, tanto no Antigo quanto no Novo Testamento. Assim lemos na Lei, na parte mais antiga dos oráculos de Deus: que "O SENHOR, teu Deus, circuncidará o teu coração e o coração de tua descendência, para amares o SENHOR, teu Deus, de todo o coração e de toda a tua alma, para que vivas" (DEUTERONÔMIO 30:6). E, nos salmos, lemos que "É ele quem redime a Israel de todas as suas iniquidades." (SALMO 130:8). Assim também lemos no Novo Testamento: "Bendito seja o Senhor, Deus de Israel, porque visitou e redimiu o seu povo, e nos suscitou plena e poderosa salvação na casa de Davi, seu servo, como prometera, desde a antiguidade, por boca dos seus santos profetas, para nos libertar dos nossos inimigos e das mãos de todos os que nos odeiam..." (LUCAS 1:68-71). Por isso, temos boa razão para crer que Ele não só é capaz de fazer isso, mas que Ele o fará.

John Wesley

ARREPENDIMENTO, FÉ E VITÓRIA

*Arrependei-vos, pois, e convertei-vos
para serem cancelados os vossos pecados...*
ATOS 3:19

Estamos totalmente limpos e não há condenação nem punição para nós! O Senhor está purificando o nosso coração e nossa vida pela fé que recebemos. Sentimos, pela fé, o poder de Cristo repousando a cada momento sobre nós e somos o que somos por causa desse poder que nos habilita a continuarmos firmes em nossa vida espiritual. Se mantivermos nossa fé em Cristo, tiraremos "água das fontes da salvação" (ISAÍAS 12:3). Estamos protegidos pelo nosso Amado — Cristo em nós, esperança da glória —, que habita em nosso coração pela fé e intercede por nós à direita de Deus, e recebemos Sua ajuda para pensar, falar e agir de acordo com o que é aceitável aos Seus olhos. Ele assiste os que creem nele e os favorece com Seu auxílio contínuo, de modo que todos os nossos desígnios, conversas e ações começam e terminam nele. Desta forma, Ele purifica nossos pensamentos pela inspiração do Seu Espírito Santo, para que possamos amá-lo perfeita e dignamente, louvando sempre o Seu santo nome. É assim que, para os filhos de Deus, o arrependimento e a fé se completam. Pelo arrependimento, confessamos que o pecado permanece em nosso coração, apegado às nossas palavras e ações; e, pela fé, recebemos poder de Deus em Cristo, que purifica nosso coração e limpa nossas mãos. O arrependimento diz: "Sem Ele nada podemos fazer", e a fé diz: "Tudo podemos naquele nos fortalece". Nele podemos não apenas vencer, mas também expulsar todos os inimigos da nossa alma. Por Ele, podemos amar ao Senhor nosso Deus de todo nosso coração, mente, alma e força e andar em santidade e justiça diante dele, por todos os dias de nossa vida.

John Wesley

QUE CRISTO SE TORNE TUDO EM NÓS

*Por isso, também pode salvar totalmente
os que por ele se chegam a Deus,
vivendo sempre para interceder por eles.*

HEBREUS 7:25

Devemos aprender que uma profunda convicção do nosso demérito (que, em certo sentido, pode ser chamado de culpa), mesmo depois de termos sido aceitos, é absolutamente necessária para que genuinamente valorizemos o sangue expiatório de Cristo, mesmo depois de sermos justificados. Sem essa convicção, podemos considerar o sangue da nova aliança como algo comum, algo de que não temos grande necessidade, visto que todos os nossos pecados passados foram apagados. Mas, se consideramos que nosso coração e nossa vida estão impuros, há um tipo de culpa que assumimos a cada momento. Consequentemente, essa culpa nos expõe à condenação, mas Cristo sempre intercede por nós, por Seu amor precioso e Seu sangue expiatório. Também podemos ver uma profunda convicção de nosso total desamparo e incapacidade de conservar qualquer coisa que tenhamos recebido e mais ainda de nos libertarmos do mundo de iniquidade que permanece tanto em nosso coração quanto em nossa vida. Esse desamparo nos ensina a viver verdadeiramente em Cristo pela fé, tendo-o não só como nosso Sacerdote, mas também como nosso Rei. Por meio dessa fé, somos levados a engrandecê-lo de fato, a dar-lhe toda a glória de Sua graça, a torná-lo um Cristo pleno, um Salvador cabal, e verdadeiramente colocar uma coroa sobre Sua cabeça. Essas verdades se cumprem em um sentido forte e profundo quando saímos de nós mesmos para sermos absorvidos por Ele. Que Ele seja tudo em todos.

John Wesley

EM BREVE, ESTAREMOS NO TRIBUNAL DE CRISTO

*Assim, pois, cada um de nós
dará contas de si mesmo a Deus.*
ROMANOS 14:12

O apóstolo Paulo afirma que todos teremos que comparecer "perante o tribunal de Cristo, para que cada um receba segundo o bem ou o mal que tiver feito por meio do corpo" (2 CORÍNTIOS 5:10). E quantas circunstâncias se apresentam para aumentar o temor dessa grande solenidade? Estarão lá pessoas de todas as idades, sexo, classe e condição de vida, reunidas voluntária ou involuntariamente de todos os lugares. Criminosos, prestes a seguirem seu destino e sem ter como escapar dele. Oficiais posicionados em seus postos para executar as ordens que serão dadas. A ocasião dessa assembleia faz aumentar sua solenidade: será para ouvir e determinar causas de todos os tipos, algumas da mais importante natureza, das quais depende nada menos que a vida ou a morte, que revelará a face da eternidade! Foi, sem dúvida, para aumentar o senso de seriedade que temos quanto a esse grande evento, e não apenas para impressionar o espírito das pessoas, que a sabedoria de nossos antepassados não desdenhou de fixar as particularidades mínimas desta solenidade. "Por minha vida, diz o Senhor, diante de mim se dobrará todo joelho, e toda língua dará louvores a Deus. Assim, pois, cada um de nós dará contas de si mesmo a Deus." (ROMANOS 14:11-12). Se todos tivessem um profundo respeito e consciência sobre esse momento, que eficácia isso traria para os interesses da sociedade? Que motivo mais poderoso poderia ser concebido para produzir a prática de uma genuína moralidade? O que poderia fortalecer nossas mãos para praticar o que é bom e nos impedir de fazer tudo que é mal? A breve resposta seria: a forte convicção de que o Juiz está à porta e em breve estaremos diante dele.

John Wesley

TODOS COMPARECEREMOS NO DIA DO SENHOR

Porque está perto o dia,
sim, está perto o Dia do Senhor...
EZEQUIEL 30:3

Aquele grande e o terrível dia está determinado pelo Senhor nas Escrituras. O tempo que decorre da criação do homem ao fim de todas as coisas é considerado o dia dos filhos dos homens. É o tempo que agora está passando sobre nós e, quando esse dia terminar, começará o Dia do Senhor. Mas quem pode dizer quanto tempo isso durará? Para o Senhor, um dia é como mil anos e mil anos como são como um dia. Desta expressão, alguns Pais da Igreja inferiram que o chamado "dia do juízo" é, na verdade, um milênio. Parece que eles ultrapassaram os limites da verdade, e, provavelmente, não se apegaram rigidamente a ela, pois, se considerarmos o número de pessoas que devem ser julgadas e as ações que devem ser examinadas, não parece que mil anos serão suficientes. De modo que não é improvável que compreenda vários milhares de anos. Todavia, a seu tempo, Deus revelará isso também. Em relação ao lugar onde a humanidade será julgada, não temos nenhuma menção explícita nas Escrituras. Um escritor eminente supõe que será na Terra, onde as obras foram feitas, de acordo com as quais todos serão julgados, e que Deus empregará os Seus anjos nessa obra. Mas, talvez, seja mais coerente supor que o juízo se dê acima da Terra, pois a vinda do Senhor será nas nuvens, que estarão acima da Terra. O apóstolo Paulo escreve que "os mortos em Cristo ressuscitarão primeiro; depois, nós, os vivos, os que ficarmos, seremos arrebatados juntamente com eles, entre nuvens, para o encontro do Senhor nos ares, e, assim, estaremos para sempre com o Senhor." (1 TESSALONICENSES 4:16-17). Cada homem, cada mulher e cada criança que já respirou nesta Terra ouvirá a voz do Filho de Deus e ressurgirá para comparecer diante do Senhor.

John Wesley

NADA FICARÁ OCULTO DIANTE DE DEUS

*...Deus julgará o justo e o perverso;
pois há tempo para todo propósito e
para toda obra.* ECLESIASTES 3:17

Quem poderia contar as gotas de chuva ou os grãos de areia do mar? Da mesma maneira, será impossível contar as pessoas que serão julgadas naquele grande dia. O apóstolo João declara: "Depois destas coisas, vi, e eis grande multidão que ninguém podia enumerar, de todas as nações, tribos, povos e línguas, em pé diante do trono e diante do Cordeiro, vestidos de vestiduras brancas, com palmas nas mãos..." (APOCALIPSE 7:9). Quão imensa será a multidão, de todas as nações, tribos, povos e línguas? Serão muitas almas, de homens, mulheres e crianças dos filhos de Adão, que viveram desde a criação até a consumação dos séculos. Todos, sem exceção, de todas as idades, sexo e raça; todos que já viveram e morreram, voltarão à vida. Mesmo antes daquele grande dia, a grandeza humana desaparecerá, reduzindo-se a nada, pois, no momento da morte, tudo se esvai. De que vale ser rico ou poderoso quando se está diante do sepulcro? Ó, que cena se desenrolará à vista de anjos e homens! O Senhor Deus Todo-poderoso conhece todas as coisas no Céu e na Terra, e, por isso, todas as ações de cada homem serão trazidas à tona. Lemos nas Escrituras que "de toda palavra frívola que proferirem os homens, dela darão conta no Dia do Juízo; porque, pelas tuas palavras, serás justificado e, pelas tuas palavras, serás condenado." (MATEUS 12:36-37). Ele trará à luz não apenas as obras ocultas, mas os próprios pensamentos e intenções dos corações. Ele esquadrinha e compreende todos os nossos pensamentos, e "todas as coisas estão descobertas e patentes aos olhos daquele a quem temos de prestar contas" (HEBREUS 4:13).

John Wesley

PROMOTORES DA PAZ E DA BENÇÃO DE DEUS

*Ele te declarou, ó homem, o que é bom e que é
o que o Senhor pede de ti: que pratiques a justiça, e ames
a misericórdia, e andes humildemente com o teu Deus.*

MIQUEIAS 6:8

Quão formosos são os pés daqueles que são enviados pela sábia e graciosa providência divina para exercer a justiça no mundo, defender os maltratados e punir os malfeitores. Não são eles os ministros de Deus, os grandes defensores da paz coletiva, os patronos da inocência e da virtude, a grande segurança de todas as nossas bênçãos? Ó, que todos estes filhos da destra do Altíssimo sejam santos como Ele é santo! Não fazem acepção de pessoas, como Deus também não faz, mas retribuem a cada um de acordo com suas obras; e, como Ele é inexoravelmente justo, eles serão verdadeiramente terríveis para os que praticam a maldade. Assim as leis de nosso país terão seu pleno uso e devida honra, e o trono de nosso Rei será estabelecido em justiça. Vocês, homens verdadeiramente honrados, a quem Deus comissiona para administrar a justiça, que vocês amem a justiça e odeiem a iniquidade. Que todos vocês possam ministrar para aqueles que serão herdeiros da salvação (tal honra Deus lhes deu!). Que vocês continuem sendo promotores da paz e da bênção, protetores de uma terra culpada e anjos guardadores de tudo o que está ao seu redor. O ofício de vocês é executar o que lhes é confiado por Aquele diante de quem vocês estão para serem aprovados. Como servos de Deus, é preciso praticar a justiça, amar a misericórdia e fazer a todos o que vocês gostariam que fosse feito a vocês. Assim, o grande Juiz, sob cujos olhos vocês continuamente estão, lhes dirá: "Muito bem, servo bom e fiel; foste fiel no pouco, sobre o muito te colocarei; entra no gozo do teu senhor." (MATEUS 25:23).

John Wesley

SOMENTE OS JUSTOS HABITARÃO COM DEUS

Vi um grande trono branco e aquele que nele se assenta, de cuja presença fugiram a terra e o céu, e não se achou lugar para eles.

APOCALIPSE 20:11

Naquele grande dia, os céus se enrolarão como um pergaminho e passarão com grande estrondo. O modo como eles passarão nos é revelado pelo apóstolo Pedro: "...os céus, incendiados, serão desfeitos, e os elementos abrasados se derreterão" (2 PEDRO 3:12). Sua estrutura magnífica será desfeita por aquele elemento em fúria; seus engates serão rompidos e não sobrará um átomo sequer. Assim também "a terra e as obras que nela existem serão atingidas" (2 PEDRO 3:10). As obras monumentais da natureza, as montanhas que desafiam o passar do tempo, permanecendo em seu lugar por milhares de anos, tombarão em chamas ardentes. Como poderão as obras humanas, mesmo as mais duradouras, herança dos mais requintados esforços do engenho humano, resistir à fúria desse Conquistador flamejante? Tudo morrerá, perecerá e se dissipará, como se desfaz um sonho quando o sonhador desperta! Mas há uma circunstância que, seguindo-se ao juízo, merece nossa mais séria consideração. "Segundo a sua promessa" — diz o apóstolo — "esperamos novos céus e nova terra, nos quais habita justiça" (2 PEDRO 3:13). A promessa se acha na profecia de Isaías: "Pois eis que eu crio novos céus e nova terra; e não haverá lembrança das coisas passadas..." (ISAÍAS 65:17). E quão grande será a glória deles! Somente os justos habitarão ali, e todos serão felizes, pois Deus "enxugará dos olhos toda lágrima, e a morte já não existirá, já não haverá luto, nem pranto, nem dor..." (APOCALIPSE 21:4). Os salvos terão livre acesso a Deus e a mais alta semelhança com Ele. Essa é a mais forte expressão usada nas Escrituras para descrever a felicidade completa.

John Wesley

VOCÊ É UM DESPENSEIRO DE DEUS?

Assim, pois, importa que os homens nos considerem como ministros de Cristo e despenseiros dos mistérios de Deus.
1 CORÍNTIOS 4:1

O relacionamento que o homem tem com Deus, no sentido da criatura para com seu Criador, é revelado nas Escrituras por várias expressões. Considerado como pecador, ou criatura caída, o homem é representado como devedor de seu Criador. É também frequentemente visto como servo, qualidade que lhe é, na verdade, essencial, em seu caráter de ser criado, tanto mais pelo fato de que esse termo designa o Filho de Deus em Seu estado de humilhação. Mas nenhuma condição se adapta mais ao estado atual do homem do que a de despenseiro. Contudo, primeiro, devemos perguntar em que sentido somos, no presente, despenseiros de Deus. Embora o devedor seja obrigado a restituir o que tenha recebido, ele é livre para usar a coisa devida como lhe aprouver, até que vença o prazo. Porém não é assim com o despenseiro. Ele não tem liberdade para usar as coisas que estão em seu poder como lhe agradar, mas segundo a vontade de seu Senhor. Porque o despenseiro não é proprietário de nada, senão simplesmente um depositário, sob expressas condições. Ele só deve dispor das coisas conforme seu Senhor lhe ordenar. Como despenseiros, tudo o que temos, como diz nosso Senhor, pertencente a outra pessoa nesta terra da nossa peregrinação. Somente as coisas eternas são nossa possessão; quanto às coisas temporais, somos simplesmente depositários constituídos pelo Dispensador e Senhor de tudo. E Ele as confiou a nós sob uma condição expressa: que as usemos somente como bens de nosso Senhor, de acordo com as direções especiais que Ele nos deu em Sua Palavra.

John Wesley

PROTEJA TUDO O QUE DEUS LHE CONFIOU

*E a paz de Deus, que excede
todo o entendimento, guardará o vosso coração
e a vossa mente em Cristo Jesus.*

FILIPENSES 4:7

Deus nos confiou nossa alma, nosso corpo, nossos bens e quaisquer outros talentos que tivermos recebido para gravar esta verdade em nosso coração: que sejamos seus despenseiros. Deus nos confiou nossa alma, nosso espírito imortal, feito à Sua imagem, juntamente com todos os poderes e faculdades que ele possui: entendimento, imaginação, memória, vontade e todas as afeições. Tudo isso o apóstolo Paulo parece incluir em duas palavras, quando diz "coração" e "mente". Talvez, na verdade, a palavra "mente" seja melhor traduzida por "pensamentos", contanto que tomemos este termo em seu sentido mais amplo, como toda percepção da mente, ativa ou passiva. Certamente somos despenseiros de tudo isso. Deus nos investiu desses poderes e faculdades, não para os usarmos de acordo com nossa própria vontade, mas segundo as ordens expressas que Ele nos dá, embora seja verdade que, ao fazer Sua vontade, asseguramos mais efetivamente nossa própria felicidade, uma vez que somente na vontade divina podemos ser felizes, quer nesta vida, quer na eternidade. Assim, devemos usar de nossa inteligência, nossa imaginação, nossa memória, totalmente para a glória daquele que as concedeu a nós. Dessa maneira, nossa vontade deve ser inteiramente entregue a Ele, e todas as nossas afeições devem ser alinhadas com suas orientações. Devemos amar ou odiar, regozijar ou lamentar, desejar ou repelir, esperar ou temer, segundo as ordens prescritas por Aquele a quem pertencemos e a quem devemos servir. Nem mesmo nossos pensamentos nos pertencem, mas somos responsáveis, perante nosso grande Senhor, por todos os impulsos deliberados de nossa mente.

John Wesley

SOMOS MORDOMOS DO NOSSO CORPO

Não reine, portanto, o pecado em vosso corpo mortal; [...] nem ofereçais cada um os membros do seu corpo ao pecado, como instrumentos de iniquidade; mas oferecei-vos a Deus, [...] como instrumentos de justiça.

ROMANOS 6:12-13

Deus nos constituiu despenseiros do nosso corpo — esta máquina primorosa, terrível e maravilhosamente criada — com todas as suas faculdades. Ele nos dotou com órgãos sensoriais: visão, audição, olfato e paladar, mas nenhum deles nos foi dado meramente como nossa posse, para serem empregados segundo nossa própria vontade. Nenhum deles nos foi emprestado em sentido tal que tenhamos liberdade para o empregá-los segundo nossa vontade em cada momento. Não, nós os recebemos sob certa condição: que, enquanto os possuirmos, devemos usá-los da maneira designada por Deus, e não de outra. Foi sob essa mesma condição que Ele nos concedeu aquele mais excelente talento, que é a linguagem. "Tu me deste uma língua" — disse um antigo escritor — "para que com ela eu te louvasse". Para esse fim, ela foi concedida a todos os filhos dos homens; para glorificar o santo nome de Deus. Nada seria mais ingrato ou absurdo do que dizermos: "Esta língua é minha!". Só poderíamos dizê-lo se houvéssemos criado a nós mesmos, independentemente do Altíssimo. Mas não foi assim; "...foi Ele quem nos fez, e dele somos..." (SALMO 100:3). Por isso, Deus ainda é o nosso Senhor, neste sentido como nos demais. Segue-se que não há uma palavra da nossa língua pela qual não sejamos responsáveis diante de Deus. Também somos responsáveis pelo uso de nossas mãos e pés, bem como de todos os outros membros do nosso corpo, pois eles também são talentos que nos foram confiados, até o tempo estabelecido pelo Pai. Nós os possuímos, mas no caráter de despenseiros, e não de proprietários.

John Wesley

SEJA FIEL NAQUILO QUE VOCÊ RECEBEU DE DEUS

*Porque a todo o que tem se lhe dará,
e terá em abundância; mas ao que não tem,
até o que tem lhe será tirado.*

MATEUS 25:29

Deus nos constituiu despenseiros de uma porção de bens temporais: alimento, roupas para nos vestirmos e um lugar onde reclinarmos a cabeça. Além disso, Ele colocou sob nossa responsabilidade aquele precioso talento, o dinheiro, que é, na verdade, muito precioso, se formos sábios e fiéis despenseiros em seu uso, empregando cada quantia segundo os fins que nosso bendito Senhor nos ordenou. Naquele grande dia do juízo, o Senhor de todos dirá a cada um de nós: "Como você empregou os bens temporais que coloquei nas suas mãos? Você os usou para suprir primeiro suas próprias necessidades razoáveis, assim como as de sua família? E devolveu-me, depois, o restante, por meio do pobre, cujas necessidades deviam ser remediadas à custa de parte de meus haveres que Eu, para esse fim, coloquei em suas mãos, dando-lhe o privilégio de você ser o primeiro servido e a bênção de dar, em vez de receber? Consequentemente, você foi um benfeitor da humanidade, alimentando o faminto, vestindo o nu, confortando o enfermo, abrigando o estrangeiro, consolando o aflito, segundo as várias necessidades deles? Você foi os olhos do cego, os pés do coxo, o pai dos órfãos e o marido da viúva? E você trabalhou para levar a cabo todas as obras de misericórdia, como meio de salvar as almas da morte? Então, muito bem, servo bom e fiel! Entra no gozo do teu Senhor!". E o que restará para o despenseiro fiel? Apenas ser recompensado, por toda a eternidade, de acordo com suas obras.

John Wesley

TUDO PERTENCE A DEUS

Vós não sabeis o que sucederá amanhã. Que é a vossa vida? Sois, apenas, como neblina que aparece por instante e logo se dissipa. Em vez disso, devíeis dizer: Se o Senhor quiser, não só viveremos, como também faremos isto ou aquilo. TIAGO 4:14-15

Quão importante é este curto e incerto dia de vida! Quão precioso é, acima de qualquer coisa, acima de toda concepção, cada momento dele! Quão profundamente interessa a todo homem deixar que nenhum desses momentos se perca e aproveitá-los para o mais nobre propósito, enquanto há em nossas narinas o sopro divino! Aprendemos que, no uso do nosso tempo, nenhuma ação ou palavra é sem propósito; porque todo o nosso tempo, como tudo que temos, não nos pertence. Tudo é propriedade de Deus, nosso Criador. Por isso, elas podem ser usadas ou não segundo a Sua vontade. E, se elas são empregadas dessa forma, tudo está bem; se não são, tudo vai mal. E ainda: é de Sua vontade que sempre cresçamos em graça e no vivo conhecimento de nosso Senhor Jesus Cristo, de forma que os nossos pensamentos, palavras e obras cresçam em graça. Aprendemos que jamais poderemos fazer mais do que é nossa obrigação, visto que tudo quanto temos não é nosso, mas de Deus. Não recebemos dele isto ou aquilo, ou somente muitas coisas, mas recebemos tudo; portanto, tudo lhe é devido. Aquele que nos dá tudo deve ter direito a tudo; assim, se lhe dermos alguma coisa menos que tudo, não seremos despenseiros fiéis. Considerando que "cada um receberá o seu galardão, segundo o seu próprio trabalho" (1 CORÍNTIOS 3:8), não seremos sábios despenseiros, a não ser que trabalhemos até o limite de nossa capacidade, não negligenciando coisa alguma que possa ser feita e empregando toda nossa força nessa tarefa.

John Wesley

NÃO SE ENTREGUE AO AMOR PELO DINHEIRO

*Então, disse Jesus a seus discípulos:
Em verdade vos digo que um rico dificilmente
entrará no reino dos céus.*
MATEUS 19:23

Quão dificilmente os que têm riquezas entrarão no reino de Deus! Quando os discípulos de nosso Senhor ficaram surpresos com Sua fala, Ele estava tão longe de se retratar que repetiu a mesma verdade importante, em termos mais fortes do que antes. Quão difícil é para aqueles cujas palavras são aplaudidas não serem sábios aos seus próprios olhos! E como é difícil para eles não se considerarem melhores do que o rebanho de pessoas pobres, vis e incultas! Quão difícil é para eles não buscar a felicidade em suas riquezas ou em coisas que dependem delas; em não satisfazer a concupiscência da carne, a concupiscência dos olhos e a soberba da vida! Como os ricos poderão escapar da condenação do inferno? Somente Deus pode ajudá-los, pois "para Deus tudo é possível" (MATEUS 19:26). E, mesmo quem não consegue enriquecer, qual é o fruto de seu esforço para acumular tesouros na Terra? Aqueles que querem ser ricos e que se esforçam para isso, tenham ou não sucesso, "caem em tentação, e cilada, e em muitas concupiscências insensatas e perniciosas..." (1 TIMÓTEO 6:9); desejos com os quais a razão nada tem a ver, não para seres racionais e imortais, mas apenas para bestas irracionais, que não têm entendimento. Tais desejos afogam as pessoas na destruição e perdição, na miséria presente e na miséria eterna. Basta abrirmos os olhos e veremos diariamente as tristes provas disso; aqueles que, ambicionando ter mais e mais dinheiro, atraem sobre si muitas tristezas e antecipam o inferno para o qual eles estão caminhando.

John Wesley

NÃO PERCA SUA ALMA

*Ora, os que querem ficar ricos caem em
tentação, e cilada, e em muitas
concupiscências insensatas e perniciosas, as quais
afogam os homens na ruína e perdição.*
1 TIMÓTEO 6:9

É notável a cautela com que o apóstolo fala sobre este assunto. Ele não afirma que todos os homens ricos se afogam na ruína e perdição, porque é possível ser rico sem cometer as faltas mencionadas. Ele fala sobre aqueles que desejam ou buscam ser ricos. A riqueza, por mais perigosa que seja, nem sempre afoga a pessoa na destruição e perdição, mas o desejo pela riqueza, sim. Aqueles que desejam e deliberadamente buscam alcançá-las, ganhando-as, de fato, ou não, inevitavelmente perdem sua própria alma. Tais pessoas vendem Aquele que os comprou com Seu sangue por algumas moedas de ouro ou de prata, fazendo uma aliança com a morte e com o inferno. Quem persuadirá esta raça de víboras da ira que está por vir? Não serão os que batem à sua porta, ou rastejam a seus pés, desejando saciar-se das migalhas que caem de sua mesa; nem os que mendigam seu favor, ou temem seu olhar pesado; não será nenhum dos que se embaraçam com as coisas terrenas. Mas, se houver um cristão na Terra que venceu o mundo, que não deseja nada além de Deus e não teme ninguém a não ser "aquele que pode fazer perecer no inferno tanto a alma como o corpo" (MATEUS 10:28), esse filho de Deus deve falar e não se calar; deve levantar a sua voz como uma trombeta! Que clame alto e mostre a esses honoráveis pecadores a condição desesperadora em que se encontram. Pode ser que um em mil tenha ouvidos para ouvir; pode ser que se levante e sacuda o pó de sobre si; pode ser que se liberte dessas cadeias que o prendem à Terra e, por fim, resolva acumular tesouros no Céu.

John Wesley

USE BEM O TALENTO QUE DEUS CONFIOU A VOCÊ

*E eu vos recomendo:
das riquezas de origem iníqua fazei amigos...*
LUCAS 16:9

Nesta parábola, primeiramente endereçada aos ouvintes de Jesus, depois de narrar o meio que o administrador infiel usou para fazer provisão para o tempo de necessidade, nosso Senhor afirma que aquele homem rico elogiou o administrador infiel por ele ter usado de oportuna precaução e acrescenta esta notável reflexão: "...os filhos do mundo são mais hábeis em sua própria geração do que os filhos da luz." (v.8). Segue-se, então, no versículo seguinte, a orientação do Senhor: "...fazei amigos...", por sábia e oportuna precaução, "das riquezas de origem iníqua". Tais riquezas são de origem iníqua pela forma como frequentemente são adquiridas e pelo modo como são empregadas, mesmo que tenham sido adquiridas de forma honesta. Um aspecto excepcional da sabedoria cristã ensinado por nosso Senhor nesta passagem é: use corretamente o dinheiro — um assunto muito falado pelas pessoas ímpias, à sua maneira, mas que não é tratado adequadamente por aqueles a quem Deus escolheu. Geralmente, os filhos da Luz não ponderam atentamente sobre o uso desse ótimo talento, nem sabem como empregá-lo para tirar maior proveito dele. Eles não compreendem que o dinheiro existir no mundo é um exemplo admirável da sábia e preciosa providência divina. Porque sabemos que "...o amor do dinheiro é a raiz de todos os males..." (1 TIMÓTEO 6:10), não o dinheiro em si. O mal não está no dinheiro, mas naquele que o usa. É verdade que ele pode ser usado para o mal, porém há algo que não possa? Todavia, ele pode ser usado para o bem, ou seja, é suscetível de ser aplicado para o melhor fim, assim como para o pior.

John Wesley

GANHE QUANTO DINHEIRO PUDER

Vês a um homem perito na sua obra?
Perante reis será posto; não entre a plebe.
PROVÉRBIOS 22:29

A primeira regra em relação ao bom uso do dinheiro é esta: ganhe o máximo que você puder! Nesse ponto, falamos como os filhos do mundo e nos unimos a eles em seu próprio terreno. Mas, em primeiro lugar, não devemos ganhar dinheiro à custa da vida, nem da nossa saúde — o que é, no fim das contas, a mesma coisa. Portanto, se um trabalho for de tal natureza, independentemente do quanto ganhemos nele, não devemos exercê-lo, ou exigir tão árduo ou longo período de trabalho que abale nossa constituição física. Também não devemos iniciar ou levar adiante negócio que nos prive das horas próprias de sono, nas proporções exigidas por nossa natureza. Assim, se um trabalho for destrutivo para sua saúde, não se submeta a ele, visto que "...a vida é mais do que o alimento, e o corpo, mais do que as vestes." (LUCAS 12:23). Em segundo lugar, devemos ganhar o máximo que pudermos sem dano ao nosso espírito e sem maior dano ao nosso corpo. Por isso, não podemos iniciar ou participar de um negócio pecaminoso, que seja contrário à lei de Deus ou às leis de nosso país. Se estivermos envolvidos com tal emprego, devemos sair, tão depressa quanto possível, para algum outro que, se afetar o nosso ganho, ao menos não afete a nossa saúde. Em terceiro lugar, devemos ganhar o máximo que pudermos sem causar dano ao próximo. Não podemos devorar o produto de sua terra, sua própria terra e casa, exigindo juros vedados pelas leis de nosso país. Ninguém pode ter lucro à custa dos bens de seu próximo, sem ganhar a condenação ao inferno! Seja o que for que façam aqueles que não conhecem a Deus, nunca use como regra. Ganhe tudo quanto puder por meio de uma atividade honesta. Use de toda diligência possível em sua profissão. Não perca tempo.

John Wesley

ECONOMIZE O QUANTO PUDER

*Tesouro desejável e azeite há na casa do sábio,
mas o homem insensato os desperdiça.*

PROVÉRBIOS 21:20

Tendo ganhado tudo o que você puder, pelo exercício da sabedoria e de incansável diligência, economize o máximo possível. Esta é a segunda regra da prudência cristã. Não lance ao mar seu precioso talento, isto é, não o desperdice em gastos inúteis, o que seria o mesmo que atirá-lo ao mar. Não o use para satisfazer a concupiscência da carne, a concupiscência dos olhos e a soberba da vida. Quem despenderia qualquer valor para satisfazer esses desejos, se considerasse que isso os aumentaria? Nada pode ser mais certo do que isto: a experiência mostra que, quanto mais acariciados, mais eles crescem. Por que você desperdiçaria dinheiro com seus filhos e consigo mesmo em manjares finos, em roupas deslumbrantes e caras, em superfluidades de qualquer espécie? Por que você aumentaria suas tentações e laços, transpassando-se com tamanhas tristezas? Não deixe dinheiro para que seus filhos gastem. Se tiver razão para acreditar que eles gastarão o que você ajuntou a fim de satisfazer a concupiscência da carne, a concupiscência dos olhos e a soberba da vida, colocando em risco a alma deles, não arme essas emboscadas em seu caminho. Não ofereça seus filhos e filhas a Belial e menos ainda a Moloque. Não gaste nada para gratificar a vaidade, no granjear da admiração e do louvor dos homens. Não compre por preço tão alto o aplauso dos homens. Contente-se com o louvor que vem de Deus.

John Wesley

DOE O QUANTO PUDER

*Não digas ao teu próximo:
Vai e volta amanhã; então, to darei,
se o tens agora contigo.*

PROVÉRBIOS 3:28

Não devemos pensar que alguém terá feito algo relevante meramente por ter ganhado e economizado tudo o que pôde, se sua ação parou aí. Tudo aquilo que ganhou e economizou não é nada se não for destinado a um fim adequado. Na verdade, nem podemos dizer propriamente que a pessoa economizou alguma coisa se ela parou nesse ponto. Se esse dinheiro não tem um destino, podemos dizer que ele também foi lançado ao mar ou enterrado. Não faz diferença enterrá-lo, colocá-lo em um cofre ou em uma conta bancária. Se você realmente quiser, das riquezas de origem iníqua, fazer amigos, tendo ganhado e economizado tudo que pôde, deve doar o quanto puder. Para entendermos o fundamento dessa regra, devemos considerar que o Senhor nos colocou neste mundo não como proprietários, mas como administradores. Assim, Ele lhe confiou talentos de várias naturezas, mas Ele ainda é dono de tudo. Você e tudo o que você tem pertencem a Deus, assim como tudo do que você desfruta nesta vida, em particular, o seu dinheiro. Ele nos disse, em termos claros e taxativos, como devemos usar essas coisas de modo que tudo seja um sacrifício santo e agradável a Ele por Cristo Jesus. Portanto, eu o exorto, em nome do Senhor Jesus: proceda segundo a dignidade da sua vocação! Corte todo gasto com as exigências da moda, do capricho da carne e do sangue! Não cobice nada! Empregue o que Deus lhe confiou em fazer todo bem que você puder, de toda espécie e em toda proporção possível; tanto para a família da fé quanto para todos os homens. Dê tudo o que tiver, assim como tudo que você é, em sacrifício espiritual.

John Wesley

GUARDE SUA BOCA DA MALEDICÊNCIA

Irmãos, não faleis mal uns dos outros...
TIAGO 4:11

A ordem do apóstolo Tiago é tão séria quanto "Não matarás." (ÊXODO 20:13). Mas quem dá importância a esse mandamento, mesmo entre os cristãos? Poucos são os que chegam a compreendê-lo! O que é a maledicência? Não é, como alguns pensam, o mesmo que a mentira ou a calúnia. O que uma pessoa diz pode ser verdadeiro como a Bíblia, e, ainda assim, ser maledicência. Porque a maledicência é, nada mais, nada menos, que falar mal de uma pessoa em sua ausência, referindo-se a alguma falta que ela tenha dito ou praticado. Suponhamos que, ao ver um homem consumindo bebida alcoólica, xingando ou jurando, eu me refira a esse fato quando ele estiver ausente: isso é maledicência. Na linguagem do dia a dia, com muita propriedade, chamamos isso de "falar pelas costas". Não há diferença entre essa atitude e o que costumamos chamar de "contar histórias". Se a referência for feita de modo simples e sereno (talvez com boa vontade para com a pessoa e com esperança de que as coisas não sejam tão más quanto parecem), então podemos chamar de "murmuração". Mas, qualquer que seja a maneira como for feita, é a mesma coisa, ou seja, maledicência, que fere o mandamento: "Não faleis mal uns dos outros". Este pecado é extremamente comum entre nós! Pessoas de todos os tipos, ricas e pobres, sábias e insensatas, letradas e indoutas, caem nessa transgressão. Poucos são os que podem testificar diante de Deus: "Sempre pus guarda diante da minha boca e guardei a porta de meus lábios. Estou limpo desse pecado!".

John Wesley

PROCURE GANHAR SEU IRMÃO QUANDO ELE PECA

Se teu irmão pecar [contra ti], vai argui-lo
entre ti e ele só. Se ele te ouvir,
ganhaste a teu irmão. MATEUS 18:15

Como estamos rodeados por esse pecado por todos os lados! Se não formos profundamente sensíveis ao risco e não nos guardarmos constantemente, estaremos sujeitos a ser levados por ele. O mau exemplo das pessoas nos pressiona de modo que incorremos em tais exemplos. A maledicência satisfaz o orgulho, a ira, o ressentimento e outras tendências más, que são acariciados pelo falar mal daqueles que nos são desagradáveis. Em muitos casos, ao falar sobre os pecados do próximo, a pessoa acaricia seus próprios desejos insensatos e perniciosos. A maledicência é mais difícil de evitar porque ela frequentemente nos ataca de forma disfarçada. Cometemos pecado por ódio ao pecado! Servimos ao diabo por puro zelo de Deus! E isso simplesmente para punir os maus com quem nos deparamos nessa maldade. Como alguém já disse: "Assim fazem as paixões: todas justificam a si mesmas e colocam sobre nós o pecado sob a máscara da santidade!". Mas não há meio de evitar esse terrível laço? Sem dúvida, há. Nosso Senhor nos ensina a maneira de evitá-lo. O meio mais preciso para conseguirmos isso é: se você vir com seus próprios olhos um irmão, um cristão, cometer pecado, ou ouvir com seus próprios ouvidos, de modo que seja impossível duvidar do fato, então seu papel é evidente, que é aproveitar a primeira ocasião para ir ao seu encontro, e, se tiver oportunidade, falar sobre essa falta com ele secretamente. Este é o primeiro passo. Fale com espírito de terno amor — aquele que "as muitas águas não poderiam apagar..." (CÂNTICO DOS CÂNTICOS 8:7). Se o amor não for vencido, ele vencerá todas as coisas. Quem pode explicar a força do amor?

John Wesley

O QUE FAZER QUANDO HÁ DUREZA DE CORAÇÃO

*Se, porém, não te ouvir, toma ainda contigo uma
ou duas pessoas, para que, pelo depoimento de duas ou
três testemunhas, toda palavra se estabeleça.*

MATEUS 18:16

O que fazer se meu irmão não me ouvir e continuar no caminho do pecado? E se ele se irritar comigo em vez de se convencer? É de se esperar que isso aconteça, e nosso Senhor nos deu uma clara direção sobre essa questão: tome consigo uma ou duas pessoas, mas escolha pessoas que tenham um espírito amável, amigos de Deus e do próximo; que sejam sinceras e revestidas de humildade. Que sejam também mansas e delicadas, pacientes e longânimes, incapazes de devolver mal por mal. Que sejam homens de entendimento, dotados da sabedoria do alto; livres de parcialidade, livres de preconceitos de qualquer natureza. Este é o segundo passo. O amor ditará a maneira de proceder, de acordo com a natureza de cada caso. Não há uma maneira prescrita para todos os casos. Mas, em geral, podemos aconselhar uma: antes que entrem no assunto, declarem doce e ternamente que não há aversão ou preconceito para com o transgressor; que é meramente por um princípio de boa vontade que há interesse em seus problemas. Depois disso, será possível julgar de que forma proceder, "para que, pelo depoimento de duas ou três testemunhas, toda palavra se estabeleça"; para que tudo o que você disser tenha força pelo peso adicional de sua autoridade. Com relação a isso, bem como à regra anterior, podemos ver que nosso Senhor nos ordena expressamente a fazer isso e nada mais no lugar disso. Ele também nos orienta quando fazer isso; nem mais cedo nem mais tarde; ou seja, apenas depois de darmos o primeiro e antes de darmos o terceiro passo.

John Wesley

SE FOR PRECISO, BUSQUE A AJUDA DA IGREJA

*E, se ele não os atender, dize-o à igreja;
e, se recusar ouvir também a igreja,
considera-o como gentio e publicano.*

MATEUS 18:17

Este é o terceiro passo. A questão é saber como devemos entender a palavra "igreja" nesta passagem. Não pode ser a igreja nacional, pois isso não corresponderia a qualquer finalidade cristã se pudesse ser feito. Também não teria nenhum fim apreciável contar as faltas de cada um dos membros à igreja, isto é, à congregação. Resta que você diga ao presbítero ou presbíteros da igreja; àqueles que são supervisores do rebanho de Cristo, a quem vocês dois pertencem, que cuidam da sua alma e da dele "como quem deve prestar contas..." (HEBREUS 13:17). Isso deve ser feito, se for conveniente, na presença da pessoa a quem o assunto diz respeito e, é claro, ainda com toda ternura e amor que a natureza do caso permita. Quando você tiver feito isso, terá cumprido tudo quanto a Palavra de Deus — ou a lei do amor — exige de você; a partir de então, você já não é participante do pecado dele. Se ele não se arrepender, o sangue dele cairá sobre a própria cabeça. Mas devemos entender, portanto, que este é o terceiro passo a ser dado, e não que devemos dá-lo antes, em relação aos dois anteriores; não antes do segundo, e muito menos antes do primeiro, a não ser em alguma circunstância excepcional. Na verdade, em um caso, o segundo passo pode coincidir com este: eles podem ser, de algum modo, um só e o mesmo. Quando você tiver feito isso, terá libertado sua própria alma. Se ele não ouvir também a igreja, se persistir em seu pecado, você não tem mais obrigação de pensar nele, a não ser quando o recomendar a Deus em oração.

John Wesley

QUANDO A MALEDICÊNCIA FOR EXTIRPADA

Segui a paz com todos e a santificação, sem a qual ninguém verá o Senhor, atentando, diligentemente, por que ninguém seja faltoso, separando-se da graça de Deus... HEBREUS 12:14-15

Ó que todos vocês que carregam o opróbrio de Cristo sejam um exemplo para o mundo! Afastem de si mesmos os palavrões, as fofocas, as murmurações; que nada dessas coisas saia de sua boca! Não falem mal de ninguém; não falem nada daquele que está ausente, além daquilo que é bom. Se você deve se distinguir, que esta seja sua marca distintiva! Que efeito abençoado dessa abnegação sentiremos rapidamente em nosso coração! Nossa paz será como um rio, quando seguimos a paz com todos. Como o amor de Deus abundará em nossa alma, enquanto assim confirmarmos nosso amor aos irmãos! E que efeito isso terá sobre todos os que estão unidos em nome do Senhor Jesus! Como o amor fraternal aumentará continuamente quando esse grande obstáculo for removido! Todos os membros do corpo de Cristo naturalmente cuidarão uns dos outros, e isso não é tudo. Que efeito isso pode ter neste mundo selvagem e louco! Quão cedo eles descobrirão em nós o que não podem encontrar si mesmos! Com isso, Deus convencerá o mundo e os preparará para o Seu reino, como podemos facilmente aprender com estas palavras notáveis da última e solene oração de nosso Senhor: "Não rogo somente por estes, mas também por aqueles que vierem a crer em mim, por intermédio da sua palavra; a fim de que todos sejam um; e como és tu, ó Pai, em mim e eu em ti, também sejam eles em nós; para que o mundo creia que tu me enviaste." (JOÃO 17:20-21). Que o Senhor apresse o tempo! Que o Senhor nos capacite a amar uns aos outros, não apenas "de palavra, nem de língua, mas de fato e de verdade" (1 JOÃO 3:18), assim como Cristo nos amou.

John Wesley

NEGAR A SI MESMO É VITAL

*Se alguém quer vir após mim,
a si mesmo se negue, dia a dia tome
a sua cruz e siga-me.*

LUCAS 9:23

Tem sido frequentemente dito que a instrução dada neste versículo é direcionada principalmente, ainda que não totalmente, aos apóstolos; pelo menos, para os cristãos dos primeiros séculos, ou aqueles em estado de perseguição. Mas esse é um erro grave, pois, embora nosso abençoado Senhor esteja dirigindo Seu discurso a Seus apóstolos e aos outros discípulos que o acompanharam quando estava em Sua forma humana, Ele também fala a nós e a toda a humanidade, sem qualquer exceção ou limitação. A própria razão coloca a ideia de que o dever prescrito é peculiar a eles, ou aos cristãos dos primeiros tempos, indiscutivelmente. Seu sentido é: "Se alguém", de qualquer posição, ocupação, condição, de qualquer nação, em qualquer época, "quiser" efetivamente "vir após mim, a si mesmo se negue", em todas as coisas; "tome a sua cruz", seja ela qual for; sim, faça isso "dia a dia" e "siga-me". O negar a nós mesmos e tomar a nossa cruz, em toda a extensão da expressão, não é algo de importância secundária. Não é algo acessório, como são alguns elementos circunstanciais da religião, mas sim absolutamente vital, tanto para nos tornarmos um discípulo quanto para continuarmos sendo. De forma que, se não negarmos continuamente a nós mesmos, não aprenderemos com Ele (mas com outros mestres); se não tomarmos nossa cruz diariamente, não poderemos segui-lo; então, seguiremos o mundo, ou o príncipe do mundo, ou nossa própria mente carnal. Se não andarmos no caminho da cruz, não seguiremos Suas pegadas, retrocederemos, ou, pelo menos, retardaremos nosso progresso.

John Wesley

O QUE É A AUTONEGAÇÃO

*Sabei que o Senhor é Deus; foi ele
quem nos fez, e dele somos; somos o seu povo
e rebanho do seu pastoreio.*

SALMO 100:3

Aqueles que adotam sua própria natureza e não a graça como guia incomodam-se com o simples fato de ouvir falar sobre negar-se a si mesmo. E o grande inimigo da nossa alma, bem conhecendo a importância desse assunto, não faz outra coisa senão levantar todas as pedras de tropeço possíveis contra essa verdade. Mas isso não é tudo. Mesmo aqueles que, de algum modo, livraram-se do jugo do diabo e experimentaram a obra da graça em seu coração ainda não são amigos dessa grande doutrina cristã, embora nosso Mestre tenha insistido nela de forma tão especial. Alguns são profundamente ignorantes a seu respeito, como se não houvesse uma palavra sequer sobre ela na Bíblia. Outros se encontram ainda mais longe, tendo aceitado preconceitos contra essa doutrina sem nenhuma reflexão. Mas o que é negar-se a si mesmo e em que devemos negar-nos a nós mesmos? E de onde vem a necessidade de fazermos isso? Respondo: a vontade de Deus é a suprema e imutável regra para toda criatura, desde os anjos do Céu ao homem na Terra; não pode ser de outro modo; esse é o resultado natural e necessário da relação entre as criaturas e seu Criador. Porém, se a vontade de Deus é nossa única regra para todas as coisas, grandes ou pequenas, segue-se, por consequência inegável, que não temos de fazer nossa própria vontade em nada. Nisso vemos, ao mesmo tempo, a natureza com o fundamento e a razão de ser do negar-se a si mesmo. É a recusa de seguir nossa própria vontade, a partir da convicção de que a vontade de Deus é nossa única regra de ação. E vemos a razão disso, pois "foi ele quem nos fez, e dele somos".

John Wesley

SEGUIR NOSSA VONTADE NOS LEVA AO PECADO

Eu nasci na iniquidade, e em pecado
me concebeu minha mãe.

SALMO 51:5

Somos todos concebidos em pecado. Nossa natureza é totalmente corrupta em todos os seus poderes e faculdades; nossa vontade é igualmente depravada e está totalmente inclinada a satisfazer nossa corrupção natural. Por outro lado, é a vontade de Deus que resistamos e combatamos essa corrupção, não em alguns momentos, ou apenas em algumas coisas, mas em todos os momentos e em todas as coisas. Nisso está mais uma base para a autonegação constante e completa. Para aprofundar um pouco mais esse ponto, devemos entender que a vontade de Deus é o caminho que leva diretamente a Ele. A vontade do homem, que outrora corria paralelamente a ela, agora é outro caminho, não apenas diferente, mas, em nosso estado atual, diretamente contrário a ela. Portanto, se andamos em um caminho, devemos necessariamente abandonar o outro; não podemos andar em ambos. De fato, um homem de coração fraco e mãos fracas pode seguir pelos dois caminhos, um após o outro, porém não pode andar nos dois ao mesmo tempo. Ele não pode seguir sua própria vontade e seguir a vontade de Deus; deve escolher uma ou outra; deve negar a vontade de Deus para seguir a sua, ou negar a sua para seguir a de Deus. Agora, é incontestavelmente agradável seguir nossa própria vontade enquanto estamos neste mundo, entregando-nos, em qualquer oportunidade que se apresente, à corrupção de nossa natureza. No entanto, seguindo-a em tudo, fortalecemos a perversidade da nossa vontade e, ao condescender com isso, aumentamos continuamente a corrupção de nossa natureza. Assim, pela comida que é agradável ao paladar, muitas vezes aumentamos uma doença física: gratifica o paladar, mas exacerba os distúrbios. Traz prazer, mas também traz morte.

John Wesley

A CRUZ E A CURA DA CORRUPÇÃO

*Desembaraçando-nos de todo peso
e do pecado que tenazmente nos assedia,
corramos, com perseverança,
a carreira que nos está proposta...*
HEBREUS 12:1

Para corrermos "a carreira que nos está proposta", com frequência, encontramos uma cruz no caminho, isto é: algo contrário à nossa vontade e desagradável à nossa natureza. Quando isso ocorre, ou tomamos nossa cruz, ou nos desviamos do caminho de Deus. Para curar essa corrupção, essa doença maligna, muitas vezes é necessário arrancar, por assim dizer, o olho direito ou a mão direita — uma expressão de quão doloroso é o rompimento com um desejo ou afeição, ou a separação do objeto dessa afeição. No primeiro caso, arrancar tal desejo ou afeição (quando está profundamente enraizado na alma) assemelha-se ao traspassar de uma espada; sim, é como "dividir alma e espírito, juntas e medulas..." (HEBREUS 4:12). O Senhor age sobre a alma como um fogo refinador, que queima toda a escória; e isso é, de fato, uma cruz, essencialmente dolorosa por sua própria natureza. A alma não pode ser separada, não pode passar pelo fogo, sem dor. No segundo caso, os meios de livrar a alma afetada do desejo ou afeição desordenada sempre são penosos, não por sua natureza, mas pela natureza da enfermidade. Assim, quando nosso Senhor disse ao jovem rico: "...vai, vende os teus bens, dá aos pobres..." (MATEUS 19:21), sabendo que era o único meio de lhe curar a cobiça, só de pensar nisso, o jovem sentiu uma dor tão grande que "se retirou triste". Ele escolheu romper com a esperança de vida eterna a abdicar de sua posses — o que era um fardo que ele não podia carregar, uma cruz que ele não queria tomar. Em ambos os casos, o seguidor de Cristo certamente terá necessidade de tomar diariamente a sua cruz.

John Wesley

O TOMAR E O SUPORTAR NOSSA CRUZ

Deus, porém, nos disciplina para aproveitamento, a fim de sermos participantes da sua santidade. HEBREUS 12:10

Em relação à nossa cruz, "tomar" pouco difere de "suportar". Mais apropriadamente, dizemos que "suportamos nossa cruz" quando sofremos com humildade e resignação o que nos é imposto. Portanto, não "tomamos" propriamente nossa cruz, a não ser que voluntariamente suportemos aquilo que era possível evitar; quando voluntariamente abraçamos a vontade de Deus, mesmo sendo contrária à nossa; quando escolhemos o que é doloroso, por ser a vontade de nosso sábio e gracioso Criador. Portanto, cabe a todo discípulo de Cristo tomar sua cruz, assim como suportá-la. Na verdade, em certo sentido, essa cruz não é somente dele, por ser comum a muitos outros, visto que "Não vos sobreveio tentação que não fosse humana…" (1 CORÍNTIOS 10:13). Mas, em outro sentido, considerada com todas as suas circunstâncias, essa cruz pertence a ele; é peculiar, preparada e dada por Deus, como um sinal de Seu amor. E, se ele a recebe como tal e, depois de usar tais meios para remover a pressão conforme a sabedoria cristã instrui, coloca-se como barro na mão do Oleiro, tudo é disposto e ordenado por Deus para o seu bem, tanto no que diz respeito à qualidade quanto à quantidade, duração e demais circunstâncias. Assim, podemos ver claramente a natureza e o fundamento do "tomar nossa cruz", que não implica em nos autodisciplinarmos (como alguns pensam), rasgando nossa própria carne, penitenciando-nos com qualquer coisa que prejudique nossa saúde corporal, mas em abraçar a vontade de Deus, embora contrária à nossa; em escolher remédios saudáveis, embora amargos; em aceitar livremente a dor passageira, quando é essencial ou ocasionalmente necessária ao prazer eterno.

John Wesley

NÃO TENHA PECADOS DE ESTIMAÇÃO

Ele vos deu vida, estando vós mortos nos vossos delitos e pecados... EFÉSIOS 2:1

É sempre devido à falta de abnegação (ou de tomar sua cruz) que uma pessoa não se torna totalmente um discípulo de Cristo. Alguns exemplos tornarão isso claro: uma pessoa ouve a Palavra, que é capaz de salvar sua alma; ela se agrada do que ouve, reconhece a verdade e é um pouco tocada por ela. Ainda assim, permanece morta em delitos e pecados, insensível e dormindo. Por que isso acontece? Porque ela não quer romper com seu pecado de estimação, embora saiba que é uma abominação ao Senhor. Por isso, não fica marca profunda alguma, visto que seu coração tolo ainda está endurecido, isto é, seu coração ainda está insensível e adormecido, porque tal pessoa não negou a si mesma. Suponhamos que ela comece a despertar e seus olhos estejam um pouco abertos... Por que eles se fecham tão rapidamente de novo? Por que ela afunda outra vez no sono da morte? Porque, ao ceder ao pecado, bebe novamente de seu doce veneno; assim, torna-se impossível que qualquer impressão duradoura ocorra em seu coração, pois ela não nega a si mesma. Contudo, não é isso que acontece com todas as pessoas; temos muitos exemplos de pessoas que, uma vez despertas, não voltam a dormir. Uma vez recebidas, as marcas não se dissipam; elas não são apenas profundas, mas duradouras, e, no entanto, muitas dessas pessoas não encontraram o que procuram; choram, mas não são consoladas. Por quê? Porque não abandonam o pecado comodamente habitual, o pecado de sua constituição, de sua educação ou de sua profissão; ou deixam de fazer o bem que poderiam e sabem que deveriam fazer, em razão de alguma circunstância desagradável que o acompanha. Ou seja, não alcançam a fé porque não querem negar a si mesmas, ou "tomar sua cruz".

John Wesley

TENHA SEMPRE A CRUZ SOBRE SEUS OMBROS

*Aquele, pois, que pensa
estar em pé veja que não caia.*
1 CORÍNTIOS 10:12

Quem recebe a "iluminação do conhecimento da glória de Deus, na face de Cristo" ainda é fraco como qualquer outro homem. Os olhos de seu entendimento se fecham de novo, de modo que não pode ver Aquele que "é a imagem do Deus invisível..." (COLOSSENSES 1:15); seu amor se esfria, e a paz de Deus não mais reina em seu coração. E não há motivo de espanto nisso, porque, outra vez, deu lugar ao diabo e entristeceu o Santo Espírito de Deus, voltando-se novamente para algum pecado. Mas talvez ele não tenha naufragado na fé; talvez ainda possua certa fagulha do Espírito de adoção, que continua a testificar com seu espírito que ele é filho de Deus. Porém, não está marchando para a perfeição; não está, como antes, faminto e sedento de justiça, suspirando pela imagem de Deus e pelo gozo de Sua presença como a corça suspira pelas correntes das águas; antes, está cansado e abatido, pairando — por assim dizer — entre a vida e a morte. E por que ele está assim senão por haver se esquecido da Palavra de Deus? Ele não usa de toda diligência no realizar as obras de Deus. Segue-se que é sempre por não tomar sua cruz que uma pessoa não segue completamente seu Senhor. É por isso que aquele que está morto em pecado não desperta, embora a trombeta seja tocada; que aquele que começa a acordar do sono ainda não tem convicção profunda ou duradoura; que aquele que está convencido do pecado não alcança a remissão dos pecados; que alguns que receberam esse dom celestial não o retêm; e que outros, se não recuarem de volta para a perdição, ainda estarão cansados e desfalecidos mentalmente e não alcançarão o prêmio da soberana vocação de Deus em Cristo Jesus.

John Wesley

A ANGÚSTIA NÃO PODE DESTRUIR NOSSA FÉ

Nisso exultais, embora, no presente, por breve tempo, se necessário, sejais contristados por várias provações...
1 PEDRO 1:6

Que tipo de pessoas eram as que o apóstolo diz estarem contristadas? É indiscutível que eram crentes, pois ele diz expressamente: "...vós outros que sois guardados pelo poder de Deus, mediante a fé, para a salvação..." (v.4-5); também menciona o valor da sua fé, "muito mais preciosa do que o ouro perecível" (v.7), e ainda que eles receberiam o fim da sua fé: "a salvação da alma." (v.9 ARC). Se, por um lado, tais pessoas estavam "contristadas", também possuíam uma fé viva; sua angústia não destruía sua fé: elas permaneceram firmes, "como quem vê aquele que é invisível." (HEBREUS 11:27); sua angústia não destruiu sua paz, que é inseparável da fé verdadeira e viva. Isso podemos facilmente deduzir do segundo versículo, em que o apóstolo Pedro ora, não para que graça e paz lhes fossem dadas, apenas para que elas lhes "[fossem] multiplicadas" (v.2); para que a bênção que eles já desfrutavam fosse abundante. As pessoas de quem o apóstolo fala também estavam cheias de "uma viva esperança" (v.3), pois ele afirma que Deus, por meio de Jesus Cristo, os havia eleito "em santificação do Espírito" para desfrutar da "aspersão do sangue de Jesus Cristo" (v.3), "para uma herança incorruptível, sem mácula, imarcescível, reservada nos céus para vós outros" (v.4), isto é, não obstante sua angústia, eles se mantinham firmes na esperança de sua imortalidade. A angústia não enfraquece, tampouco destrói, qualquer parte da obra de Deus no coração. Ela não entra em conflito com a "santificação do Espírito" (v.2), que é a raiz da verdadeira obediência, nem com a felicidade, que deve necessariamente resultar da graça e da paz que reinam no coração.

John Wesley

O PROPÓSITO DAS ANGÚSTIAS

*Para que, uma vez confirmado o valor
da vossa fé, muito mais preciosa
do que o ouro perecível, mesmo apurado por fogo,
redunde em louvor, glória e honra
na revelação de Jesus Cristo...* 1 PEDRO 1:7

Quais são as causas da tristeza ou da angústia que vem sobre um verdadeiro crente? Elas podem ser variadas e diversificadas de mil maneiras, pela mudança ou adição de inúmeras circunstâncias; essa mesma variedade torna mais difícil nos protegermos contra elas. Entre elas, podemos classificar todos os distúrbios corporais: doenças particularmente agudas e dores violentas de todo tipo, quer afetando todo o corpo ou uma pequena parte dele. É, em geral, uma justa observação dizermos que: "A dor é a miséria perfeita e, sendo extrema, derruba toda a paciência". Mesmo onde isso é impedido pela graça de Deus, pode, no entanto, causar muita angústia interior, de forma que a alma simpatiza com o corpo. Em todas essas circunstâncias, tenha certeza de que nosso grande adversário não deixará de aproveitar sua oportunidade de procurar "alguém para devorar..." (1 PEDRO 5:8). Ele não poupará seus dardos inflamados, como os mais propensos a encontrar uma brecha e se fixar mais profundamente no coração, e, se tentarmos combatê-lo com suas próprias armas, se começarmos a argumentar com ele, mais e mais angústia virá, sem dúvida, se não a escuridão total. Para que fim, então, Deus permite que a angústia sobrevenha a tantos de Seus filhos? O apóstolo nos explica: "...para que uma vez confirmado o valor da vossa fé [...] redunde em louvor, glória e honra na revelação de Jesus Cristo"; para provar, purificar, confirmar e aumentar aquela viva esperança, para a qual "o Deus e Pai de nosso Senhor Jesus Cristo [...] nos regenerou para uma viva esperança" (v.3).

John Wesley

NÃO PERCA SUA FÉ

Porque, em certo lugar, assim disse, no tocante ao sétimo dia: E descansou Deus, no sétimo dia, de todas as obras que fizera. E novamente, no mesmo lugar: Não entrarão no meu descanso. HEBREUS 4:4-5

Depois que Deus operou a grande libertação de Israel, tirando-o da casa de servidão, os israelitas não entraram imediatamente na terra que havia sido prometida a seus pais. Eles "andaram errantes pelo deserto" (SALMO 107:4), onde foram tentados e provados de várias formas. Da mesma maneira, depois que Deus nos liberta da escravidão do pecado e de Satanás, depois de sermos "justificados gratuitamente, por sua graça, mediante a redenção que há em Cristo Jesus" (ROMANOS 3:24), ainda assim, muitos de nós não entram imediatamente no descanso que "resta [...] para o povo de Deus" (HEBREUS 4:9). Muitos vagueiam mais ou menos fora do bom caminho para o qual Deus os conduziu, "numa terra deserta e num ermo solitário povoado de uivos" (DEUTERONÔMIO 32:10), onde também são tentados e atormentados de várias formas. Alguns chamam isso, em alusão ao caso dos israelitas, de "um estado desértico". Pela condição em que se encontram, têm direito à mais terna compaixão. Trabalham duramente sob uma doença maligna e dolorosa, embora eles não a entendam; por essa razão, torna-se mais difícil encontrarem remédio que a cure. Estando eles na escuridão, não se pode esperar que entendam a natureza de sua própria desordem, e poucos de seus irmãos — não, talvez, de seus mestres — sabem a natureza da sua doença ou como curá-la. Qual é a natureza dessa doença? Consiste propriamente na perda daquela fé que Deus uma vez operou em seu coração. Aqueles que estão no deserto não têm agora aquela "certeza" divina, aquela convicção plena "de fatos que se não veem" (HEBREUS 11:1), de que uma vez desfrutaram.

John Wesley

NÃO PERCA A ESPERANÇA DA GLÓRIA

*E esse viver que, agora, tenho na carne,
vivo pela fé no Filho de Deus, que me amou
e a si mesmo se entregou por mim.*

GÁLATAS 2:20

Aqueles que estão no deserto não têm a manifestação interior do Espírito que antes os capacitava a dizer: "...esse viver que, agora, tenho na carne, vivo pela fé no Filho de Deus". A luz celestial não brilha mais em seu coração, e eles não veem "aquele que é invisível" (HEBREUS 11:27); a escuridão está novamente sobre a alma deles e a cegueira, sobre os olhos de seu entendimento. O Espírito não mais testifica com seu espírito que eles são filhos de Deus nem está neles como Espírito de adoção, pelo qual podem clamar: "Aba, Pai". Não têm mais uma firme confiança no amor de Deus e a liberdade de se aproximar do Pai com santa ousadia. Assim, perderam seu amor, que, inevitavelmente, aumenta ou diminui, ao mesmo tempo e na mesma proporção que a verdadeira e viva fé. Consequentemente, também são privados do amor de Deus e não podem agora dizer: "Senhor, tu sabes todas as coisas, tu sabes que eu te amo..." (JOÃO 21:17); e, como o amor deles por Deus esfriou, também o amor ao próximo se esfriou. Eles não têm, agora, aquele zelo pelas almas, aquele anseio por seu bem-estar, aquele fervoroso, incansável e ativo desejo de serem reconciliados com Deus. Eles outrora exultaram "...com alegria indizível e cheia de glória..." (1 PEDRO 1:8) e, agora, estão privados da esperança e da alegria que ela ocasionou, bem como daquela que resultou da consciência do "amor de Deus" então "derramado em nosso coração pelo Espírito Santo..." (ROMANOS 5:5), pois, se a causa é removida, assim é o efeito; se a fonte é represada, as águas vivas não brotam mais para refrescar a alma sedenta.

John Wesley

NÃO PERCA SUA PAZ

*E a paz de Deus, que excede todo
o entendimento, guardará o vosso coração
e a vossa mente em Cristo Jesus.*
FILIPENSES 4:7

Com a perda da fé, do amor e da alegria, também se perde aquela paz que uma vez excedeu todo o entendimento. Essa doce tranquilidade da mente, esse descanso de espírito, se foi, e a dúvida torturante retorna. Começamos a duvidar se alguma vez encontramos em nosso coração o verdadeiro testemunho do Espírito; se não enganamos nossa própria alma e confundimos a voz da natureza com a voz de Deus; ou, se algum dia ouviremos Sua voz e encontraremos favor aos Seus olhos. Essas dúvidas se juntam ao medo servil, àquele medo que atormenta: tememos a ira de Deus, tememos ser expulsos de Sua presença e mergulhamos novamente naquele medo da morte, do qual havíamos sido totalmente libertos, e isso não é tudo, pois a perda da paz é acompanhada pela perda de poder. Sabemos que todo aquele que tem paz com Deus, por meio de Jesus Cristo, tem poder sobre todo pecado; contudo, sempre que se perde a paz de Deus, perde-se também o poder sobre o pecado. Enquanto essa paz permanece, o poder também permanece, mesmo sobre o pecado que nos assedia, seja o pecado de sua natureza, de sua constituição, de sua educação ou o de sua profissão; sim, e sobre aquelas más disposições e desejos que, até então, não podíamos vencer. O pecado não tinha mais domínio sobre nós, mas, agora, somos nós que não temos mais domínio sobre o pecado. Podemos lutar, de fato, mas não podemos vencer; a coroa caiu de nossa cabeça; essa é a natureza da vida no deserto. Porém, Deus "não aflige, nem entristece de bom grado os filhos dos homens." (LAMENTAÇÕES 3:33); Ele nunca se arrepende do que nos deu, nem deseja retirar de nós. Portanto, ele nunca nos abandona, como alguns pensam; somos nós quem o abandonamos.

John Wesley

NÃO SE ENTREGUE AO PECADO

*Aquele que sabe que deve fazer o bem
e não o faz nisso está pecando.*

TIAGO 4:17

A causa mais comum de trevas interiores é o pecado de qualquer espécie. É ele que geralmente ocasiona o que, muitas vezes, é uma mistura entre pecado e miséria. O primeiro caso é o pecado de comissão [N.T.: Pecado que cometemos ao desobedecermos a uma ordenança divina]. Frequentemente, podemos observar esse tipo de pecado obscurecendo a alma temporariamente, especialmente se é um pecado conhecido, intencional e presumido. Por exemplo, se uma pessoa que está andando sob a clara luz da face de Deus fosse, de alguma forma, persuadida a cometer um único ato de embriaguez ou impureza, não seria de admirar se, naquela mesma hora, ela caísse na escuridão total. É verdade que, em alguns casos muito raros, Deus impede que isso ocorra, por uma demonstração extraordinária de Sua misericórdia perdoadora, quase no mesmo instante. Mas, em geral, tal abuso da bondade de Deus, um insulto tão grosseiro ao Seu amor, ocasionará um afastamento imediato de Deus e "trevas que se possam apalpar" (ÊXODO 10:21). Essa luz divina é perdida com muito mais frequência, dando lugar aos pecados de omissão. Isso, de fato, não extingue o Espírito de forma imediata, mas lenta e gradualmente. O primeiro caso pode ser comparado a derramar água sobre o fogo; este último, a retirar o combustível da chama. Muitas vezes, esse Espírito amoroso reprovará nossa negligência, antes de se afastar de nós. Muitos são os toques interiores, os avisos secretos que Ele dá, antes que Suas influências se retirem. Desse modo, apenas uma série de omissões, conduzidas com voluntária persistência, pode nos levar à escuridão total.

John Wesley

NÃO TENHA UM CORAÇÃO ARROGANTE

Abominável é ao Senhor
todo arrogante de coração; é evidente
que não ficará impune. PROVÉRBIOS 16:5

Nós sabemos que, embora esse orgulho de coração não deva transparecer em nossas conversas, quão facilmente uma alma cheia de paz e alegria pode cair nessa armadilha do diabo! Quão natural é para o crente imaginar que tem mais graça, mais sabedoria ou força do que realmente possui, para pensar mais de si mesmo além do que convém! Como é natural gloriar-se por algo que recebeu como se o tivesse recebido por mérito! Porém, visto que Deus constantemente "resiste aos soberbos, mas dá graça" apenas "aos humildes" (TIAGO 4:6), isso certamente deve obscurecer, se não destruir totalmente, a luz que antes brilhava no coração. O mesmo ocorre quando se dá lugar à ira, qualquer que seja a provocação ou ocasião; sim, ainda que ela possa ser pintada como "Zelo pela verdade", ou "Para glória de Deus". De fato, todo zelo que não seja a chama do amor é terreno, animal e demoníaco. Esta é a chama da ira: uma raiva grave e pecaminosa, nem mais nem menos, e nada será pior inimigo do suave e gentil amor de Deus do que isso. Ira e amor nunca poderão coexistir em um peito. Na mesma proporção em que o primeiro prevalece, diminuem o amor e a alegria no Espírito Santo, e isso é particularmente observável no caso de ofensa; quero dizer, ira contra qualquer um de nossos irmãos, ou contra qualquer um daqueles que estão unidos a nós por laços civis ou religiosos. Se cedermos ao espírito de ofensa por apenas uma hora, perderemos as doces influências do Espírito Santo, de modo que, em vez de corrigir esses irmãos, destruiremos a nós mesmos e nos tornaremos presa fácil de qualquer inimigo que nos assalte.

John Wesley

NÃO PARE DE LUTAR

*Temamos, portanto, que, sendo-nos deixada
a promessa de entrar no descanso de Deus,
suceda parecer que algum de vós tenha falhado.*

HEBREUS 4:1

Mesmo estando cientes das armadilhas do diabo, podemos ser pegos desprevenidos. Quando a altivez e a raiva estão adormecidas e o amor está despertando, podemos ser não menos ameaçados pelo desejo, que também tende a obscurecer a alma. Este é o efeito certo de qualquer desejo tolo, qualquer afeição vã ou desordenada. Se colocarmos nossa afeição nas coisas terrenas, em qualquer pessoa ou coisa que está debaixo do Sol, se desejamos qualquer coisa além de Deus e daquilo que tende para Ele, se buscamos a felicidade em qualquer criatura, nosso zeloso Deus certamente contenderá conosco, pois Ele não admite nenhum rival; e se não ouvirmos Sua advertência e não nos voltarmos a Ele com toda a nossa alma, continuaremos a entristecê-lo com nossos ídolos, correndo atrás de outros deuses. Assim, rapidamente estaremos frios, estéreis e secos, e o deus deste mundo cegará e obscurecerá nosso coração. Inclusive, ele faz isso frequentemente, mesmo quando não cedemos a nenhum pecado para praticá-lo. É suficiente para ele que não despertemos o dom de Deus que há em nós, que não busquemos continuamente entrar pela porta estreita, que não nos esforcemos fervorosamente para, em tudo, nos dominarmos e tomarmos o reino dos Céus por esforço. Não é necessário nada mais do que não lutar para que sejamos conquistados. Se tão somente formos descuidados, desmaiando em nossa alma, se formos meramente fáceis e indolentes, a obscuridade natural logo retornará e cobrirá nossa alma. Se cedermos à preguiça espiritual, isso efetivamente escurecerá a alma e destruirá a luz de Deus tão rapidamente quanto um assassinato ou adultério.

John Wesley

O REMÉDIO PARA AS TREVAS INTERIORES

*Deixe o perverso o seu caminho,
o iníquo, os seus pensamentos; converta-se
ao Senhor, que se compadecerá dele, e volte-se
para o nosso Deus, porque é rico em perdoar.*
ISAÍAS 55:7

Supor que o remédio para as trevas interiores é o mesmo para todos os casos é um erro fatal. No entanto, isso é extremamente comum, mesmo entre muitos tidos como experientes, que até se consideram guias de outras almas. Eles conhecem e usam apenas um remédio, seja qual for a causa da enfermidade. Eles começam imediatamente a aplicar as promessas de Deus; dar conforto é o único ponto a que eles visam, dizendo muitas coisas suaves e ternas sobre o amor de Deus aos pobres pecadores indefesos. É difícil falar desses mercadores de promessas como eles merecem; eles bem merecem o título de charlatães, pois, de fato, profanam o sangue da Aliança. Eles pervertem as promessas de Deus, aplicando-as sem distinção, ao passo que a cura das enfermidades espirituais, assim como das corporais, deve ser tão variada quanto as causas delas. A primeira coisa, portanto, é descobrir a causa, e isso naturalmente indicará a cura. Por exemplo: É o pecado que ocasiona as trevas? Qual pecado? É pecado exterior ou de outra espécie? Sua consciência o acusa de cometer algum pecado pelo qual você entristece o Espírito Santo de Deus? É por isso que Ele se afastou de você e a alegria e a paz se foram? E como você pode esperar que o Espírito Santo, a paz e a alegria retornem enquanto você guardar consigo a coisa amaldiçoada? Então, "Deixe o perverso o seu caminho"; "Purificai as mãos, pecadores..." (TIAGO 4:8); "Lançai de vós todas as vossas transgressões..." (EZEQUIEL 18:31); e voltem-se para o nosso Deus, "porque é rico em perdoar".

John Wesley

NÃO GUARDE PECADO EM SEU CORAÇÃO

*Hoje, se ouvirdes a sua voz,
não endureçais o vosso coração,
como foi na provocação.*
HEBREUS 3:15

Talvez você não tenha consciência de nenhum pecado de omissão que prejudique sua paz e sua alegria no Espírito Santo. Mas será que não há algum pecado interior, como uma raiz de amargura que brota em seu coração, para perturbá-lo? Sua aridez e esterilidade de alma não resultam do fato de o seu coração afastar-se do Deus vivo? Você não tem pensado mais de si mesmo do que convém? Acaso você não "oferece sacrifício à sua rede e queima incenso à sua varredoura..." (HABACUQUE 1:16)? Você não atribuiu seu sucesso à sua própria coragem, força ou sabedoria? Você não se vangloria de algo que recebeu, como se não o tivesse recebido? Você não busca ou deseja o louvor dos homens? Você não tem prazer nisso? Se assim for, este é o caminho que você deve tomar. Se você caiu pelo orgulho, "sob a poderosa mão de Deus..." (1 PEDRO 5:6), então, olhe para o Senhor, para que você possa renovar suas forças; para que toda desolação e frieza sejam extinguidas; para que o amor, a paz e a alegria possam retornar, e você seja sempre gentil com os outros. Você cedeu a algum desejo tolo? Como o amor de Deus poderá ter lugar em seu coração, até que você afaste seus ídolos? Ele não habitará em um coração dividido; portanto, se você acalenta Dalila em seu peito, Ele não tem lugar em você. É vã sua esperança de recuperar sua luz, até que você arranque o olho direito e o lance fora. Ó, que não haja mais demora! Clame para que Deus o capacite a fazer isso! Arranque todo ídolo do santuário do seu coração, e a glória do Senhor logo se manifestará.

John Wesley

LEVANTE-SE DIANTE DO SENHOR

*Naquele dia, haverá uma fonte
aberta para a casa de Davi e para
os habitantes de Jerusalém,
para remover o pecado e a impureza.*

ZACARIAS 13:1

Talvez seja a preguiça espiritual que mantém sua alma em trevas. Vocês vivem tranquilos sobre a Terra; não há guerra no seu território; você está quieto e despreocupado, andando comodamente nas mesmas trilhas de deveres externos; e você se admira que sua alma esteja morta? Ó, levante-se diante do Senhor! Levante-se e sacuda o seu pó; lute com Deus pela poderosa bênção; derrame sua alma a Deus em oração e continue nela com toda perseverança! Vigie! Desperte do sono e fique acordado! Caso contrário, não há nada a esperar, a não ser que você fique cada vez mais alienado da luz e da vida de Deus. Se, após o exame mais completo e imparcial de si mesmo, você não puder discernir que está cedendo à preguiça espiritual ou a qualquer outro pecado interior ou exterior, lembre-se do tempo de outrora. Considere suas disposições interiores, suas palavras e ações. Elas são retas diante do Senhor? Consulte o Senhor em seu quarto e fique quieto; deseje que Ele sonde o fundamento do seu coração e traga à sua memória tudo o que ofendeu os olhos de Sua glória. Lamente sua própria impotência e desamparo e, sendo o Senhor o seu ajudador, entre pela porta estreita, tome o reino dos Céus por esforço! Se a culpa por qualquer pecado do qual você não se arrependeu se mantiver em sua alma, você permanecerá nas trevas, até que, tendo sido renovado pelo arrependimento, seja novamente lavado pela fé naquela "fonte aberta [...] para remover o pecado e a impureza".

John Wesley

RECONHEÇA SEU PECADO DIANTE DE DEUS

Porque, como, pela desobediência de um só homem, muitos se tornaram pecadores, assim também, por meio da obediência de um só, muitos se tornarão justos. ROMANOS 5:19

As Escrituras asseveram que "pela desobediência de um só homem, muitos se tornaram pecadores", morreram espiritualmente, perderam a vida e a imagem de Deus neles. Aquele Adão caído e pecador, então, passou a gerar filhos "à sua semelhança, conforme a sua imagem" (GÊNESIS 5:3), e nem era possível que ele gerasse segundo qualquer outra imagem, pois: "Quem da imundícia poderá tirar coisa pura?" (JÓ 14:4). Consequentemente, nós, assim como outros homens, tornamo-nos por natureza mortos em nossos delitos e pecados, sem esperança e sem Deus no mundo; por isso, todo homem pode dizer: "Eu nasci na iniquidade, e em pecado me concebeu minha mãe." (SALMO 51:5). Lemos sobre um antigo rei que, desejando saber qual era a linguagem natural dos homens, fez o seguinte experimento: ordenou que duas crianças, assim que nascessem, fossem transportadas para um lugar preparado para elas, onde seriam criadas sem qualquer instrução e sem ouvirem voz humana. E qual foi o resultado? Quando finalmente foram tiradas de seu confinamento, não falavam nenhuma língua; reproduziam apenas sons inarticulados, como aqueles que os animais emitem. Da mesma forma, se dois jovens fossem criados desde o útero sem serem instruídos na fé, haveria pouco espaço para dúvidas; mas, a menos que a graça de Deus interviesse, ocorreria exatamente o mesmo. Eles não teriam religião alguma: não teriam mais conhecimento de Deus do que os animais do campo, do que o jumentinho do asno selvagem. Por natureza, somos totalmente corrompidos; pela graça, seremos totalmente renovados. Em Adão, todos morremos; no segundo Adão, todos somos vivificados.

John Wesley

A IMPORTÂNCIA DA SANTIFICAÇÃO

*Até que todos cheguemos à unidade
da fé e do pleno conhecimento do Filho de Deus,
à perfeita varonilidade, à medida da
estatura da plenitude de Cristo, [...] seguindo
a verdade em amor, cresçamos
em tudo naquele que é a cabeça, Cristo...*
EFÉSIOS 4:13,15

O novo nascimento não é o mesmo que a santificação. Quando nascemos de novo, então nossa santificação — nossa santidade interior e exterior — começa; daí em diante, devemos gradualmente crescer "em tudo naquele que é a cabeça, Cristo". Essa expressão do apóstolo Paulo ilustra admiravelmente a diferença entre um e outro e ainda aponta a exata analogia que existe entre as coisas naturais e espirituais. Uma criança nasce de uma mulher em um instante; depois, ela cresce gradual e lentamente, até atingir a estatura de um adulto. Da mesma maneira, um filho nasce de Deus em um tempo curto, se não em um instante, mas é aos poucos que ele cresce até a medida da estatura de Cristo. A mesma relação que existe entre nosso nascimento natural e nosso crescimento existe entre nosso novo nascimento e a santificação. Portanto, que esta seja a sua oração contínua, se você ainda não experimentou a obra interior de Deus: "Senhor, acrescenta isto a todas as Tuas bênçãos — permite-me nascer de novo! Nega-me o que quiseres, mas não isso, digo, nascer de cima! Tira de mim tudo o que te parece bom retirar — reputação, fortuna, amigos, saúde — e conceda-me nascer do Espírito, para ser contado entre os filhos de Deus! Permite-me nascer, não de semente corruptível, mas da incorruptível, pela Palavra de Deus, que vive e permanece para sempre. E, então, permite-me crescer diariamente na graça e no conhecimento de nosso Senhor e Salvador Jesus Cristo!".

John Wesley

BUSQUE A SANTIDADE EM SUA VIDA

*Segui a paz com todos
e a santificação, sem a qual
ninguém verá o Senhor...*
HEBREUS 12:14

O que é santidade segundo os oráculos de Deus? Não é uma religião meramente exterior, um amontoado de deveres externos, qualquer que seja o número deles. A santidade do evangelho nada mais é do que a imagem de Deus impressa no coração do homem. Não é outra coisa senão a mente que estava em Cristo Jesus, que consiste em todos os afetos e disposições celestiais misturados. Implica num amor tão contínuo e agradecido por Aquele que não reteve de nós Seu Filho, Seu único Filho, tornando natural e imperativo para nós amar a todos os filhos dos homens. É o amor que nos ensina a sermos irrepreensíveis em todo tipo de conversa, assim como nos permite apresentar tudo o que somos e tudo o que temos em sacrifício contínuo a Deus, aceitável por meio de Cristo Jesus. Essa santidade não pode existir enquanto não formos renovados em nossa mente. A santidade não pode começar na alma até que essa mudança seja operada; até que, pelo poder do Altíssimo, sejamos revestidos e transportados das trevas para a luz, do poder de Satanás para Deus, ou seja, até que nasçamos de novo, o que é, portanto, absolutamente necessário para a santidade. Pela mesma razão, ninguém pode ser feliz neste mundo se não nascer de novo, pois não é possível, pela própria natureza das coisas, que um homem seja feliz se não for santo. Sendo assim, enquanto as inclinações pecaminosas reinarem na alma, a felicidade não tem lugar ali, isto é, até que nasçamos de novo. Consequentemente, o novo nascimento é absolutamente necessário para a felicidade neste mundo, bem como no mundo vindouro.

John Wesley

A INCERTEZA DAS RIQUEZAS

Então, direi à minha alma: tens em depósito muitos bens para muitos anos; descansa, come, bebe e regala-te. Mas Deus lhe disse: Louco, esta noite te pedirão a tua alma; e o que tens preparado, para quem será?

LUCAS 12:19-20

Você morrerá e voltará ao pó! Seu corpo voltará para a terra, de onde foi tirado, e se misturará ao barro comum. Seu corpo deve voltar a ser como era, enquanto seu espírito deve voltar para Deus, que o deu. O tempo passa muito rápido, os anos se vão em um ritmo acelerado, mas silencioso. Talvez você já tenha vivido a maior parte do seu tempo, o meio-dia da vida tenha ficado para trás, e as sombras da noite começam a repousar sobre você. Você sente em si mesmo a aproximação da deterioração. As fontes da vida rapidamente se desgastam; que ajuda suas riquezas lhe poderão dar? Elas podem tornar a morte mais doce? Elas podem adiar essa hora solene? De forma alguma. Ó morte, quão amarga você é para alguém que vive em repouso nas suas posses! Quão inaceitável é para tal pessoa a terrível sentença: "...esta noite te pedirão a tua alma". As riquezas poderão impedir o seu indesejado fim ou adiar essa hora terrível? Podem libertar a sua alma para que ela não contemple a morte? Podem restaurar os anos que se passaram? Podem adicionar tempo à sua vida, seja um mês, um dia, uma hora, ou um instante sequer? As coisas boas que você escolheu para sua porção nesta vida o seguirão rumo ao grande abismo? Não será assim; nu você veio a este mundo e nu você partirá dele. Certamente, se essas verdades não fossem fáceis de perceber — pois são muito evidentes para serem negadas —, ninguém que está sujeito à morte possivelmente confiaria na incerteza das riquezas!

John Wesley

CONFIE EM DEUS, E NÃO NAS RIQUEZAS

*...pois dizes: Estou rico e abastado
e não preciso de coisa alguma, e nem sabes
que tu és infeliz, sim, miserável, pobre,
cego e nu.* APOCALIPSE 3:17

Não confie nas riquezas com o objetivo de alcançar a felicidade, pois nisso também, se pesadas na balança, "não chegam ao peso de um sopro" (SALMO 62:9 NVI). Porque, se nem milhões em ouro e prata, nem vantagens ou prazeres que decorrem da fortuna podem impedir que sejamos miseráveis, evidentemente se conclui que as riquezas não podem nos fazer felizes. A experiência é tão completa, forte e inegável que torna inúteis quaisquer argumentos. Apelamos, portanto, ao fato. Somente os ricos e grandes são felizes? Cada um deles é mais ou menos feliz segundo a proporção de suas riquezas? Eles são realmente felizes? É quase certo que, dentre todos os homens, eles são os mais miseráveis! Você, rico, fale honestamente a verdade de seu coração! Assim será, até que seus dias enfadonhos, cheios de vaidade, se dissipem na noite da morte. Certamente, confiar nas riquezas para alcançar a felicidade é a maior de todas as loucuras que existem debaixo do Sol! Você ainda não está convencido disso? É possível que espere encontrar a felicidade no dinheiro ou em tudo o que ele pode comprar. O quê? Prata e ouro, comida e bebida, cavalos e servos, vestidos reluzentes, diversões e prazeres podem fazer você feliz? Essas coisas o tornarão imortal? Tudo isso é ostentação vazia. Não olhe para elas. Confie no Deus vivo e, assim, você será salvo debaixo da sombra do Onipotente. Sua fidelidade e verdade serão escudo e defesa para você. Ele é um auxílio sempre presente na provação e socorro que nunca falhará.

John Wesley

3 DE OUTUBRO

O SENHOR É A SUA ROCHA

*Eu te amo, ó Senhor, força minha.
O Senhor é a minha rocha, a minha cidadela, o meu
libertador; o meu Deus, o meu rochedo em
que me refugio; o meu escudo, a força da minha
salvação, o meu baluarte.*

SALMO 18:1-2

Mesmo quando todos os seus amigos morrerem, você poderá dizer: "Vive o Senhor, e bendita seja a minha rocha!" (SALMO 18:46). Ele se lembrará de você quando estiver doente sobre a sua cama, quando for vã a ajuda do homem, quando todas as coisas da Terra não puderem lhe dar alívio. O Senhor o assistirá no leito na enfermidade e suavizará a sua dor; as consolações do Senhor o farão bater palmas em meio às chamas. E, mesmo quando esta casa terrestre deste tabernáculo estiver quase abalada, estando a ponto de ruir até o pó, Ele lhe ensinará a dizer: "Onde está, ó morte, a tua vitória? Onde está, ó morte, o teu aguilhão? [...] Graças a Deus, que nos dá a vitória por intermédio de nosso Senhor Jesus Cristo." (1 CORÍNTIOS 15:55,57). Então, confie nele tanto para obter a felicidade quanto para receber ajuda. Todas as fontes da felicidade estão nele. Confie "em Deus, que tudo nos proporciona ricamente para nosso aprazimento" (1 TIMÓTEO 6:17), naquele que, por Sua rica e gratuita misericórdia, tudo nos estende, como em Suas próprias mãos, para que, recebendo-as como Seu presente e penhor de Seu amor, possamos desfrutar de tudo quanto possuímos. Seu amor dá sabor a tudo o que provamos, infunde vida e doçura a tudo, de modo que toda criatura nos leve ao grande Criador, e toda a Terra seja uma escada para o Céu. Ele concede as alegrias da Sua presença a Seus filhos, os quais, tendo comunhão com o Pai e com Seu Filho Jesus Cristo, desfrutam delas plenamente.

John Wesley

NÃO SE CORROMPA COM AS SUAS RIQUEZAS

*...o vosso ouro e a vossa prata foram gastos de ferrugens,
e a sua ferrugem há de ser por testemunho contra
vós mesmos e há de devorar, como fogo, as vossas carnes.
Tesouros acumulastes nos últimos dias.* TIAGO 5:3

A ordem de Jesus para não acumularmos tesouros na Terra é categórica e positiva[1]. Então, como é possível ao rico ficar mais rico sem negar o Senhor, que o comprou? Sim, como pode alguém que já tem o necessário à vida ganhar, ambicionar e ser inocente? Se, apesar disso, você ainda deseja amontoar dinheiro e bens, que a traça e a ferrugem corroem; se deseja juntar casa a casa, campo a campo, por que ainda se autodenomina cristão? Não obedece a Jesus Cristo nem tem a intenção de obedecê-lo! Talvez você pergunte: "Que faremos com nossos bens, já que temos mais do que podemos gastar e não pudemos guardá-los? Devemos jogá-los fora?". Eu lhe respondo: Se você os jogasse ao mar ou no fogo, eles teriam melhor serventia do que têm agora. Você não encontrará uma maneira mais perniciosa de desperdiçar seus bens do que guardá-los para sua posteridade, ou conservá-los para seu proveito imediato, em tolices e superfluidades. De todos os modos possíveis de jogar fora, esses são os piores, os mais contrários ao evangelho de Cristo e os mais nocivos à sua própria alma. Um escritor transmitiu isso de forma excelente: "Se desperdiçarmos nosso dinheiro, não seremos somente culpados de usar mal um talento que Deus nos deu, mas de causarmos a nós mesmos um dano maior, convertendo esse talento útil em um meio poderoso de nossa própria corrupção. Porque, à medida que é gasto erroneamente, alimenta em nós alguma tendência maligna, na gratificação de algum desejo vão e irracional, a que, como cristãos, somos obrigados a renunciar."

---

[1] Wesley usa o termo "positivo" em sentido comum à linguagem jurídica. O direito positivo estabelece as ações que, uma vez reguladas pela lei, devem ser praticadas conforme prescrito por ela.

John Wesley

DEDIQUE-SE AOS PROPÓSITOS DE DEUS

Porque tive fome, e não me destes de comer;
tive sede, e não me destes de beber... MATEUS 25:43

Esta é outra razão pela qual os ricos dificilmente entrarão no reino dos Céus. A maioria deles está sob a maldição de Deus, pois, de forma geral, não estão apenas roubando Deus constantemente, desviando e dissipando os bens de Seu Senhor (e corrompendo a própria alma), mas também estão roubando o pobre, o faminto, o que está nu; estão defraudando a viúva e o órfão, tornando-se responsáveis pelas necessidades, aflições e desesperos aos quais eles podem dar solução, mas não o fazem. Sim, o sangue de todas as pessoas que perecem por falta do que os ricos acumulam ou gastam desnecessariamente não clama contra eles desde a terra? Ó, que conta terão que dar Àquele que está pronto para julgar os vivos e os mortos! A melhor maneira de você empregar aquilo que não usa para seu proveito é colocar seus tesouros no banco celestial, e Deus o restituirá naquele dia; dê ao pobre com olhos simples, com coração reto, porque, sempre que o fizer, "a um destes meus pequeninos irmãos" (MATEUS 25:40) o terá feito. Esta é a parte de um despenseiro fiel e prudente: não vender sua casa nem terras ou principais provisões, sejam elas grandes ou pequenas, a não ser que alguma circunstância especial o exija; e não desejar ou se esforçar para aumentá-las, principalmente para desperdiçá-las em vaidade. Empregue-as totalmente nos sábios e razoáveis propósitos para os quais o Senhor as colocou em suas mãos. O sábio despenseiro, depois de ter provido à sua própria casa aquilo que é necessário à vida e à piedade, faz amigos com as "riquezas de origem iníqua" (LUCAS 16:9).

John Wesley

PERSEVERE EM FAZER O BEM

*Quem se compadece do pobre
ao Senhor empresta,
e este lhe paga o seu benefício.*
PROVÉRBIOS 19:17

Seja um despenseiro prudente e fiel de Deus e do pobre e, assim, acumule para si mesmo "sólido fundamento para o futuro" (1 TIMÓTEO 6:19), não para este mundo, antes para o tempo vindouro, para que você possa "[tomar] posse da vida eterna, para a qual também foste chamado" (1 TIMÓTEO 6:12). O grande fundamento de todas as bênçãos de Deus — quer temporais, quer eternas — é, na verdade, o Senhor Jesus Cristo, Sua justiça e Seu sangue, o que Ele fez e o que sofreu por nós. Nesse sentido, outro fundamento não pode ser posto, nem por um apóstolo, nem por um anjo do Céu. Mediante os méritos de Jesus, qualquer coisa que fizermos em Seu nome será fundamento para uma boa recompensa no dia em que "cada um receberá o seu galardão, segundo o seu próprio trabalho" (1 CORÍNTIOS 3:8). Por causa disso, "Tudo quanto te vier à mão para fazer, faze-o conforme as tuas forças" (ECLESIASTES 9:10). Então, trabalhe, "não pela comida que perece, mas pela que subsiste para a vida eterna" (JOÃO 6:27). Não deixe passar descuidadamente nenhuma boa ocasião de fazer o bem, pois esses momentos preciosos se vão com muita facilidade. Pela paciente perseverança em fazer o bem, procurai a glória, a honra e a imortalidade. "Perseverando em fazer o bem" busque "glória, honra e incorruptibilidade" (ROMANOS 2:7). Em uma constante e zelosa realização de todas as boas obras, espere por aquela hora feliz em que o Rei dirá: "Vinde, benditos de meu Pai! Entrai na posse do reino que vos está preparado desde a fundação do mundo." (MATEUS 25:34).

John Wesley

NÃO BASTA DIZER "SENHOR, SENHOR"

Nem todo o que me diz: Senhor, Senhor! entrará no reino dos céus, mas aquele que faz a vontade de meu Pai, que está nos céus. MATEUS 7:21

Nosso divino Mestre, tendo declarado todo o conselho de Deus em relação ao caminho da salvação e apontado os principais obstáculos daqueles que desejam andar nele, agora encerra Seu discurso com essas palavras de peso — por assim dizer — colocando o selo em Sua profecia e imprimindo toda a Sua autoridade ao que havia ensinado, para que Sua mensagem permanecesse firme em todas as gerações. O Senhor faz isso para que ninguém jamais conceba que haja outro caminho senão esse que Ele declara. Esse é um decreto que não pode caducar, que permanece firme para todo o sempre; portanto, importa-nos compreender completamente a força dessas palavras. O que devemos entender pela expressão: "...o que me diz: Senhor, Senhor..."? Sem dúvida, significa: aqueles que pensam ir ao Céu de qualquer outra maneira que difere da que descrevi agora. Implica (para começar pelo ponto mais básico) todas as boas palavras, toda religião verbal, o que inclui quaisquer profissões de fé que façamos, qualquer quantidade de orações e ações de graças que possamos repetir a Deus. Sim, podemos fazer tudo isso com tamanha medida do poder de Deus e tal demonstração de Seu Espírito que muitas almas sejam salvas da morte. No entanto, é possível que tudo isso não seja mais do que dizer: "Senhor, Senhor". Depois de ter pregado com sucesso a outros, eu mesmo posso ser rejeitado. Eu posso, nas mãos de Deus, arrebatar muitas almas do inferno e, depois, cair nele. Posso levar muitos para o reino dos Céus, mas nunca entrar nele. Leitor, se Deus, em algum momento, tem usado minhas palavras para abençoar sua alma, ore para que Ele seja misericordioso comigo, um pecador!

John Wesley

VOCÊ PODE ESTAR EDIFICANDO SOBRE A AREIA

*E todo aquele que ouve estas minhas palavras
e não as pratica será comparado a um homem insensato
que edificou a sua casa sobre a areia...* MATEUS 7:26

Quão relevante é a cada filho do homem examinar em que fundação ele constrói sua casa, se na rocha ou na areia! Quão profundamente você está preocupado em questionar qual é a fundação da sua esperança? Não estaria você construindo sobre a areia, ou melhor, sobre a espuma do mar? Então, pergunte-se: "Não estou novamente colocando minha esperança sobre o que é incapaz de sustentá-la? Sobre liturgia mais antiga, a forma mais apostólica de governo?". Sem dúvida, essas são razões para louvar a Deus, assim como podem ser auxílios à santidade, mas não são a própria santidade. Você não pode descansar sobre elas. Então, sobre o que você construirá a sua esperança de salvação? Sobre sua inocência? Sobre o fato de você não fazer nenhum mal? Sobre o fato de você não estar prejudicando ou machucando ninguém? Você iria mais longe e acrescentaria o fato de não fazer mal a ninguém, ou sua observância de todas as ordenanças de Deus? O fato de você participar da ceia do Senhor e da oração pública e privada? Você deve fazer essas coisas, mas elas também não são nada por si mesmas; ainda assim, você estará construindo sobre a areia. Amigo, suba ainda mais! Aprenda o que você tem ensinado tantas vezes: "Porque pela graça sois salvos, mediante a fé; e isto não vem de vós; é dom de Deus; não de obras, para que ninguém se glorie" (EFÉSIOS 2:8-9). Aprenda a pendurar-se nu à cruz de Cristo e reputar, como esterco e escória, tudo quanto você tem feito. Dirija-se a Ele apenas no espírito do ladrão moribundo, ou da prostituta com seus sete demônios; senão, você ainda estará sobre a areia e, depois de salvar os outros, perderá sua própria alma.

John Wesley

EDIFIQUE SUA CASA SOBRE A ROCHA

Todo aquele, pois, que ouve estas minhas palavras e as pratica será comparado a um homem prudente que edificou a sua casa sobre a rocha... MATEUS 7:24

Um homem sábio aos olhos de Deus edifica a sua casa sobre a Rocha, a "rocha eterna" (ISAÍAS 26:4), que é Jesus Cristo. Nosso Senhor é assim chamado de forma muito apropriada, pois Ele não muda. O homem de Deus dos tempos antigos, Seu apóstolo, dá testemunho do Senhor quando cita as seguintes palavras: "No princípio, Senhor, lançaste os fundamentos da terra, e os céus são obra das tuas mãos; eles perecerão; tu, porém, permaneces; sim, todos eles envelhecerão qual veste; também, qual manto, os enrolarás, e, como vestes, serão igualmente mudados; tu, porém, és o mesmo, e os teus anos jamais terão fim." (HEBREUS 1:10-12). Portanto, é sábio o homem que edifica sobre Ele; que faz dele seu único fundamento; que constrói apenas sobre Seu sangue e sobre a Sua justiça, isto é, sobre tudo o que Ele fez e sofreu por nós. Sobre esta Pedra angular, tal homem fixa sua fé e repousa sobre ela todo o peso de sua alma. Ele é ensinado por Deus a dizer: "Senhor, pequei! Mereço o inferno mais profundo, mas sou justificado gratuitamente pela Tua graça, pela redenção que há em Jesus Cristo; e a vida que agora vivo, a saber, uma vida que está escondida com Cristo em Deus, uma vida de santidade e felicidade, vivo-a louvando a Deus e fazendo tudo para a Sua glória". Esse homem que edificou sua casa sobre Cristo não será confundido; ele não temerá, "ainda que a terra se transtorne e os montes se abalem no seio dos mares; ainda que as águas tumultuem e espumejem e na sua fúria os montes se estremeçam" (SALMO 46:2-3), pois, mesmo assim, ele habitará "no esconderijo do Altíssimo" e descansará "à sombra do Onipotente" (SALMO 91:1).

John Wesley

COLOQUE SUA FÉ EM JESUS

Meus irmãos, qual é o proveito, se alguém disser que tem fé, mas não tiver obras? Pode, acaso, semelhante fé salvá-lo? TIAGO 2:14

"Senhor, aumenta a minha fé, se eu agora creio! Se não, dá-me fé, ainda que seja como um grão de mostarda!" Pode essa fé salvá-lo? Não! A fé que não tem obras, que não produz santidade interior e exterior, que não imprime no coração a imagem de Deus e não nos torna puros como Ele é puro, que não produz em nós a religião de Jesus Cristo não é a fé do evangelho, não é a fé cristã, não é a fé que leva à glória. Então, tenha cuidado com isso; acima de todas as outras armadilhas do diabo, tenha cuidado para não confiar em uma fé incapaz de conduzi-lo à salvação! Se você insistir nisso, estará perdido para sempre e ainda estará construindo sua casa sobre a areia. Quando cair a chuva, transbordarem os rios e soprarem os ventos, ela certamente cairá, e será grande a sua ruína; portanto, edifique sobre a Rocha. Pela graça de Deus, "conhece-te a ti mesmo". Reconheça que você foi formado em maldade, que, em pecado, sua mãe o concebeu e que você tem acumulado pecado sobre pecado, desde que pôde discernir o bem e o mal. Reconheça-se culpado de morte eterna e renuncie a toda esperança de salvar a si mesmo. Que a sua esperança consista em ser lavado no sangue de Jesus e purificado pelo Espírito Santo, pois Ele carregou "em seu corpo, sobre o madeiro, os nossos pecados, para que nós, mortos para os pecados, vivamos para a justiça..." (1 PEDRO 2:24). E, se você reconhece que Ele tirou os seus pecados, humilhe-se ainda mais diante dele, em um sentimento permanente de sua total dependência dele em todo bom pensamento, palavra e obra, e de sua total incapacidade para realizar o bem, a menos que Ele o tire "das muitas águas" (2 SAMUEL 22:17).

John Wesley

QUE NADA MAIS O SATISFAÇA

Trabalhai, não pela comida que perece,
mas pela que subsiste para a vida eterna...
JOÃO 6:27

Chore e lamente por seus pecados, até que Deus transforme seu pranto em alegria. Também chore com os que choram e com aqueles que não sabem chorar por si mesmos. Chore pelos pecados e misérias da humanidade e veja, bem perto de seus olhos, o imenso oceano da eternidade, sem fundo nem margem, que já engoliu milhões de milhões e está aberto para devorar os que ainda vivem! Também acrescente mansidão de sabedoria à sua seriedade; guarde-se de todas as paixões, em particular da raiva, tristeza e medo; consinta calmamente com qualquer que seja a vontade de Deus; qualquer que seja o seu estado, aprenda a estar contente; seja gentil com todos os homens, mas especialmente para os maus e os ingratos; cuidado, não apenas com expressões externas de raiva, mas com toda emoção interior contrária ao amor, mesmo que não saia do seu coração. Você que tem fome e sede, não da comida que perece, mas da que permanece para a vida eterna, coloque sob seus pés o mundo e as coisas que há nele, todas as riquezas, honras e prazeres e tome cuidado para que essa sede bendita não acabe, por causa do que é vulgarmente chamado de religião — uma farsa pobre e monótona, uma religião formal, de aparência externa, que deixa o coração ainda grudado ao pó, tão terrena e sensual como sempre foi. Que nada lhe satisfaça, a não ser o poder da piedade, uma religião que é espírito e vida; a habitação de Deus em você, que o torna um habitante da eternidade. Entre nela pelo sangue da aspersão, que "penetra além do véu" (HEBREUS 6:19), e assente-se "juntamente com ele [...] nos lugares celestiais em Cristo Jesus" (EFÉSIOS 2:6)!

John Wesley

BUSQUE A VERDADEIRA SANTIDADE

...tudo posso naquele que me fortalece.
FILIPENSES 4:13

Visto que você pode fazer todas as coisas, por meio de Cristo que o fortalece, seja misericordioso como é o seu Pai celestial! Ame o seu próximo como a si mesmo! Ame amigos e inimigos como a sua própria alma! Que o seu amor seja longânimo e paciente para com todos os homens; que ele seja gentil, manso, benigno, inspirando-o com a mais amável doçura e a mais fervorosa e terna afeição. Regozije-se na verdade que é segundo a piedade, onde quer que ela se encontre; desfrute de tudo que glorifique a Deus e promova a paz e a boa vontade entre os homens. Com o amor, cubra todas as coisas, não falando nada além do bem sobre aqueles que estão ausentes; acredite em todas as coisas que possam limpar o caráter de seu próximo; suporte todas as coisas, triunfando sobre toda oposição, porque "o amor jamais acaba" (1 CORÍNTIOS 13:8). Seja puro de coração, purificado, pela fé, de toda afeição profana; da imundícia da carne e do espírito pela profunda pobreza de espírito e pelo poder da graça de Deus; da ira e da paixão cruel, pela mansidão e misericórdia; de todo desejo, exceto agradar a Deus e desfrutar dele, pela fome e sede de justiça. Que a sua religião seja a religião do coração; que ela resida no fundo de sua alma. Seja pequeno, humilde, insignificante e vil aos seus próprios olhos; humilhado até o pó pelo amor de Deus que está em Cristo Jesus. Ao mesmo tempo, tenha sede de Deus, do Deus vivo, ansiando por despertar à Sua semelhança e estar satisfeito com isso! Ame a Deus e a toda a humanidade! Neste espírito, faça e sofra todas as coisas! Assim, mostre a sua fé por meio das suas obras; assim, faça a vontade de seu Pai que está nos Céus, e, tão certo como você agora anda com Deus nesta Terra, você também reinará com Ele na glória!

John Wesley

HUMILHE-SE SEMPRE DIANTE DE DEUS

Desde os dias de vossos pais, vos desviastes dos meus estatutos e não os guardastes...
MALAQUIAS 3:7

Na Igreja Primitiva, "Todos os que creram estavam juntos e tinham todas as coisas em comum" e "perseveravam na doutrina dos apóstolos e na comunhão, no partir do pão e nas orações" (ATOS 2:42,44). Mas, com o passar do tempo, o amor de muitos se esfriou; alguns começaram a confundir os meios com o fim e a transformar a religião mais em atos externos do que em um coração renovado segundo a imagem de Deus. Eles se esqueceram de que "o fim do mandamento é o amor de um coração puro", com "uma fé não fingida" (1 TIMÓTEO 1:5 ARC). Outros pareciam imaginar que, embora a religião não consistisse principalmente em meios externos, ainda assim havia algo neles do qual Deus se agradava; algo que ainda os tornaria aceitáveis aos Seus olhos, embora não fossem precisos nos assuntos mais importantes da lei: a justiça, a misericórdia e o amor de Deus. Então, depois de usar qualquer um dos meios da graça, tome cuidado com a forma como você se valoriza ou se congratula por ter feito algo grande, pois isso pode se transformar em veneno para você. Então, considere: Qual seria o valor do que você fez, se Deus não estivesse lá? Você não está acrescentando pecado a pecado? Há quanto tempo? Se Deus estava lá, se o amor fluiu dele para o seu coração, você se esqueceu, por assim dizer, da obra exterior. Você vê, você sabe, você sente, que Deus é tudo em todos, então, humilhe-se; ajoelhe-se diante dele e renda-lhe todo o louvor. Que todos os seus ossos clamem: "Cantarei para sempre as tuas misericórdias, ó SENHOR; os meus lábios proclamarão a todas as gerações a tua fidelidade." (SALMO 89:1).

John Wesley

O CAMINHO DA CIRCUNCISÃO DO CORAÇÃO

...judeu é aquele que o é interiormente,
e circuncisão, a que é do coração, no espírito,
não segundo a letra, e cujo louvor
não procede dos homens, mas de Deus.

ROMANOS 2:29

Podemos dizer que a circuncisão do coração é uma disposição habitual da alma que, nas Escrituras, é chamada de "santidade", que implica diretamente a purificação do pecado e, por consequência, ser dotado daquelas virtudes que também estavam em Cristo Jesus, no sentido de ser tão renovado no espírito do seu entendimento, a ponto de a alma ser perfeita como seu Pai celeste. Para ser mais específico, a circuncisão do coração envolve humildade, fé, esperança e amor. A humildade (um julgamento correto de nós mesmos) limpa nossa mente daqueles conceitos elevados sobre nossa própria perfeição, daquela opinião indevida sobre nossas próprias habilidades e realizações, que são fruto de uma natureza corrompida. Isso elimina inteiramente o vão pensamento: "Sou rico e sábio, e não preciso de nada", convencendo-nos de que somos, por natureza, infelizes, miseráveis, pobres, cegos e nus. Convence-nos de que, por natureza, somos, mesmo em nosso melhor estado, cheios de pecado e vaidade; de que confusão, ignorância e erro reinam sobre nosso entendimento; de que paixões irracionais, terrenas, sensuais e diabólicas usurpam nossa vontade. Ao mesmo tempo, convence-nos de que, sem o Espírito de Deus, não podemos fazer nada além de acrescentar pecado a pecado; de que apenas Ele opera em nós o querer e o realizar o que é bom, sendo-nos impossível até mesmo ter um bom pensamento sem a ajuda do Espírito, como também renovar a nossa alma em justiça e verdadeira santidade. Essa é a humildade de mente que aprendemos de Cristo, seguindo Seu exemplo e Seus passos.

John Wesley

O TESTEMUNHO DA FÉ

*...porque todo o que é nascido
de Deus vence o mundo; e esta é a vitória
que vence o mundo: a nossa fé.*
1 JOÃO 5:4

O melhor guia para os cegos, a luz mais segura para os que estão nas trevas, o mais perfeito instrutor para os insensatos é a fé. Contudo, deve ser uma fé que seja poderosa "em Deus, para destruir fortalezas" (2 CORÍNTIOS 10:4), para derrubar todos os preconceitos da razão corrupta, todas as falsas máximas reverenciadas entre os homens, todos os maus costumes e hábitos, toda "sabedoria deste mundo" que "é loucura diante de Deus" (1 CORÍNTIOS 3:19). "...Tudo é possível ao que crê" (MARCOS 9:23); os olhos do seu entendimento são iluminados, e eles veem qual é o seu chamado: glorificar a Deus — que os comprou por tão alto preço — em seu corpo e em seu espírito, e veem que agora são de Deus pela redenção. Ele sente "qual a suprema grandeza do seu poder" (EFÉSIOS 1:19), que, tendo ressuscitado Cristo dentre os mortos, é capaz de nos vivificar pelo Seu Espírito, que em nós habita. "Esta é a vitória que vence o mundo", nossa fé, que não é apenas um consentimento a tudo o que Deus revelou nas Escrituras, mas também a revelação de Cristo em nosso coração; uma evidência ou convicção divina de Seu amor gratuito e imerecido por mim, pecador; uma confiança segura em Sua misericórdia perdoadora, operada em nós pelo Espírito Santo; uma confiança pela qual todo crente verdadeiro é capacitado a testemunhar: "'Eu sei que meu Redentor vive' (JÓ 19:25); tenho um 'Advogado junto ao Pai' (1 JOÃO 2:1), que 'é a propiciação pelos [meus] pecados' (1 JOÃO 2:2). Eu sei que Ele 'me amou e a si mesmo se entregou por mim' (GÁLATAS 2:20); Ele me reconciliou com Deus, por isso eu tenho 'a redenção, pelo seu sangue, a remissão dos pecados, segundo a riqueza da sua graça'" (EFÉSIOS 1:7).

John Wesley

ESPERANÇA: A ÂNCORA DA FÉ

*...a fim de lançar mão da esperança
proposta; a qual temos por âncora da alma,
segura e firme e que penetra além do véu...*
HEBREUS 6:18-19

Aqueles que são nascidos de Deus pela fé também têm forte consolo por meio da esperança. Esta é mais uma qualidade que a circuncisão do coração ocasiona: o testemunho de seu próprio espírito com o Espírito de Deus em seu coração de que eles são filhos de Deus. De fato, é o mesmo Espírito que opera neles essa confiança clara e alegre de que seu coração é reto para com Deus; aquela grata certeza de que, por Sua graça, eles agora fazem as coisas que são aceitáveis aos Seus olhos; de que, agora, eles estão no caminho que leva à vida e de que, pela misericórdia de Deus, perseverarão até o fim. É Ele quem lhes dá uma viva expectativa de receber todas as coisas boas das mãos de Deus; uma alegre perspectiva daquela coroa de glória, que está reservada no Céu para eles. Por essa âncora, o cristão é mantido firme no meio das tempestuosas ondas deste mundo e é preservado de lançar-se contra qualquer uma destas rochas fatais: a presunção e o desespero. Ele não considera que as dificuldades da carreira que lhe foi proposta sejam maiores do que a força que ele tem para vencer. Sua experiência na vida cristã lhe assegura que seu trabalho não é em vão no Senhor, se ele fizer, com todas as suas forças, o que quer que tenha para fazer. Assim, ele segue o caminho trilhado pelo grande apóstolo dos gentios, que disse: "Assim corro também eu, não sem meta; assim luto, não como desferindo golpes no ar. Mas esmurro o meu corpo e o reduzo à escravidão, para que, tendo pregado a outros, não venha eu mesmo a ser desqualificado." (1 CORÍNTIOS 9:26-27).

John Wesley

A LEI MAIS SUBLIME: O AMOR

E a si mesmo se purifica todo o que nele tem esta esperança, assim como ele é puro.
1 JOÃO 3:3

Por meio da disciplina, todo bom soldado de Cristo deve aprender a suportar dificuldades. Confirmado e fortalecido por ela, poderá não apenas renunciar às obras das trevas, mas também a todo apetite e a toda afeição que não se sujeita à lei de Deus. É seu cuidado diário, pela graça de Deus em Cristo, purificar os esconderijos mais íntimos de sua alma das concupiscências que antes a possuíam e contaminavam; da impureza, da inveja, da malícia e da ira; de toda paixão e inclinação da carne, que brota ou nutre sua própria corrupção. Bem sabendo que aquele cujo corpo é templo de Deus não deve admitir em si nada comum ou impuro, tal santidade torna essa casa o lugar onde o Espírito de santidade promete habitar para sempre. No entanto, uma coisa ainda falta a qualquer um que tenha unido uma esperança viva a uma profunda humildade e fé inabalável e tenha purificado seu coração de sua contaminação original: se você quer ser perfeito, acrescente a tudo isso o amor e você terá a circuncisão do coração. "...o cumprimento da lei é o amor" (ROMANOS 13:10). Coisas excelentes são ditas sobre o amor; ele é a essência, o espírito, a vida de toda virtude; não é apenas o primeiro e grande mandamento, mas todos os mandamentos em um. Tudo o que é justo, tudo o que é puro, tudo o que é amável, ou honroso, se possui alguma virtude, ou algum louvor, está incluído nesta única palavra: amor. Nisso está a perfeição, a glória e a felicidade. A lei régia do Céu e da Terra é esta: "Amarás, pois, o SENHOR, teu Deus, de todo o teu coração, de toda a tua alma e de toda a tua força" (DEUTERONÔMIO 6:5).

John Wesley

QUE DEUS SEJA O DESEJO DE SUA ALMA

*...uma coisa faço: [...] prossigo para
o alvo, para o prêmio da soberana vocação
de Deus em Cristo Jesus.*

FILIPENSES 3:13-14

Não tenha nada em sua vida que esteja acima de Deus. Só uma coisa é necessária; e, se os seus olhos estiverem fixos apenas nela, todo o seu corpo será cheio de luz. Por isso, o apóstolo Paulo nos diz: "...uma coisa faço..."; e Tiago nos ensina: "Purificai as mãos, pecadores; e vós que sois de ânimo dobre, limpai o coração..." (TIAGO 4:8); e ainda João: "Não ameis o mundo nem as coisas que há no mundo..." (1 JOÃO 2:15). A busca de felicidade naquilo que gratifica a carne, que agradavelmente impacta os sentidos, como o desejo dos olhos, da imaginação, das novidades, de grandeza ou beleza, da vaidade da vida, "não procede do Pai, mas procede do mundo" (1 JOÃO 2:16); é a marca distintiva daqueles que não querem que Ele reine sobre sua vida. Você deve desejar apenas uma coisa: gozar daquele que é Tudo em todas as coisas. Você proporá uma felicidade à sua alma: a união com Aquele que a formou; ter comunhão com o Pai e com o Filho; ser unido ao Senhor em um mesmo Espírito. Você deve perseguir até o fim dos tempos este único desígnio: desfrutar de Deus no tempo e na eternidade. Então, deseje outras coisas, na medida em que elas o encaminhem a isso; ame o que foi criado, enquanto isso o conduz ao Criador. Mas, a cada passo que você der, seja este o ponto glorioso em que sua visão se fixa: que toda afeição, pensamento, palavra e obra sejam subordinados a esse ideal. Que tudo o que você deseja ou teme, tudo o que você procura ou evita, tudo o que você pensa, fala ou faz, seja para sua felicidade em Deus, o único Fim, bem como a Fonte de seu ser!

John Wesley

A MARCA DA HUMILDADE E DA FÉ

*Circuncidai, pois, o vosso coração
e não mais endureçais a vossa cerviz.*
DEUTERONÔMIO 10:16

Ninguém neste mundo pode agradar a Deus, a menos que seu coração seja circuncidado pela humildade; a menos que ele seja pequeno, baixo e vil aos seus próprios olhos; a menos que ele esteja profundamente convencido da corrupção de sua natureza, pela qual ele está propenso a todo mal, é corrupto, abominável e avesso a todo bem. Ele tem uma mente carnal, que é inimiga de Deus, e não se sujeita à Sua lei, a menos que ele sinta continuamente em sua alma que, sem o Espírito de Deus repousando sobre ele, não há como pensar, desejar, falar ou realizar qualquer coisa agradável à Sua vista. Eu repito: ninguém pode agradar a Deus até que sinta falta de Deus; de fato, ninguém pode agradá-lo até que busque aquela honra que vem somente de Deus, não desejando nem buscando o que vem do homem, nem aquilo que tende para isso. Outra verdade que naturalmente decorre do que foi dito é que ninguém obterá a honra que vem de Deus se seu coração não for circuncidado pela fé que é operada por Ele; a menos que, recusando-se a ser guiado por seus sentidos, apetites e paixões — ou mesmo por aqueles líderes cegos, guias de cegos, tão idolatrados pelo mundo —, viva e ande pela fé e dirija cada um de seus passos "como quem vê aquele que é invisível" (HEBREUS 11:27), "não atentando [...] para as coisas que se veem, mas para as que se não veem" (2 CORÍNTIOS 4:18), tendo domínio sobre todos os seus desejos, desígnios e pensamentos, todas as suas ações e conversas, como alguém que atravessou o véu e entrou no lugar onde Jesus está assentado à direita de Deus.

John Wesley

O SACRIFÍCIO DE UM CORAÇÃO EM CHAMAS

Pelo que sinto prazer nas fraquezas, nas injúrias, nas necessidades, nas perseguições, nas angústias, por amor de Cristo...
2 CORÍNTIOS 12:10

O que podemos inferir das palavras de Paulo — como um autor expressou enfaticamente — de que, mesmo com "sinais, prodígios e poderes miraculosos" (v.12) e tendo sido "arrebatado até ao terceiro céu" (v.2), todas as suas virtudes seriam inúteis e sua salvação estaria em perigo, sem esta constante abnegação de si mesmo? Ele afirma: "Assim corro também eu não sem meta; assim luto, não como desferindo golpes no ar." (1 CORÍNTIOS 9:26), ensinando-nos claramente que quem não corre dessa maneira e não se nega a si mesmo diariamente corre de maneira incerta e luta tão sem propósito que se assemelha àquele que golpeia o ar. Inutilmente, aquele cujo coração não é circuncidado pelo amor espera alcançar a coroa incorruptível. Só o amor afasta a concupiscência da carne, a concupiscência dos olhos e a soberba da vida e envolve todo o ser na busca ardente desse único objetivo, tão essencial a um filho de Deus. O Senhor não requer, de nós, outros sacrifícios, mas Ele escolheu o sacrifício vivo do coração para que seja continuamente oferecido por meio de Cristo, nas chamas de um santo amor, pois Ele é um Deus zeloso e não dividirá Seu trono com outro deus. Esse é o caminho pelo qual andaram os filhos escolhidos de Deus, os quais, apesar de mortos, ainda nos dizem: "Não deseje viver, senão para louvar Seu nome. Ponha seu coração firmemente nele e apenas nas coisas que estão em Deus e vêm dele. Que a sua alma se encha tão completamente de Seu amor que você não ame qualquer outra coisa senão por amor a Ele".

John Wesley

O REINO DE DEUS EM NÓS

*...até que todos cheguemos
à unidade da fé e do pleno conhecimento
do Filho de Deus, à perfeita
varonilidade, à medida da estatura da
plenitude de Cristo...* EFÉSIOS 4:13

O reino do Céu, que está estabelecido no coração de todos os que se arrependem de seus pecados e creem no evangelho, nada mais é do que justiça, paz e alegria no Espírito Santo. Todo recém-nascido em Cristo sabe que somos feitos participantes dessas bênçãos quando cremos em Jesus, mas elas são apenas as primícias do Seu Espírito; a colheita vem depois. Embora essas bênçãos sejam inconcebivelmente grandes, confiamos que veremos outras ainda maiores. Esperamos amar o Senhor nosso Deus não apenas como amamos agora, com uma afeição fraca, ainda que sincera, mas com todo o nosso coração, com toda a nossa mente, com toda a nossa alma e com todas as nossas forças. Buscamos poder para nos regozijarmos sempre, orarmos sem cessar e em tudo darmos graças, sabendo que essa é a vontade de Deus em Cristo Jesus para conosco. Esperamos ser aperfeiçoados no amor; naquele amor que lança fora todo medo opressivo e todo desejo, exceto o de glorificar Aquele a quem amamos e servimos cada vez mais. Esperamos, em nós, tal aumento do conhecimento e do amor de Deus, nosso Salvador, e que sejamos capazes de sempre andar na luz, como na luz Ele está. Cremos que haverá em nós a mente que estava em Cristo Jesus; que amaremos cada homem de modo a estarmos prontos para dar nossa vida por todos. Esperamos ser purificados de todos os nossos ídolos, de toda imundícia, seja da carne ou do espírito; esperamos ser salvos de todas as nossas impurezas, interiores ou exteriores, para sermos puros, como Ele é puro.

John Wesley

NÃO DEIXE SATANÁS ROUBÁ-LO

...para que Satanás não alcance vantagem sobre nós, pois não lhe ignoramos os desígnios.
2 CORÍNTIOS 2:11

São incontáveis, assim como as estrelas do céu e a areia do mar, os desígnios pelos quais o sutil deus deste mundo trabalha para destruir os filhos de Deus (ou, pelo menos, para atormentar a quem ele não pode destruir), deixando-os perplexos e impedidos de correr, com perseverança, a carreira que lhes está proposta. Contudo, é apenas sobre um deles que me proponho a falar — embora ele possa ser exercido de várias maneiras —, pelo qual Satanás se esforça para dividir o evangelho, usando uma de suas partes para derrubar a outra. Este é o grande plano de Satanás: destruir a primeira obra de Deus na alma, ou pelo menos impedir seu crescimento, por causa da nossa expectativa de que essa obra cresça em nós. Ele se esforça para abalar nossa alegria no Senhor pela consideração de nossa própria vileza, pecaminosidade e indignidade. Mas, como sabemos, não precisamos permanecer nesse estado, pois temos a certeza de que há uma mudança a ser operada em nós. Nosso adversário, muitas vezes, abate nossa alegria, fazendo-nos olhar para o que ainda não alcançamos e para a necessidade absoluta que temos de alcançar aquilo. Com isso, não podemos provar corretamente da bondade de Deus, que fez coisas tão grandes por nós, porque olhamos para as coisas muito maiores que Ele ainda não fez. Da mesma forma, quanto mais profunda for a nossa convicção de que Deus opera em nós a respeito da nossa atual falta de santidade, e quanto mais veemente for o desejo em nosso coração de toda a santidade que Ele prometeu, mais somos tentados a pensar levianamente nos dons de Deus e a subestimar o que já recebemos, por causa do que não recebemos.

John Wesley

CONSERVE A SUA PAZ

*Porque o reino de Deus não é
comida nem bebida, mas justiça, e paz,
e alegria no Espírito Santo.*
ROMANOS 14:17

Se Satanás puder prevalecer contra nossa alegria, ele logo atacará nossa paz também. O diabo insinuará: "Você está qualificado para se colocar diante de Deus? Ele tem olhos demasiadamente puros para que contemple a iniquidade. Como, então, você pode lisonjear-se a ponto de imaginar que Deus o veja com complacência? Deus é santo; você é ímpio. Como poderiam luz e trevas se relacionarem entre si? Sendo impuro como você é, como poderá ser aceito por Deus? Você vê o alvo, o prêmio da sua sublime vocação, mas não percebe que ele está muito longe? Como então você pode presunçosamente pensar que todos os seus pecados já foram cancelados? Como pode ser assim, até que você seja levado para mais perto de Deus, até você seja mais semelhante a Ele?". Assim, Satanás se esforçará, não apenas para abalar sua paz, mas, se possível, derrubar o próprio fundamento dela, fazendo-o recuar, passo a passo, até que você volte ao seu ponto de partida. Ele quer que você busque a justificação pelas obras, ou pela justiça própria, induzindo-o a considerar algo que você faz como fundamento para sua aceitação, ou, pelo menos, como base para essa aceitação. No tempo de doença e dor, é quando ele, mais especialmente, pressionará você com todas as suas forças: "Não é a palavra daquele que não pode mentir que diz: 'Sem santidade ninguém verá o Senhor'? Porém, você não é santo e sabe bem disso. Você não poderá alcançar a justificação assim; todo o seu trabalho foi em vão; você sofreu em vão; gastou sua força para nada". Com isso, Satanás tentará abalar sua paz e sua alegria no Senhor.

John Wesley

CONSERVE A SUA SANTIDADE

...restabelecei as mãos descaídas e os joelhos trôpegos; e fazei caminhos retos para os pés, para que não se extravie o que é manco; antes, seja curado.

HEBREUS 12:12-13

Não estando contente em atacar sua paz e alegria, Satanás tentará ir mais longe, atacando sua retidão. Ele se esforçará para abalar e, se possível, destruir a santidade que você recebeu e a sua expectativa de alcançar a plenitude da imagem de Deus. Portanto, ao atacar nossa alegria no Senhor, ele também atinge nossa santidade, pois a alegria no Espírito Santo é um meio precioso de promover os santos impulsos, que são usados por Deus para realizar grande parte de sua obra em nós. O Senhor fortalece nossas mãos para prosseguirmos na obra da fé e no trabalho do amor; para corajosamente combatermos o bom combate da fé e tomarmos posse da vida eterna. Consequentemente, tudo o que diminui nossa alegria no Senhor prejudica proporcionalmente nossa santidade. Se Satanás puder, continuará tentando, por todos os meios, abalar ou destruir nossa paz, pois a paz de Deus é outro meio precioso de alcançar a imagem de Deus em nós. Dificilmente há ajuda maior para a santidade do que uma permanente tranquilidade de espírito, a serenidade de uma mente firmada em Deus, um repouso calmo no sangue de Jesus. Sem isso, dificilmente será possível crescer na graça e no vital conhecimento de nosso Senhor Jesus Cristo, porque todo medo (exceto o temor terno e filial) paralisa e entorpece a alma. O medo estanca todas as fontes da vida espiritual e interrompe qualquer movimento do coração em direção a Deus, e a dúvida, por assim dizer, aflige a alma, como se estivesse atolada em um lamaçal profundo. Por isso, na mesma proporção em que qualquer um desses males prevalece, nosso crescimento em santidade é impedido.

John Wesley

CONSERVE A SUA FÉ

De fato, sem fé é impossível agradar a Deus, porquanto é necessário que aquele que se aproxima de Deus creia que ele existe e que se torna galardoador dos que o buscam. HEBREUS 11:6

Ao mesmo tempo em que nosso astuto adversário busca ocasião para abalar nossa paz, ele se esforça para enfraquecer e, se possível, destruir nossa fé, pois a paz e a fé estão inseparavelmente ligadas, de modo que aumentam ou diminuem juntas. Enquanto nossa fé subsiste, temos paz; nosso coração permanece em paz, enquanto cremos no Senhor. Todavia, se abandonamos nossa fé — nossa confiança filial em um Deus amoroso e perdoador —, nossa paz acaba, porque o fundamento sobre o qual ela estava foi derrubado. A fé é o único fundamento da santidade e da paz; consequentemente, tudo o que atinge a fé atinge a própria raiz da santidade; pois, sem fé — sem um vivo sentimento de que Cristo me amou e se entregou por mim, sem uma firme convicção de que Deus, por amor de Cristo, é misericordioso comigo, pecador — é impossível que eu ame a Deus. E, a menos que amemos a Deus, não é possível que amemos nosso próximo como a nós mesmos. Segue-se que tudo o que enfraquece nossa fé prejudica nossa santidade, no mesmo grau. E este não é apenas o caminho mais eficaz de destruir nossa santidade, mas também o mais curto, visto que ele não afeta nenhum caráter cristão, nenhuma graça ou fruto do Espírito, mas, à medida que tem sucesso, arranca a própria raiz de toda a obra de Deus em nós. Portanto, não deve nos causar nenhum espanto que o senhor das trevas deste mundo concentre nisso todos os seus esforços.

John Wesley

CONSERVE A SUA ESPERANÇA

*Guardemos firme a confissão
da esperança, sem vacilar, pois
quem fez a promessa é fiel.*

HEBREUS 10:23

Se guardarmos firme a confissão da nossa esperança até o fim, indubitavelmente receberemos a promessa de Deus, tanto neste tempo como na eternidade. Mas aqui está outra armadilha para nossos pés: enquanto ansiamos sinceramente pela parte da promessa que deve ser cumprida aqui, podemos descuidar-nos de considerar a glória a ser revelada em nós. Nossos olhos podem ser desviados daquela coroa que o justo Juiz prometeu dar naquele dia a todos os que amam a Sua vinda; consequentemente, podemos perder de vista a herança incorruptível que está reservada para nós no Céu. Isso também seria uma perda para nossa alma e uma obstrução à nossa santidade, pois andar na visão contínua de nosso objetivo é um auxílio necessário para corrermos a carreira que nos está proposta. Foi o prêmio da soberana vocação que, outrora, encorajou Moisés a preferir "ser maltratado junto com o povo de Deus a usufruir prazeres transitórios do pecado; porquanto considerou o opróbrio de Cristo por maiores riquezas do que os tesouros do Egito..." (HEBREUS 11:25-26). Não é expressamente dito sobre Aquele que é maior do que Moisés que, "em troca da alegria que lhe estava proposta, suportou a cruz, não fazendo caso da ignomínia" até se assentar "à destra do trono de Deus" (HEBREUS 12:2)? Disso podemos facilmente inferir o quanto é necessária para nós a visão dessa alegria que nos está proposta, a fim de que suportemos qualquer cruz que a sabedoria de Deus permita vir sobre nós e possamos prosseguir, em santidade, para a glória.

John Wesley

NÃO DERRUBE AQUILO QUE VOCÊ EDIFICOU

Pois melhor lhes fora nunca tivessem conhecido o caminho da justiça do que, após conhecê-lo, volverem para trás, apartando-se do santo mandamento que lhes fora dado. 2 PEDRO 2:21

Enquanto avançamos para o alvo, bem como para aquela liberdade gloriosa que lhe é preparatória, podemos estar em perigo de cair em outra armadilha de Satanás, pela qual ele trabalha para enredar os filhos de Deus. Podemos pensar demais no amanhã, negligenciando o aperfeiçoamento de já alcançamos. Podemos esperar tanto pelo perfeito amor, a ponto de não usar o amor que já está derramado em nosso coração. Não faltam exemplos dos que têm sofrido muito com isso; daqueles que, na expectativa de ter mais cinco talentos, enterraram o que estava com eles. Assim, o sutil adversário de Deus e do homem se esforça para anular o conselho divino, dividindo o evangelho contra si mesmo, fazendo uma parte dele derrubar a outra. Vimos que Satanás tenta abalar, por assim dizer, as fontes da santidade; mas isso ele também realiza ao tornar aquela bendita esperança numa ocasião para impulsos profanos. Por isso, sempre que nossa alma está faminta e sedenta de todas as grandes e preciosas promessas; quando suspiramos pela plenitude de Deus como a corça suspira pelas correntes das águas; quando nossa alma irrompe em fervoroso desejo, "Por que tarda em vir o seu carro?" (JUÍZES 5:28), Satanás não perderá a oportunidade de nos fazer murmurar contra Deus. Ele trabalhará para excitar algum grau de irritação ou impaciência e, talvez, de inveja daqueles que acreditamos já terem alcançado o prêmio de nosso sublime chamado. Ele bem sabe que, ao ceder a qualquer um desses impulsos, derrubaremos exatamente aquilo que deveríamos edificar.

John Wesley

A VITÓRIA DA GRAÇA

*Porque pela graça sois salvos,
mediante a fé; e isto
não vem de vós; é dom de Deus...*

EFÉSIOS 2:8

Quanto mais veementemente Satanás atacar sua paz com a sugestão: "Deus é santo; você é ímpio; você está imensamente distante daquela santidade, sem a qual você não pode ver Deus. Como você pode estar no favor de Deus? Como você pode estar justificado?", seja mais enérgico em sustentar que: "Sou achado no Senhor, não por obras de justiça que eu tenha feito; sou aceito no Amado, não tendo minha própria justiça (como a causa, seja em toda ou em parte da minha justificação diante de Deus), mas a que é pela fé em Cristo, a justiça que vem de Deus pela fé". Ó, amarre isto ao seu pescoço, escreva-o na tábua do seu coração, use-o como uma pulseira em seu braço e como frontal entre seus olhos: "Eu sou justificado gratuitamente por Sua graça, pela redenção que há em Jesus Cristo". Valorize e estime cada vez mais esta preciosa verdade: pela graça somos salvos, por meio da fé. Admire, cada vez mais, a graça de Deus, que "amou ao mundo de tal maneira que deu o seu Filho unigênito" (JOÃO 3:16). Assim, o sentimento de pecaminosidade que você experimenta, por um lado, e da santidade que você espera, por outro, contribuirá para estabelecer sua paz e fazê-la fluir como um rio. Sua paz fluirá com uma corrente, apesar de todas as montanhas de impiedade, que se tornarão uma planície no dia em que o Senhor vier tomar posse total de seu coração. Nem a doença, nem a dor, nem a iminência da morte ocasionarão qualquer dúvida ou medo em você. Portanto, não esteja ansioso por coisa alguma; apenas faça seus pedidos conhecidos a Ele, não com dúvida ou medo, mas com ação de graças; como quem previamente sabe que Ele não negará a você nenhum bem.

John Wesley

A SUA GLÓRIA E COROA DE JÚBILO

*Este é o dever de que te encarrego,
ó filho Timóteo, segundo as profecias de que
antecipadamente foste objeto: combate,
firmado nelas, o bom combate, mantendo fé
e boa consciência...* 1 TIMÓTEO 1:18-19

Quanto mais você for tentado a desistir de seu escudo, de jogar fora sua fé e sua confiança no amor de Deus, tanto mais cuidado você deve tomar para manter o que alcançou. Não permita que se aparte de você estas verdades: "...temos Advogado junto ao Pai, Jesus Cristo, o Justo..." (1 JOÃO 2:1) e "...esse viver que, agora, tenho na carne, vivo pela fé no Filho de Deus, que me amou e a si mesmo se entregou por mim." (GÁLATAS 2:20). Que elas sejam sua glória e coroa de júbilo, e cuide para que ninguém tome a sua coroa. Agarre-se a isto: "...eu sei que o meu Redentor vive e por fim se levantará sobre a terra." (JÓ 19:25); "...temos a redenção, pelo seu sangue, a remissão dos pecados..." (EFÉSIOS 1:7). Assim, cheio de toda paz e alegria que habita nos que creem, prossiga para a renovação completa de sua alma à imagem daquele que a criou! Enquanto isso, clame continuamente a Deus para que você possa receber o prêmio de seu sublime chamado; não como Satanás o representa, em uma forma horrível, mas em sua beleza genuína. Considere-o como o dom mais desejável que há em todos os tesouros das ricas misericórdias de Deus. Contemplando-o por esse verdadeiro ponto de vista, você terá mais e mais fome dele; toda a sua alma terá sede de Deus e dessa gloriosa conformidade à Sua imagem; e, tendo recebido uma boa esperança de alcançá-lo e um forte consolo que vem da graça divina, você não ficará mais abatido em sua mente, mas seguirá em frente até alcançá-lo.

John Wesley

O PENHOR DA NOSSA ESPERANÇA

...já é hora de vos despertardes do sono; porque a nossa salvação está, agora, mais perto do que quando no princípio cremos.

ROMANOS 13:11

No poder da fé, prossiga rumo à glória. Desde o princípio, Deus uniu o perdão, a santidade e o Céu. Por que o homem deveria separá-los? Tenha cuidado com isso! Que nenhum elo dessa corrente de ouro seja quebrado. Deus, por amor de Cristo, perdoou-nos; e, agora, está nos renovando à Sua própria imagem. Em breve, Ele nos fará conhecê-lo e nos colocará diante da Sua face; nós, a quem Ele justificou pelo sangue de Seu Filho, sendo completamente santificados pelo Seu Espírito, ascenderemos rapidamente à Nova Jerusalém, à cidade do Deus vivo. Mais um pouco, e veremos a assembleia dos santos e Igreja dos primogênitos; a Deus, o Juiz de todos; e a Jesus, o mediador da Nova Aliança. Sem demora, essas sombras se dissiparão, e o dia da eternidade raiará sobre nós! Quão logo beberemos do rio da água da vida, que jorra do trono de Deus e do Cordeiro! Lá, todos os Seus servos o louvarão, verão Seu rosto, e, na fronte deles, estará Seu nome; lá, não haverá noite, e não necessitarão de luz nem da luz do sol, porque o Senhor Deus brilhará sobre eles, e reinarão pelos séculos dos séculos. E, se você, assim, provar da boa Palavra e dos poderes do mundo vindouro, não murmurará contra Deus, pois você verá que ainda não está preparado para a herança dos santos na luz. Em vez de se lamentar por não ter sido totalmente liberto, você louvará a Deus por tê-lo livrado até agora. Você engrandecerá a Deus pelo que Ele já fez, como um penhor do que Ele ainda fará. Em vez de se atormentar inutilmente porque o tempo ainda não se cumpriu por completo, você esperará calma e silenciosamente por Ele, sabendo que "aquele que vem virá e não tardará..." (HEBREUS 10:37).

John Wesley

CORRA A SUA CARREIRA COM DILIGÊNCIA

...associai com a vossa fé a virtude; com a virtude,
o conhecimento; com o conhecimento,
o domínio próprio; com o domínio próprio,
a perseverança; com a perseverança,
a piedade; com a piedade, a fraternidade; com
a fraternidade, o amor. 2 PEDRO 1:5-7

Se você vir alguém que parece já ser participante de sua esperança, que já está aperfeiçoado em amor (até quanto o homem pode julgar, porque somente Deus sonda os corações), não inveje a graça de Deus nele; alegre-se e conforte seu coração. Glorifique a Deus por ele, pois, quando um membro é honrado, não devem todos se regozijarem com ele? No lugar de ciúmes ou más suspeitas, deve haver louvor a Deus pela consolação! Regozije-se em ter uma prova da fidelidade de Deus no cumprimento de todas as Suas promessas e esforce-se ainda mais para apreender aquilo para o que você também foi chamado por Cristo Jesus! Para isso, redima o tempo; aproveite o momento presente para crescer na graça ou para fazer o bem. Não permita que o pensamento de receber mais graça amanhã torne você negligente hoje. Você espera receber muito de Deus no futuro? Trabalhe muito para Ele agora. Sua graça é suficiente a cada dia; o amanhã não importa. Dedique toda a diligência hoje para associar à sua fé virtude, conhecimento, domínio próprio, perseverança, piedade, fraternidade e amor, até que você alcance o amor puro e perfeito! Avance rumo à perfeição, crescendo diariamente, aperfeiçoando-se, de força em força, em resignação, em paciência, em humilde reconhecimento em face do que você já tem alcançado e por aquilo que ainda alcançará. Corra a carreira que lhe está proposta, olhando para Jesus, até que, através do amor perfeito, você entre em Sua glória!

John Wesley

POR QUE SOFREMOS COM O PECADO?

Portanto, assim como por um só homem entrou o pecado no mundo, e pelo pecado, a morte, assim também a morte passou a todos os homens, porque todos pecaram.

ROMANOS 5:12

Se "o SENHOR é bom para todos, e as suas ternas misericórdias permeiam todas as suas obras" (SALMO 145:9), por que há pecado no mundo? Pois, se não houvesse pecado, não haveria dor, visto que ela (entendendo que Deus é justo) é o efeito inevitável do pecado. Mas por que o pecado ainda existe no mundo, uma vez que o homem foi criado à imagem de Deus? O homem não é mera matéria, um bocado de terra, uma massa informe de barro, sem sentidos nem entendimento, mas é espírito, como seu Criador, um ser dotado não apenas de sentidos e entendimento, mas também de vontade. E, para coroar tudo isso, ele foi dotado de liberdade, com o poder de dirigir seus próprios sentimentos e ações, e possui uma capacidade de autodeterminação, de escolha entre o bem e o mal. De fato, se o homem não houvesse sido dotado com isso, as outras coisas seriam inúteis; se ele não fosse livre e inteligente, seu entendimento teria sido incapaz de buscar a santidade, ou qualquer tipo de virtude, como uma árvore ou um bloco de mármore. Mas, tendo de escolher o bem ou o mal, ele escolheu o mal. Assim, o pecado entrou no mundo e, com ele, dores de toda natureza, que antecedem a morte. Que loucura espantosa foi essa! Quão terrivelmente seu insensato coração foi obscurecido pelo pecado, pela culpa, pela tristeza e pelo medo! Ele perdeu sua inocência e, ao mesmo tempo, sua felicidade e sua sabedoria. Aqui está a resposta clara e inteligível para a pergunta: "Como o mal entrou no mundo?".

John Wesley

O FRUTO DO PECADO EM NÓS

Que é isso que fizeste?
GÊNESIS 3:13

Em relação à sua composição física, quando saiu das mãos de seu Criador, o homem era pó; contudo, desde que pecou, já não era mais apenas pó, mas pó mortal e corruptível. Por essa triste experiência, descobrimos que este corpo corruptível oprime e atrapalha a alma; na melhor das hipóteses, ele a serve muito imperfeitamente. No entanto, a alma não pode dispensar seu serviço, por mais imperfeito que seja, pois ela não pode formar um pensamento senão pela mediação do corpo; isso porque pensar não é, como muitos supõem, o ato de um espírito apenas, mas o ato de um espírito conectado com um corpo, tocando as teclas de seu instrumento material. A alma não pode fazer a música melhor do que a natureza e o estado do instrumento que ela toca permitem. Por isso, toda desordem do corpo, especialmente das partes mais subservientes ao pensamento, coloca uma barreira quase insuperável no caminho de seu pensamento moral. Por causa disso, temos a máxima comum a todas as épocas: "Errar é humano". O erro, assim como a ignorância, pertence ao nosso estado atual; ambos são inseparáveis da natureza humana. Todos os seres humanos erram e estão sujeitos a novos erros a cada momento, e um erro de julgamento pode causar um erro na ação; um naturalmente leva ao outro. Eu erro quando não consigo deixar de julgar o caráter de alguém: suponho que ele seja melhor ou pior do que realmente é e, com base nessa suposição errada, comporto-me mal com ele, isto é, mais ou menos afetuosamente do que ele merece. Essa é a condição atual da natureza humana, de uma mente dependente de um corpo mortal. Esse é o estado inerente a todos os espíritos humanos, enquanto ligados à carne e ao sangue!

John Wesley

SOMOS COMO UMA BRISA QUE PASSA

...porque tu és pó e ao pó tornarás.
GÊNESIS 3:19

Deus providenciou a execução de Seu decreto nos princípios de nossa natureza. Sabemos bem que o corpo humano, quando vem ao mundo, consiste em inúmeras membranas delicadamente finas, que são preenchidas com fluido circulante, do qual as partes sólidas têm uma proporção muito pequena. Nos tubos compostos por essas membranas, a nutrição deve ser continuamente infundida; caso contrário, a vida não pode continuar, tão logo ela começa. O corpo fica mais forte à medida que cresce, desde a infância até à idade adulta. Em 20, 25 ou 30 anos, atinge sua plena medida de força. Cada parte do corpo atinge seu ápice, com a solidez de que necessitam separadamente os nervos, artérias, veias, músculos, a fim de exercer suas funções da maneira mais perfeita. Mas, depois de 60 anos (mais ou menos, de acordo com a constituição natural e muitas circunstâncias ocasionais), a mudança é facilmente percebida, mesmo na aparência do corpo. As rugas mostram a proporção dos fluidos diminuindo, assim como a secura da pele, por causa da diminuição do sangue e dos fluidos, que antes a umedeciam e a mantinham lisa e macia. As extremidades do corpo ficam frias, não só porque estão distantes do centro do movimento, mas porque os vasos menores estão cheios e não podem mais comportar o fluido circulante. Na velhice extrema, as próprias artérias, os grandes instrumentos da circulação, pela contínua deterioração, tornam-se duras, até que, tendo perdido o poder de se contrair, não podem mais impulsionar o sangue. Assim são as sementes da morte semeadas em nossa própria natureza! Assim, desde a hora em que aparecemos pela primeira vez no palco da vida, estamos caminhando para a morte; estamos nos preparando, queiramos ou não, para retornar ao pó de onde viemos!

John Wesley

A CURA DE DEUS PARA O PECADO

*Porque Deus amou ao mundo
de tal maneira que deu o seu Filho unigênito,
para que todo o que nele crê
não pereça, mas tenha a vida eterna.*

JOÃO 3:16

Pode o Criador desprezar o trabalho de Suas próprias mãos? Certamente, isso é impossível! Vendo que só Ele é capaz, providenciou um remédio para todos esses males. Deus cumpriu Sua palavra e deu-nos o descendente da mulher para ferir a cabeça da serpente; Ele deu o Seu Filho unigênito — esse é o remédio para todas as nossas culpas. Cristo carregou todos os nossos pecados em Seu corpo sobre o madeiro. E, "se alguém pecar, temos Advogado junto ao Pai, Jesus Cristo, o Justo" (1 JOÃO 2:1). Aqui está o remédio para todas as nossas doenças, para toda a corrupção da nossa natureza. Deus também nos deu, pela intercessão de Seu Filho, Seu Espírito Santo, para nos renovar no conhecimento, em Sua imagem natural, abrindo os olhos do nosso entendimento e iluminando-nos com todo o conhecimento necessário para agradarmos a Ele, e também para nos renovar em Sua imagem moral, a saber, em "justiça e retidão procedentes da verdade" (EFÉSIOS 4:24). E, supondo que isso seja feito, sabemos que todas as coisas contribuirão para o nosso bem. Sabemos, por grata experiência, que todos os males naturais mudam e se transformam em bem; tristeza, doença, dor, tudo será curado pelo remédio divino para nossa doença espiritual. Todos eles serão convertidos para o nosso proveito, tornando-nos mais amplamente participantes da Sua santidade, enquanto permanecemos nesta Terra, acrescentando tantas estrelas à nossa coroa, que está reservada para nós no Céu.

John Wesley

NÃO BRINQUE COM O PECADO

*Todavia, não é assim
o dom gratuito como a ofensa...*
ROMANOS 5:15

Quão comum e quão amargo é o clamor contra nosso primeiro pai, Adão, pelo mal que ele causou não apenas a si mesmo, mas também a todas as gerações posteriores! Do mesmo modo, por sua desobediência deliberada contra Deus, "muitos se tornaram pecadores", não apenas privados do favor de Deus, como também de Sua imagem, de toda virtude, justiça e verdadeira santidade. Ademais, ficaram mergulhados, em parte, na imagem do diabo (no orgulho, na malícia e em todas as outras inclinações diabólicas) e, em parte, mergulhados na imagem do ser humano bruto (sob o domínio de paixões brutais e apetites carnais). Por isso também, a morte entrou no mundo, com todos os seus mensageiros e serviçais: a dor, a doença e uma série de inquietações, paixões e impulsos profanos. Devemos tudo isso a Adão, de quem, geração após geração, herdamos tais consequências. Tem-se repetido a mesma acusação em todas as épocas e nações, nas quais os oráculos de Deus são conhecidos; nas quais esse grande e importante evento foi revelado para os filhos dos homens. Seu coração e seus lábios também não confessam esta culpa? Quão poucos existem que acreditam no relato bíblico da queda do homem e que não nutrem o mesmo pensamento a respeito do nosso primeiro pai, condenando severamente aquele que, por desobediência voluntária à ordem de seu Criador, trouxe a morte ao mundo e todos os nossos ais!

John Wesley

A GRANDE DÁDIVA DE DEUS

*E o Verbo se fez carne
e habitou entre nós...*
JOÃO 1:14

Rogo Àquele que ama nossa alma para que abra os olhos do nosso entendimento a fim de entendermos que a humanidade ganhou, pela queda de Adão, a capacidade de alcançar mais santidade e felicidade na Terra do que seria possível se Adão não tivesse pecado. Se ele não tivesse transgredido, Cristo não teria morrido por nossos pecados. Nada pode ser mais claro do que isto: a menos que todos os participantes da natureza humana tivessem recebido essa ferida mortal em Adão, não teria sido necessário que o Filho de Deus tomasse sobre Ele nossa natureza caída. Este é o fundamento de Sua vinda ao mundo: "Portanto, assim como por um só homem entrou o pecado no mundo, e pelo pecado, a morte, assim também a morte passou a todos os homens, porque todos pecaram." (ROMANOS 5:12) Não foi para remediar essa situação que "o Verbo se fez carne"? "Se, pela ofensa de um e por meio de um só, reinou a morte, muito mais os que recebem a abundância da graça e o dom da justiça reinarão em vida por meio de um só, a saber, Jesus Cristo." (ROMANOS 5:17). E qual é a consequência necessária disso? É que não poderia haver fé em Deus, que amou o mundo, de forma que deu Seu único Filho por nós, para nossa salvação; não poderia haver fé no Filho de Deus, que "nos amou e se entregou a si mesmo por nós" (EFÉSIOS 5:2); não poderia haver fé no Espírito de Deus, que renova a imagem de Deus em nosso coração, ressuscitando-nos da morte do pecado para a vida de justiça. De fato, todo o privilégio da justificação pela fé não poderia existir; não haveria redenção pelo sangue de Cristo, nem poderia Cristo ter se tornado "da parte de Deus, sabedoria, e justiça, e santificação, e redenção" (1 CORÍNTIOS 1:30).

John Wesley

DEUS FAZ ABUNDAR SEU AMOR EM NÓS

*Nós amamos porque
ele nos amou primeiro.*
1 JOÃO 4:19

O fundamento do nosso amor por Deus enquanto permanecemos no corpo é claramente declarado pelo apóstolo João nessas palavras. Amados, que tipo de amor é esse com que Deus nos amou, que o fez entregar Seu único Filho, cuja glória é igual à do Pai, em majestade coeterna? Que tipo de amor é este com o qual o Filho unigênito de Deus nos amou, que o capacitou a se esvaziar tanto quanto possível de Sua divindade eterna? Que o fez despojar-se daquela glória que Ele tinha com o Pai antes da fundação do mundo? Que o fez tomar sobre si a forma de servo, tornando-se em semelhança de homem, e, então, para se humilhar ainda mais, foi "obediente até à morte, e morte de cruz"? Ora, se Deus assim nos amou, não devemos também amar uns aos outros? Mas o aumento do amor fraterno seria impossível se Adão não tivesse caído. Consequentemente, não poderíamos amar uns aos outros de uma forma tão intensa quanto podemos. Nem poderia haver esta altura e profundidade na ordem de nosso bendito Senhor: "...assim como eu vos amei, que também vos ameis uns aos outros" (JOÃO 13:34). E, como nossa fé no Deus Pai e no Deus Filho recebe um aumento indescritível pelo fato de Ele ter nos dado Seu único Filho, também aumenta nosso amor ao Pai e ao Filho; e, ainda, nosso amor ao próximo e para com toda a humanidade, na mesma proporção que aumenta nossa fé e nosso amor a Deus.

John Wesley

O GRANDE MISTÉRIO
DA PIEDADE

Com efeito, o mistério da iniquidade
já opera e aguarda somente
que seja afastado aquele que agora o detém...
2 TESSALONICENSES 2:7

Sem indagar até que ponto essas palavras se referem a qualquer evento particular na Igreja de Cristo, quero considerar esta importante questão: De que maneira o mistério da iniquidade operou entre nós até que tenha quase coberto toda a Terra. Sabemos que "Deus fez o homem reto" (ECLESIASTES 7:29), perfeitamente santo e feliz; mas, ao se rebelar contra Deus, o homem destruiu a si mesmo, perdeu o favor e a imagem de Deus. Sua rebelião trouxe o pecado e com ele a dor sobre o primeiro homem e sobre a sua posteridade. No entanto, seu misericordioso Criador não o deixou nesse estado de desesperança; Ele imediatamente nomeou Seu Filho, Seu Filho muito amado, "que é o resplendor da glória e a expressão exata do seu Ser" (HEBREUS 1:3), para ser o Salvador do mundo; a propiciação pelos pecados de todo o mundo; o grande Médico que, por Seu Espírito onipotente, pode curar a doença da alma e restaurar o homem, não apenas ao favor, mas à imagem de Deus, à qual foi criado. Esse grande mistério da piedade começou a operar desde que o Cordeiro, que foi "morto desde a fundação do mundo" (APOCALIPSE 13:8), pelo Espírito santificador, começou a renovar a alma dos homens. Temos um exemplo inegável disso em Abel, que "obteve [de Deus] testemunho de ser justo" (HEBREUS 11:4). Desde então, todos os que participam dessa mesma fé são participantes da mesma salvação; e são restabelecidos não apenas ao favor, como também à imagem de Deus.

John Wesley

A IGREJA GENUÍNA

*...Enquanto isso,
acrescentava-lhes o Senhor, dia a dia,
os que iam sendo salvos.*

ATOS 2:47

A expressão "iam sendo salvos" é peculiar. Para vermos claramente como eles "eram salvos", precisamos apenas observar o breve relato que está registrado na última parte dos capítulos dois e quatro do livro de Atos. Eles "perseveraram na doutrina dos apóstolos e na comunhão, no partir do pão e nas orações" (ATOS 2:42). Isto é, eles eram diariamente ensinados pelos apóstolos e tinham todas as coisas em comum, recebiam a Ceia do Senhor e participavam do culto público. E, depois, lemos: "Da multidão dos que creram", agora grandemente aumentada, "era um o coração e a alma. Ninguém considerava exclusivamente sua nem uma das coisas que possuía; tudo, porém, lhes era comum" (ATOS 4:32). E, ainda: "...os que possuíam terras ou casas, vendendo-as, traziam os valores correspondentes e depositavam aos pés dos apóstolos..." (ATOS 4:34-35). Mas, neste ponto, surge naturalmente uma pergunta: Como eles chegaram a essa prática de ter todas as coisas em comum, visto que não lemos sobre nenhum mandamento para se fazer isso? Eu respondo: Não era preciso nenhum mandamento externo, pois o mandamento estava escrito na tábua do coração deles. Isso resultava natural e necessariamente do grau de amor que eles tinham. Observe: "...era um o coração e a alma", e ninguém (assim está no texto bíblico) considerava dizer que qualquer coisa que possuía era de si próprio (eles não conseguiam, pois o coração deles transbordava de amor). Pois eu lhes digo que, onde quer que esse mesmo espírito prevaleça, o mesmo efeito se seguirá naturalmente. Ali estava o alvorecer do evangelho genuíno, da Igreja cristã genuína. O "sol da justiça" nascia sobre a Terra, "trazendo salvação nas suas asas" (MALAQUIAS 4:2).

John Wesley

ESTEJA SEMPRE FIRMADO NO SENHOR

Disse comigo mesmo: guardarei os meus caminhos, para não pecar com a língua; porei mordaça à minha boca, enquanto estiver na minha presença o ímpio.

SALMO 39:1

Fique atento com aquele que não está procurando sinceramente a salvação de sua alma. Temos necessidade de manter nosso coração e boca com uma mordaça, enquanto o ímpio estiver diante de nós. Sua conversa e seu espírito são contagiosos e nos pegam de surpresa, sem sabermos como. Por isso, "Feliz o homem constante no temor de Deus..." (PROVÉRBIOS 28:14), também nesse sentido, que não participa dos pecados de outros homens. Ó, "Conserva-te a ti mesmo puro" (1 TIMÓTEO 5:22); "Vigiai e orai, para que não entreis em tentação..." (MARCOS 14:38). Por último, podemos aprender com isso que aqueles que escaparam da corrupção deste mundo se tornam motivo para rendermos graças; aqueles a quem Deus escolheu para serem santos e inculpáveis, livrando-os da mão do inimigo. Vamos louvá-lo, porque Ele nos permite ver o estado deplorável de tudo o que está ao nosso redor; ver a maldade que transborda no mundo. Damos graças a Ele, que nos livrou de tão grande morte, e ainda nos livra! E temos mais motivos para gratidão e forte consolo na bendita esperança que Deus nos deu de que está próximo o tempo quando a justiça será tão onipresente quanto a injustiça é agora. Por isso, "toda a criação, a um só tempo, geme e suporta angústias até agora" (ROMANOS 8:22); entretanto, nosso conforto é que nem sempre gemeremos; Deus se levantará, e toda a criação será liberta da corrupção moral e da corrupção natural. O pecado e suas consequências não existirão mais; santidade e felicidade cobrirão a Terra. Então, todos os confins do Terra verão a salvação de nosso Deus, e toda a raça humana conhecerá, amará e servirá a Deus para todo o sempre!

John Wesley

O DEVER DE REPREENDER O PRÓXIMO

Não aborrecerás teu irmão no teu íntimo;
mas repreenderás o teu próximo...
LEVÍTICO 19:17

Uma grande parte do livro de Levítico fala sobre a lei ritual ou cerimonial que foi particularmente dada aos filhos de Israel. No entanto, é fácil observar que muitos preceitos morais excelentes estão intercalados com essas leis cerimoniais, tais como: "Não rebuscarás a tua vinha, nem colherás os bagos caídos da tua vinha; deixá-los-ás ao pobre e ao estrangeiro" (v.10); "Não furtareis, nem mentireis, nem usareis de falsidade cada um com o seu próximo" (v.11); e "Não oprimirás o teu próximo, nem o roubarás" (v.13). Consideremos: qual é o dever aqui prescrito? O que devemos repreender ou reprovar em nosso próximo? Somos chamados a repreender o pecado e a repreender aquele que comete o pecado. Devemos fazer tudo o que está ao nosso alcance para convencê-lo de sua culpa e levá-lo ao caminho do arrependimento. O amor exige que o admoestemos, não apenas sobre o pecado, mas também sobre qualquer erro que, caso ele persista, o levará naturalmente ao pecado. Se não o aborrecermos em nosso íntimo, mas o amarmos como a nós mesmos, este será nosso esforço constante: adverti-lo de todo mau caminho e de todo erro que tende ao mal. Porém, se não queremos que nosso trabalho seja vão, não devemos repreender alguém por qualquer coisa que seja de natureza discutível. Uma coisa pode parecer má para mim e, por isso, hesito em fazê-la; e, se eu a fizesse enquanto essa dúvida permanecesse, seria um pecador diante de Deus. Mas o outro não deve ser julgado pela minha consciência; "para o seu próprio senhor está em pé ou cai" (ROMANOS 14:4). Portanto, não devo repreendê-lo, a não ser pelo que é clara e inegavelmente mau.

John Wesley

COMO DEVEMOS REPREENDER NOSSO IRMÃO?

Disciplinando com mansidão os que se opõem,
na expectativa de que Deus lhes conceda
não só o arrependimento para conhecerem plenamente
a verdade, mas também o retorno à sensatez...
2 TIMÓTEO 2:25,26

Sabemos que devemos repreender nosso irmão quando ele peca, mas como devemos fazer isso? É preciso admitir que há uma dificuldade em realizar essa tarefa corretamente, embora, ao mesmo tempo, seja mais fácil para alguns do que para outros. Há quem seja particularmente qualificado para isso por natureza, prática ou graça divina. Eles não se sobrecarregam, não sentem vergonha, nem sentem aquele fardo pesado de medo do outro. Mas, talvez, isso possa ser uma cruz para nós, em maior ou menor grau, ainda que saibamos que faz parte do nosso chamado no Senhor. E, por isso, mesmo com dificuldade, cumprimos essa tarefa, sabendo em quem confiamos e que Ele certamente cumprirá Sua palavra: "...dure a sua força como os seus dias" (DEUTERONÔMIO 33:25 NVI). De que maneira, então, devemos repreender nosso irmão, para que nossa repreensão seja mais eficaz? Antes de tudo, cuidemos para seja feito em amor fraterno; em espírito terno, de boa vontade para com o nosso próximo, pois se trata de alguém que é filho do nosso Pai, por quem Cristo morreu, para que ele pudesse ser participante da salvação. Tenha cuidado para falar com espírito de humildade e para não pensar de si mesmo além do que convém; se você pensa muito bem de si mesmo, dificilmente poderá evitar desprezar seu irmão. E, se você mostrar, ou mesmo sentir, o menor desprezo por aquele a quem você repreende, isso destruirá todo o seu trabalho e o levará a perder toda a sua obra. Então, pela graça de Deus, o amor gerará amor; sua ternura ao repreender alcançará o coração de quem o ouve e você descobrirá, no devido tempo, que seu trabalho não foi vão no Senhor.

John Wesley

SEJA SÁBIO E NÃO DESANIME

*Como maçãs de ouro em salvas de prata,
assim é a palavra dita a seu tempo.*

PROVÉRBIOS 25:11

Lembre-se sempre dessas palavras de Salomão. Se você for chamado para repreender alguém que você provavelmente não verá mais, deve aproveitar a oportunidade e falar; mas, em relação àqueles que você vê com frequência, pode esperar por uma ocasião apropriada. Você que é diligente neste trabalho de amor, cuide para não desanimar, mesmo que, depois de ter usado seus melhores esforços, você não tenha visto nenhum fruto. Lembre-se de Abraão, que "esperando contra a esperança, creu" (ROMANOS 4:18) e "Lança o teu pão sobre as águas, porque depois de muitos dias o acharás" (ECLESIASTES 11:1). No caso dos que se embriagam, há quem diga que repreendê-los "é como jogar as suas palavras no lixo". Não ouso dizer isso; tenho visto não poucos exemplos que são o oposto. Anos atrás, passando por um homem que estava tão embriagado que mal conseguia ficar de pé, coloquei um panfleto em sua mão. Ele olhou para mim e disse: "Eu sei que estou errado. Por favor, permita-me conversar um pouco com você". Ele me segurou pela mão por meia hora e acredito que ele não se embriagou mais. Eu rogo a vocês, irmãos, pelas misericórdias de Deus: não desprezeis os pobres bêbados! Tenham compaixão deles! Falem com eles a tempo e fora de tempo! Muitos deles não têm esperança de escapar da situação em que se encontram e afundam cada dia mais, porque ninguém mais acredita neles! Um respeitado pastor disse: "Eu vi com frequência pecadores de outro tipo serem convertidos a Deus, mas um bêbado eu nunca vi"; eu, contudo, conheci centenas, talvez milhares. Quando você sentir que Deus acendeu essa chama em seu coração, não a contenha! Dê total liberdade para ela arder. O forte, o de coração duro, se derreterá diante de você e saberá que verdadeiramente Deus está com você.

John Wesley

OS SINAIS DO REINO DE DEUS

*Sabeis, na verdade, discernir o aspecto
do céu e não podeis discernir
os sinais dos tempos?*

MATEUS 16:3

Que tempos são esses sobre os quais nosso Senhor está falando? É fácil responder: os tempos do Messias; os tempos ordenados antes da fundação do mundo, em que agradou a Deus dar Seu Filho unigênito, colocando nossa natureza sobre Ele, para viver uma vida de tristeza e dor e, enfim, ser obediente até à morte, e morte de cruz. O Senhor mesmo declara: "Ide e anunciai a João o que estais ouvindo e vendo..." (MATEUS 11:4). E o que eles estavam vendo? Aqueles que antes eram surdos, agora ouviam, não apenas as palavras dos homens, mas também os sussurros da graça divina; aqueles que nunca haviam se levantado do chão, ou dado um passo em direção ao Céu, agora estavam andando em todos os caminhos de Deus; sim, correndo a carreira que lhes estava proposta. Os leprosos eram purificados daquela lepra mortal do pecado, que nenhuma sabedoria humana poderia curar. E nunca, em qualquer época ou nação, esta verdade se cumpriu de forma tão notável: o evangelho estava sendo pregado aos pobres. Assim também hoje, a fé que opera pelo amor, a santidade interior e exterior, ou, usando os termos de Paulo, "justiça, e paz, e alegria no Espírito Santo" (ROMANOS 14:17), se espalham por várias partes do mundo, e os pecadores são verdadeiramente convertidos a Deus aos milhares, completamente transformados tanto no coração quanto na vida! E, no entanto, os sábios do mundo, os homens mais eminentes, cheios de erudição e renome, não podem discernir os sinais destes tempos! Eles não podem ver nenhum sinal da manifestação de Deus para estabelecer seu reino sobre a Terra!

John Wesley

DEIXE SUA LUZ BRILHAR NESTE MUNDO

*...te admoesto que reavives
o dom de Deus que há em ti...*
2 TIMÓTEO 1:6

Você que reconhece o dia da sua visitação, cuide para que você mesmo não receba a bênção divina em vão. Comece pela base, se ainda não o fez: arrependa-se e creia no evangelho! Se você creu, examine-se para não perder o que você tem realizado e para que seu galardão seja completo! Desperte o dom de Deus que está em você! Ande na luz, como Ele está na luz. E, enquanto você agarra firmemente o que alcançou, prossiga para a perfeição, até que você seja totalmente aperfeiçoado em amor; depois, ajude os seus irmãos. Enquanto tiver tempo, faça o bem a todos os homens, mas principalmente aos domésticos da fé. Proclame as boas-novas da salvação que estão sendo reveladas, não apenas aos de sua própria casa, não apenas para seus parentes, amigos e conhecidos, mas para todos a quem Deus providencialmente entregar em suas mãos! Você, que já sabe em quem você tem crido, é o sal da Terra; então, trabalhe para temperar, com o conhecimento e o amor de Deus, tudo com o que você tem contato! Você é como uma cidade edificada sobre um monte; você não pode e não deve ser escondido. Você é a luz do mundo; ninguém acende uma candeia e a coloca debaixo do alqueire, quanto mais o Deus de toda sabedoria! De forma alguma! Sua luz deve brilhar para todos os que estão na casa, todos os que são testemunhas de sua vida e de sua conversão. Acima de tudo, persevere em oração por você mesmo, por toda a Igreja de Cristo e por todos os filhos dos homens, para que se lembrem de si mesmos e se convertam ao nosso Deus, para que também gozem da bênção do evangelho na Terra e da glória de Deus no Céu!

John Wesley

CONFIE NA SOBERANIA DE DEUS

*Até os cabelos da vossa cabeça
estão todos contados. Não temais...*
LUCAS 12:7

Nos versículos anteriores a esse, nosso Senhor estava advertindo Seus discípulos contra o medo do homem. No versículo 4, Ele diz: "...não tenhais os que matam o corpo e, depois disso, nada mais podem fazer". Ele queria resguardá-los desse medo lembrando-os do que era infinitamente mais terrível do que qualquer outra coisa que o homem pudesse infligir: "...temei aquele que, depois de matar, tem poder para lançar no inferno..." (v.5). Ele os acautela ainda mais sobre isso ao fazê-los considerar uma providência imperiosa: "Não se vendem cinco pardais por dois asses? Entretanto, nenhum deles está em esquecimento diante de Deus" (v.6). Devemos observar que essa forte expressão, repetida por Mateus, não necessariamente implica (embora alguém possa pensar assim inocentemente) que Deus conta os cabelos que estão na cabeça de todas as Suas criaturas literalmente. Na verdade, essa é uma expressão proverbial cujo sentido é de que nada é tão pequeno ou insignificante que não seja objeto da providência divina, no que diz respeito à felicidade de qualquer uma de Suas criaturas na Terra. Ele está preocupado, a cada momento, com o que acontece a cada uma delas e, mais especialmente, com tudo o que acontece a qualquer um dos filhos dos homens. É, de fato, muito difícil compreender isso; porém, devemos crer, a menos que queiramos tachar Deus de mentiroso. Cabe a nós, então, nos humilharmos diante de Deus e reconhecer nossa ignorância. Realmente, como podemos esperar que um homem seja capaz de compreender um verme? Muito menos devemos esperar que um homem possa compreender a Deus!

John Wesley

A MARAVILHOSA PROVIDÊNCIA DIVINA

O Senhor é bom para todos, e as suas ternas misericórdias permeiam todas as suas obras. SALMO 145:9

Como pode o ser finito medir Aquele que é infinito? Deus é infinito em sabedoria, bem como em poder, e toda a Sua sabedoria é continuamente empregada na gestão de todos os assuntos de Sua criação para o bem de todas as Suas criaturas, pois Sua sabedoria e bondade andam de mãos dadas; elas estão inseparavelmente unidas e agem continuamente em harmonia com o poder supremo, para o bem de todas as Suas criaturas. Seu poder, sendo igual à Sua sabedoria e bondade, coopera continuamente com elas, e, para Ele, todas as coisas são possíveis. Ele faz tudo o que lhe agrada, no Céu e na Terra, no mar e em todas as profundezas, e não podemos duvidar de que Ele exerce todo o Seu poder, tanto ao sustentar quanto ao governar tudo o que Ele fez. Considerando que toda a multiforme sabedoria de Deus (assim como o Seu poder e bondade) é manifesta ao governar o homem — não como um tronco ou uma pedra, mas como um espírito inteligente e livre, capaz de escolher o bem ou o mal —, vemos a profundidade de Sua sabedoria em Sua adorável providência; ao governar os homens, não destruindo o seu entendimento, nem sua vontade, nem sua liberdade. Ele ordena que todas as coisas, tanto no Céu como na Terra, ajudem o homem a atingir o fim de seu ser, a desenvolver sua salvação, uma vez que isso possa ser feito sem anular sua liberdade. A providência divina oferece ao homem toda ajuda possível, a fim de fazer o bem e evitar o mal, o que pode ser feito sem transformar o homem em uma máquina; sem torná-lo incapaz de discernir entre a virtude e o vício, a recompensa ou a punição. O Senhor se importa com o mais repudiado dos homens. Pode-se dizer com verdade: "Livre como o ar, Tua generosidade flui sobre todas as Tuas obras. Os raios de Tuas misericórdias difundem-se como os raios do Sol ao nascer".

John Wesley

O SENHOR CUIDA DOS QUE SÃO SEUS

*Observai as aves do céu: não semeiam,
não colhem, nem ajuntam em celeiros; contudo,
vosso Pai celeste as sustenta. Porventura,
não valeis vós muito mais do que as aves?*

MATEUS 6:26

Deus cuida mais diretamente daqueles que são chamados cristãos, todos os que professam crer em Cristo. Podemos razoavelmente pensar que esses o honram, em algum grau, pelo menos mais do que os não cristãos. Deus, da mesma forma, em certa medida, os honra e tem um cuidado maior com eles. O Deus a quem eles até professam servir mantém Sua própria causa, para que os espíritos das trevas não reinem sobre eles como fazem sobre o mundo. Dentro desse grupo, encontramos um círculo mais íntimo, no qual estão apenas os verdadeiros cristãos; aqueles que adoram a Deus, não apenas externamente, mas em espírito e em verdade. Nesse círculo, estão todos os que amam a Deus, ou, pelo menos, verdadeiramente o temem e praticam a justiça; todos em quem está a mente de Cristo, que andam como Ele andou. As palavras de nosso Senhor recitadas acima referem-se peculiarmente a estes, e é para eles também que Jesus diz: "Até os cabelos da vossa cabeça estão todos contados..." (LUCAS 12:7). Ele vê a alma e o corpo deles; Ele toma nota de todos os seus impulsos, desejos e pensamentos, todas as suas palavras e ações. Ele anota todos os seus sofrimentos, internos e externos, e a fonte de onde eles vêm, para que possamos dizer: "Tu conheces as dores que Teus servos sentem; tu ouves o clamor de Teus filhos e seus melhores desejos para cumprir; Tua graça está sempre próxima". Nada relativo a eles é muito grande ou muito pequeno para que o Senhor não atente. Ele tem Seus olhos continuamente postos em cada pessoa que é membro desta família.

John Wesley

CUIDADO COM O ENGANO DAS RIQUEZAS

...mas os cuidados do mundo, a fascinação da riqueza e as demais ambições, concorrendo, sufocam a palavra, ficando ela infrutífera.

MARCOS 4:19

De todas as tentações, nenhuma atacou a obra de Deus como o engano das riquezas. De fato, elas são enganadoras! Pois, quem acreditará que elas possam fazer o menor dano? Por riquezas, não quero dizer muito dinheiro, mas aquilo que é necessário para suprir as conveniências da vida. Assim, considero-me um homem rico, que tem comida e roupas para si e para a família, sem precisar me endividar para isso. E quantos que vivem nessa situação são feridos, se não destruídos? No entanto, quem toma isso como aviso? Quem considera seriamente a terrível declaração do apóstolo: "Ora, os que querem ficar ricos caem em tentação, e cilada, e em muitas concupiscências insensatas e perniciosas, as quais afogam os homens na ruína e perdição." (1 TIMÓTEO 6:9)? Quantos daqueles que antes eram simples de coração, que não desejavam nada além de Deus, estão agora satisfazendo a concupiscência da carne! Você não faz parte desse grupo? Quantos estão satisfazendo a concupiscência dos olhos, usando todos os meios ao seu alcance, para ampliar os prazeres da sua imaginação! Quantos estão se entregando à soberba da vida, buscando a honra que vem dos homens ou acumulando tesouros na Terra! Eles se apegam cada vez mais ao pó e terão cada vez menos comunhão com Deus. Não é este o seu caso? Você não está cada vez mais vivo para o mundo e, consequentemente, cada vez mais morto para Deus? Não há outra maneira sob o Céu para evitar que seu dinheiro o afunde mais fundo do que a sepultura! E se o amor ao mundo estiver em você em um grau tão alto, o amor de Deus sairá do seu coração.

John Wesley

A LIMITAÇÃO DO NOSSO SABER

...porque, em parte, conhecemos...
1 CORÍNTIOS 13:9

O desejo de conhecimento é um princípio universal no homem, colocado em sua natureza. Ele é constante em toda criatura racional, a menos que seja bloqueado por algum desejo mais forte, e é colocado em cada alma humana para propósitos excelentes. Ele se destina a impedir nosso descanso em qualquer coisa deste mundo; leva nossos pensamentos a assuntos cada vez mais sublimes, cada vez mais dignos de nossa consideração, até ascendermos à Fonte de todo conhecimento e toda excelência, o Criador sábio e gracioso. Mas, embora nosso desejo de conhecimento não tenha limites, nosso conhecimento tem; ele é confinado dentro de limites muito estreitos, mais do que pessoas imaginam, ou que os homens eruditos estão dispostos a reconhecer. O conhecimento atual do homem é exatamente adaptado às suas necessidades; é suficiente para nos alertar e nos preservar da maioria dos males aos quais estamos expostos e para obtermos o que for necessário para este nosso estado de existência. Sabemos tudo o que nos leva a viver confortavelmente neste mundo; mas, sobre inúmeras coisas acima, abaixo e ao nosso redor, sabemos pouco mais do que o básico. E, nessa profunda ignorância, vemos a bondade de Deus, bem como a Sua sabedoria, em reter Seu conhecimento por todos os lados, com o propósito de "apartar o homem do seu desígnio e livrá-lo da soberba" (JÓ 33:17). É por isso que, pela própria constituição de sua natureza, o mais sábio dos homens "conhece", mas "em parte". E quão incrivelmente pequena é a parte que ele conhece, seja do Criador, seja de Suas obras! Que o Deus da sabedoria e do amor abra nossos olhos para discernir nossa própria ignorância!

John Wesley

O NECESSÁRIO USO DA RAZÃO

Irmãos, não sejais meninos no juízo;
na malícia, sim, sede crianças; quanto ao juízo,
sede homens amadurecidos.

1 CORÍNTIOS 14:20

Ninguém pode duvidar de que a razão é de considerável utilidade em todas as coisas. Mas, se falarmos das coisas superiores, a razão é uma ajuda ou um obstáculo à religião? O fundamento da verdadeira religião repousa sobre os oráculos de Deus. Ele é construído sobre os profetas e apóstolos, sendo o próprio Jesus Cristo a principal pedra angular. Ora, de que grande utilidade é a razão, se quisermos compreender a nós mesmos, ou explicar aos outros esses oráculos vivos! E, sem ela, como é possível compreender as verdades essenciais neles contidas? Não é a razão (assistida pelo Espírito Santo) que nos permite compreender o que as Sagradas Escrituras declaram sobre o ser e os atributos de Deus, Sua eternidade e imensidão, Seu poder, sabedoria e santidade? É pela razão que Deus nos capacita, em certa medida, a compreender como Ele lida com os filhos dos homens, a natureza de suas várias dispensações, da Antiga e da Nova Aliança, da Lei e do evangelho. É por isso que entendemos (com seu Espírito abrindo e iluminando os olhos do nosso entendimento) o que é esse arrependimento; o que é a fé pela qual somos salvos; qual é a natureza e a condição da justificação; quais são os frutos imediatos e subsequentes a esse arrependimento. Pela razão, aprendemos o que é esse novo nascimento, sem o qual não podemos entrar no reino dos Céus, e o que é a santidade, sem a qual ninguém verá o Senhor. Pelo devido uso da razão, chegamos a saber quais são os impulsos da santidade interior e o que é ser exteriormente santo (santo em todo tipo de conversas e ações). Em outras palavras, qual é a mente que estava em Cristo e o que é andar como Cristo andou.

John Wesley

O MINISTÉRIO DOS ANJOS PARA NÓS

*Não são todos eles espíritos ministradores,
enviados para serviço a favor
dos que hão de herdar a salvação?*

HEBREUS 1:14

Muitos dos antigos pagãos tinham, provavelmente por tradição, alguma concepção sobre anjos bons e maus. Eles criam em uma ordem superior de seres, entre os homens e Deus, a quem os gregos geralmente chamavam de demônios e os romanos, de gênios. Mas apenas a revelação das Escrituras é capaz de ir além desse entendimento vago, dando-nos um relato claro, racional e consistente daquilo que nossos olhos não viram nem nossos ouvidos ouviram a respeito de anjos bons e maus. Porém, eu quero falar apenas sobre os primeiros; sobre os anjos bons, temos um relato interessante, embora breve, nestas palavras: "Não são todos eles espíritos ministradores…?". Aprendemos que, em relação à sua essência, ou natureza, eles são todos espíritos, e, como tais, Deus os dotou de entendimento, vontade, afetos e liberdade. Mas de que maneira eles usam seu entendimento? Ora, não é seu primeiro cuidado ministrar à nossa alma? Eles podem nos ajudar em nossa busca pela verdade, remover muitas dúvidas e dificuldades, lançar luz sobre o que antes era duvidoso ou obscuro e nos confirmar na verdade e na piedade. Eles podem nos alertar sobre o mal disfarçado e colocar o que é bom sob uma clara e forte luz. Eles podem gentilmente mover nossa vontade para abraçar o que é bom e fugir do que é mau. Eles podem estimular nossas afeições, aumentar nossa esperança e nos ajudar mais ardentemente a amar Aquele que nos amou primeiro. Sim, eles podem ser enviados por Deus com respostas às nossas orações, embora não sejamos capazes de explicar a forma como isso é feito enquanto estivermos neste corpo.

John Wesley

APRENDA A SER HUMILDE DE CORAÇÃO

Rogo-vos, pois, eu, o prisioneiro no Senhor, que andeis de modo digno da vocação a que fostes chamados, com toda a humildade e mansidão...
EFÉSIOS 4:1-2

Devemos sempre lembrar que a palavra "andar", na linguagem do apóstolo, tem sentido amplo; ela inclui todos os pensamentos, palavras e ações. Portanto, andar de modo digno da nossa vocação não é pouca coisa. Somos chamados a não pensar de nós mesmos mais do que devemos pensar; a conhecer a nós mesmos como também somos conhecidos por Aquele a quem nenhum coração fica encoberto; a sermos profundamente conscientes de nossa própria indignidade, da depravação completa de nossa natureza (na qual não habita nada de bom), admitindo que não estamos apenas enfermos, mas mortos em delitos e pecados, até que Deus sopre sobre os nossos ossos secos e crie vida pelo fruto de Seus lábios. Caso contrário, estaremos em perigo perpétuo de roubar a honra devida a Deus, gloriando-nos em algo que recebemos, como se não o tivéssemos recebido dele. Quando nossa alma está completamente tomada por esse mal, resta-nos obedecer a ordem do apóstolo: "...cingi-vos de humildade..." (1 PEDRO 5:5). A expressão usada por Pedro parece implicar que devemos nos revestir da humildade como um sobretudo, que sejamos completamente humildes, por dentro e por fora. E, sendo ensinados por Aquele que era manso e humilde de coração, seremos habilitados a andar com toda a mansidão. Isso implica não apenas o domínio sobre a ira, mas também sobre todas as paixões violentas e turbulentas. Que todas as nossas ações brotem dessa fonte e que todas as nossas palavras sejam inspiradas por esse espírito, para que todos saibam que estivemos com Jesus e que dele aprendemos a ser humildes de coração.

John Wesley

SEJA DILIGENTE NA LONGANIMIDADE

...com longanimidade, suportando-vos uns aos outros em amor, esforçando-vos diligentemente por preservar a unidade do Espírito no vínculo da paz...

EFÉSIOS 4:2-3

Andar "com longanimidade" está relacionado com a mansidão, mas envolve algo mais; faz parte da vitória que o crente conquista sobre suas paixões turbulentas, mesmo diante das investidas de todos os poderes das trevas e de homens maus. O longânimo triunfa sobre toda oposição serenamente, apesar de todas as ondas e tempestades que passam sobre ele. Embora provocado, mantêm-se calmo e inabalável, nunca vencido pelo mal, mas vencendo o mal com o bem. Suportar os outros em amor parece significar não apenas não se ressentir de nada e não se vingar; não apenas não ferir ou entristecer um ao outro, seja por palavras ou atos; mas também carregar as cargas dos outros e reduzi-las, por todos os meios que estiverem ao nosso alcance. Implica solidarizar-se com o próximo em suas tristezas, aflições e enfermidades; a suportá-lo em situações em que, sem nossa ajuda, ele estaria sujeito a naufragar sob seus fardos; implica no esforço de levantá-lo de seu estado e fortalecer seus joelhos fracos. Finalmente: os verdadeiros membros da Igreja de Cristo "se esforçam" com toda a diligência possível, com todo cuidado e esforço, com incansável paciência (e toda será pouco) para "preservar a unidade do Espírito no vínculo da paz", para manter inviolado o espírito de humildade e mansidão, de longanimidade, tolerância mútua e amor; e tudo isso consolidado e unido por aquele laço sagrado: a paz de Deus que enche nosso coração. Só assim poderemos ser e continuar sendo membros vivos daquela Igreja maravilhosa que é o corpo de Cristo.

John Wesley

O TEMOR DO INFERNO

*...onde não lhes morre o verme,
nem o fogo se apaga.*

MARCOS 9:48

Toda verdade revelada nos oráculos de Deus é, sem dúvida, de grande importância. No entanto, podemos entender que alguns assuntos que são revelados são de maior importância do que outros, por estarem mais diretamente ligados ao maior de todos os fins, que é a salvação eterna dos homens. E podemos julgar sua importância mesmo a partir desta circunstância: que eles não são mencionados apenas uma vez nos escritos sagrados, mas são repetidos várias vezes. Um exemplo notável disso é a verdade que está agora diante de nós: o inferno. Nosso bendito Senhor, que não usa palavras supérfluas, repete esse assunto várias vezes no mesmo capítulo, por assim dizer, em um só fôlego. Lemos, no versículo 43, que "se a tua mão te faz tropeçar", ou seja, se alguma coisa ou pessoa, tão útil quanto uma mão, for ocasião de pecado para você e não houver maneira de evitar esse pecado, "corta-a; pois é melhor entrares maneta na vida do que, tendo as duas mãos, ires para o inferno, para o fogo inextinguível...". Então, novamente, nos versículos 45 ao 48, Ele repete a mesma admoestação. E não pensemos que essas terríveis verdades são apropriadas apenas para terríveis pecadores; vemos, nestes versículos, que nosso Senhor fala àqueles que eram, sem dúvida, os homens mais santos da Terra. Nosso Senhor diz a eles: "Não temais os que matam o corpo e, depois disso, nada mais podem fazer [...] temei aquele que, depois de matar, tem poder para lançar no inferno..." (LUCAS 12:4-5). Sim, temei-o sabendo que Ele tem poder para lançá-lo no inferno. Esse temor, mesmo para os filhos de Deus, é um excelente meio de preservá-los desse terrível destino.

John Wesley

O PERIGO DA DIVISÃO ENTRE OS IRMÃOS

Rogo-vos, irmãos, pelo nome de nosso Senhor Jesus Cristo, que faleis todos a mesma coisa e que não haja entre vós divisões; antes, sejais inteiramente unidos, na mesma disposição mental e no mesmo parecer.

1 CORÍNTIOS 1:10

Nesse versículo, vemos que a divisão que havia na igreja de Corinto era exatamente o oposto de uma unidade de pensamento e julgamento. A expressão "entre vós" mostra que não se tratava de uma separação da igreja em relação ao mundo, mas uma divisão "na" igreja, determinada pelas palavras que se seguem: "...fui informado, pelos da casa de Cloe, de que há contendas entre vós" (v.11). As consequências negativas da divisão não ficam só no coração. Assim como aquele cujo coração está cheio de amor abre a boca com sabedoria e bondade, aquele cujo coração está cheio de preconceito, raiva, suspeita ou qualquer impulso negativo certamente abrirá a boca de uma maneira correspondente à disposição de sua mente. Pode-se esperar que, dessa fonte, brote uma colheita abundante de todas as obras das trevas, pelas quais milhares que uma vez andaram na luz do semblante de Deus acabem se desviando do caminho da paz e, por fim, afoguem-se na perdição eterna. Por mais insignificante ou inocente que possa parecer, a divisão é maligna e produz consequências terríveis. Separarmo-nos de um Corpo de Cristo composto por cristãos autênticos, com os quais antes estávamos unidos, é uma grave violação da lei do amor. É da natureza do amor nos unir e, quanto maior o amor, mais profunda é a união. É somente quando nosso amor se esfria que podemos pensar em nos separar de nossos irmãos. Os pretextos para a separação podem ser muitos, mas a falta de amor é sempre a causa real; caso contrário, eles ainda manteriam a unidade do Espírito pelo vínculo da paz.

John Wesley

O ESCÂNDALO QUE VEM COM A DIVISÃO

Ai do mundo, por causa dos escândalos; porque é inevitável que venham escândalos, mas ai do homem pelo qual vem o escândalo! MATEUS 18:7

Os escândalos surgem quando há conflitos na igreja. Enquanto aqueles que a abandonam procuram justificar-se criticando aqueles de quem se separaram, os que permanecem rebatem a acusação e se esforçam para culpar os que saíram. Quão profundamente essa desavença entristece o Espírito Santo de Deus! Ela impede Suas atuações preciosas e amáveis na alma de um e de outro grupo. Mais cedo ou mais tarde, isso resultará em divisões; partidos serão formados, de um lado e do outro, pelos quais o amor de muitos esfriará. A fome e a sede de justiça, juntamente com o desejo ardente de promover a obra de Deus na alma de seus irmãos, se enfraquecerão e desaparecerão, à medida que as ofensas aumentarem. E, quando o fruto do Espírito murchar, as obras da carne prevalecerão, destruindo o poder e a própria vida da igreja. Essas consequências não são imaginárias, não são meras conjecturas, são reais. Tem sido assim, repetidas vezes, nas últimas décadas. São os frutos que vimos, tantas vezes, como consequência das divisões. Que grave pedra de tropeço essas coisas são para aqueles que não se converteram ainda! Como eles endurecerão o coração cada vez mais contra a verdade, justificando-se em sua própria maldade, da qual, possivelmente, o exemplo dos cristãos poderia tê-los tirado, se tais cristãos continuassem irrepreensíveis em seu comportamento! Tal é o mal que as pessoas que se separam de uma igreja causam, não apenas a si mesmas, mas a toda a sociedade e ao mundo inteiro.

NÃO SE AFASTE DE SUA IGREJA

Não deixemos de congregar-nos, como é costume de alguns...
HEBREUS 10:25

Tenho falado sobre esse assunto porque ele é tão pouco compreendido; porque aqueles que professam a fé cristã não têm a menor concepção desse assunto nem imaginam que tal afastamento seja pecado. Eles abandonam sua congregação com a mesma facilidade que vão de um cômodo para outro em sua casa. Rogo-vos, portanto, meus irmãos, todos os que temem a Deus e desejam agradá-lo, todos os que desejam ter uma consciência limpa para com Deus e para com os homens, que não pensem tão levianamente sobre este assunto, mas considerem-no com atenção. Não rompa precipitadamente os laços sagrados que o une a uma igreja. Se isso, de fato, não tem tanta importância para você, é porque talvez você seja apenas um cristão nominal. Porém, se você é um membro vivo da igreja, se vive a vida que está escondida com Cristo em Deus, então cuide de como você trata o Corpo de Cristo e não se separe de seus irmãos, pois as consequências desse mal são dolorosas. Ó, tenha piedade de si mesmo! Tenha piedade de seus irmãos! Tenha piedade daqueles que são do mundo! Não coloque mais pedras de tropeço no caminho daqueles por quem Cristo morreu. Mas, se você tem medo da divisão (e não sem razão), você terá ainda mais se sua consciência for sensível a esse assunto de modo apropriado. Tenha cuidado para não apoiar ou encorajar quaisquer partidos em sua igreja. Nunca encoraje, muito menos provoque, seja por palavra ou ação, qualquer divisão nela. Mantenha-se puro e siga a paz com todos os homens. Não apenas busque a paz, mas persiga-a; se ela parece fugir de você, persiga-a mesmo assim.

John Wesley

O CAMINHO DA PERFEIÇÃO

*...deixemo-nos levar
para o que é perfeito...*
HEBREUS 6:1

Eu não concebo a perfeição aqui mencionada como a perfeição que os anjos têm. Como esses seres gloriosos nunca deixaram seu primeiro estado, nunca caíram de sua perfeição original, suas faculdades originais estão intactas: sua compreensão de todas as coisas são claras e distintas, e seu julgamento é sempre correto. Portanto, embora seu conhecimento seja limitado (pois são criaturas), embora sejam alheios a inúmeras coisas, ainda assim não são passíveis de erro. E, visto que suas afeições são constantemente guiadas por seu entendimento infalível, todas as suas ações são adequadas; assim, a cada momento, eles fazem, não sua própria vontade, mas a boa e aceitável vontade de Deus. Portanto, não é possível ao homem — cujo entendimento está obscurecido, para quem o erro é tão natural quanto a ignorância, que não pode pensar, senão pela mediação de suas faculdades enfraquecidas e depravadas — pensar corretamente, apreender as coisas distintamente e as julgar verdadeiramente. Em consequência disso, suas afeições, dependendo de seu entendimento, são variadamente desordenadas, e suas palavras e ações são influenciadas pela desordem de seu entendimento e de seus afetos. O fato é que nenhum homem, enquanto no corpo, pode alcançar a perfeição angelical. Qual é, então, a perfeição de que o homem é capaz enquanto habita em um corpo corruptível? É o cumprimento desta preciosa ordem: "Dá-me, filho meu, o teu coração" (PROVÉRBIOS 23:26). É amar ao Senhor seu Deus de todo o seu coração, de toda a sua alma e de todo o seu entendimento. Essa é a suma da perfeição cristã; tudo está contido nesta única palavra: amor.

John Wesley

AS FACES DA PERFEIÇÃO

*Amarás o Senhor, teu Deus,
de todo o teu coração, de toda a tua alma, de
todas as tuas forças e de todo o teu
entendimento; e: Amarás o teu próximo como
a ti mesmo.* LUCAS 10:27

O primeiro aspecto do amor é o amor a Deus; e, como aquele que ama a Deus ama também a seu irmão, o primeiro está inseparavelmente ligado ao segundo: "Amarás o teu próximo como a ti mesmo". Outra perspectiva disso está nas palavras do apóstolo Paulo: "Tende em vós o mesmo sentimento que houve também em Cristo Jesus…" (FILIPENSES 2:5), pois, embora isso se refira imediata e diretamente à humildade de nosso Senhor, pode ser tomado em um sentido muito mais amplo e incluir toda a disposição de nossa mente, todas as suas afeições, todos os seus impulsos, tanto para com Deus quanto para o homem. Paulo encoraja os cristãos a se revestirem do novo homem, "criado segundo Deus, em justiça e retidão procedentes da verdade" (EFÉSIOS 4:24); que é "renovado à imagem daquele que o criou", referindo-se claramente às palavras em Gênesis 1:27. Essa imagem havia sido totalmente destruída pelo pecado e não poderíamos recuperá-la, mas fomos recriados em Cristo Jesus, e isso é perfeição. Pedro expressa isso de uma maneira diferente, embora com o mesmo efeito: "…tornai-vos santos também vós mesmos em todo o vosso procedimento…" (1 PEDRO 1:15). De acordo com o apóstolo, a perfeição é outro nome para a santidade, que é retidão interior e exterior. Se você realmente oferece a Deus continuamente todos os seus pensamentos, palavras e ações como um sacrifício de louvor e ação de graças, você sabe que Aquele cujo nome é Jesus, de fato, salva Seu povo de seus pecados. E essa salvação do pecado, de todo pecado, é outra descrição da perfeição.

John Wesley

PODEMOS SER PERFEITOS EM CRISTO

*O Senhor, teu Deus, circuncidará o teu coração
e o coração de tua descendência, para
amares o Senhor, teu Deus, de todo o coração
e de toda a tua alma, para que vivas.*

DEUTERONÔMIO 30:6

Há quem se oponha à perfeição cristã, afirmando não termos essa promessa na Palavra de Deus. Se assim fosse, deveríamos desistir dela, pois não teríamos nenhum fundamento sobre o qual construí-la. Mas certamente as palavras desse versículo de Deuteronômio são uma promessa clara e concreta de que todos amaremos o Senhor nosso Deus de todo o coração. Igualmente clara é a palavra de nosso Senhor, na forma de uma ordem: "Amarás o Senhor, teu Deus, de todo o teu coração, e de toda a tua alma e de todo o teu entendimento." (MATEUS 22:37). Nenhuma palavra pode ser mais forte do que essas; nenhuma promessa pode ser mais explícita. A promessa de Deuteronômio carrega em si aquela que rege a dispensação do evangelho — "...na sua mente imprimirei as minhas leis, também sobre o seu coração as inscreverei..." (HEBREUS 8:10) —, a qual transforma todos os mandamentos em promessas, tal como: "Tende em vós o mesmo sentimento que houve também em Cristo Jesus..." (FILIPENSES 2:5). Mas a grande questão é se há alguma promessa nas Escrituras de que venceremos o pecado. Sem dúvida existe. Esta é a promessa: "É ele quem redime a Israel de todas as suas iniquidades" (SALMO 130:8), bem como a gloriosa promessa dada por meio do profeta Ezequiel: "Então, aspergirei água pura sobre vós, e ficareis purificados; de todas as vossas imundícias e de todos os vossos ídolos vos purificarei. Dar-vos-ei coração novo e porei dentro de vós espírito novo..." (EZEQUIEL 36:25-26). Com que modéstia, então, alguém pode afirmar que ninguém gozará dessa liberdade antes da morte?

John Wesley

OFEREÇA A DEUS O SEU CULTO RACIONAL

*Porei dentro de vós o meu Espírito e
farei que andeis nos meus estatutos, guardeis
os meus juízos e os observeis.*
EZEQUIEL 36:27

Alguns afirmam que é impossível para o homem ser perfeito, pois implica uma contradição: que um homem esteja a salvo de todo pecado enquanto habita em um corpo pecaminoso. Há muita força nessa objeção, mas vejamos se há razão nela. Por que o Todo-poderoso não pode santificar a alma enquanto ela está no corpo? As paredes de carne e sangue não podem mais impedi-lo, nem por um momento, de santificar você por completo. Ele pode facilmente salvá-lo de todo pecado no corpo ou fora dele. Para dizer a verdade, isso é um mero conflito de palavras. Dizem que ninguém está a salvo do pecado estando no corpo, mas isso não está dito nas Escrituras. E ninguém pode negar a possibilidade de estar a salvo do pecado, no sentido que a palavra pecado é repetidamente apresentada nas Escrituras. Mas Paulo não disse que "os que estão na carne não podem agradar a Deus" (ROMANOS 8:8)? Sim, disse, mas receio que o som dessas palavras tenha enganado muitas almas incautas; pois "carne", nesse texto, não significa mais o corpo do que a alma. Abel, Enoque, Abraão e toda aquela nuvem de testemunhas apresentadas em Hebreus 11 agradaram a Deus enquanto estavam no corpo. A expressão, portanto, significa aqueles que são incrédulos, que estão em seu estado natural, aqueles que estão sem Deus no mundo. Portanto, nada disso é inconsistente com a perfeição cristã. Por que motivo você, que é filho de Deus, deveria ter aversão ou medo de apresentar a si mesmo como um sacrifício vivo, santo e agradável a Deus? E não é seu desejo que toda a humanidade se una neste "culto racional"? Certamente ninguém pode ser avesso a isso, sem ser inimigo de toda a humanidade.

John Wesley

JESUS É VERDADEIRAMENTE DEUS

Este é o verdadeiro Deus e a vida eterna.

1 JOÃO 5:20

Cristo é o verdadeiro Deus, a única Causa e o único Criador de todas as coisas. O apóstolo Paulo diz que "nele foram criadas todas as coisas, nos céus e sobre a terra, as visíveis e as invisíveis" (COLOSSENSES 1:16) — sim, a Terra e o Céu, mas seus habitantes receberam nomes, porque mais nobres que a casa são seus habitantes. Paulo está conferindo a Jesus aquelas fortes palavras do salmista: "Em tempos remotos, lançaste os fundamentos da terra; e os céus são obra das tuas mãos." (SALMO 102:25). E, como verdadeiro Deus, Ele também é o sustentador de todas as coisas que fez; Ele sustenta todas as coisas criadas pela palavra do Seu poder, pela mesma palavra poderosa que as criou a partir do nada. Assim como Ele era absolutamente necessário para que cada coisa fosse criada, é igualmente necessário para sua sustentação. Se sua influência onipotente fosse retirada, a criação não poderia subsistir por mais um momento. Segure uma pedra no ar; se você retirar sua mão, ela naturalmente cairá; da mesma forma, se Ele retirasse Sua mão por um só momento, toda criação cairia no nada. Como verdadeiro Deus, Ele também é o Preservador de todas as coisas. Ele não apenas as sustenta, mas as preserva naquele nível de bem-estar adequado à sua natureza. Ele as preserva em suas diversas relações, conexões e dependências, de modo a compor um sistema de seres, que forma um universo inteiro, de acordo com o conselho de Sua vontade. Quão bela e fortemente isso é expresso nas palavras: "Nele, tudo subsiste" (COLOSSENSES 1:17), ou, mais literalmente, "Nele e por Ele todas as coisas são sustentadas em um sistema". Ele não é apenas o alicerce, mas também o mantenedor de todo o Universo.

John Wesley

O SENHOR É A FONTE DE TODA FELICIDADE

...a alegria do Senhor é a vossa força.
NEEMIAS 8:10

Aprendemos que todo cristão é feliz; logo, quem não é feliz não é cristão. Isso aparece da própria natureza da realidade cristã, pois, se a fé e a felicidade são, de fato, a mesma coisa, é impossível que alguém possa possuir a primeira sem possuir também a segunda. Por acaso você está vagando de um lado para o outro procurando descanso, sem encontrá-lo? Veja, ninguém pode culpá-lo por perseguir a felicidade, pois isso está no âmago do seu ser. Mas, se você está infeliz agora é porque está em um estado não natural. E você não deveria anelar por sua libertação? Eu me compadeço de você, se você busca a felicidade onde ela nunca esteve e nunca estará. Pode ser que você esteja buscando a felicidade em seus semelhantes, mas eles não podem fazê-lo feliz tanto quanto não podem torná-lo imortal. Talvez você esteja buscando a felicidade nos prazeres do mundo, mas eles são pesos enganosos. São mais leves do que a própria vaidade. Não é Deus espírito e, portanto, deve ser adorado em espírito e em verdade? Só nisto você pode encontrar a felicidade que procura: na união de seu espírito com o Pai dos espíritos; no conhecimento e amor daquele que é a fonte de felicidade, suficiente para todas as almas que Ele criou. Volte-se sempre para Aquele em quem estão escondidos todos os tesouros da felicidade! Você já é feliz nele? Então, retenha o que você alcançou! Vigie e ore para que você se mantenha sempre firme. Conte com um crescimento contínuo na graça e no amor de nosso Senhor Jesus Cristo. Conte com o poder do Altíssimo cobrindo-o com Sua sombra, até que todo o pecado seja destruído e nada permaneça em seu coração, a não ser a santidade ao Senhor.

John Wesley

FIQUE LONGE DOS ÍDOLOS DO CORAÇÃO

Filhinhos, guardai-vos dos ídolos.

1 JOÃO 5:21

Há duas palavras que ocorrem várias vezes nessa epístola: *paidíon* e *tekníon*; ambas são traduzidas para a mesma expressão: "filhinhos", mas seu significado é muito diferente. O primeiro é muito apropriado para "bebês", no sentido de crianças em Cristo. Já o segundo pode ser traduzido com mais propriedade por "filhos amados", pois denota a afeição do orador por aqueles que ele gerou no Senhor. Um antigo historiador relata que, quando o apóstolo estava tão debilitado pela idade que não podia mais pregar, ele era frequentemente levado à congregação em sua cadeira e apenas dizia: "Filhos amados, amem-se uns aos outros". Assim como não há fundamento para o amor aos irmãos a não ser o amor de Deus, também não há possibilidade de amar a Deus se não nos mantivermos longe dos ídolos. Mas quais são os ídolos de que o apóstolo fala? Não acredito que ele se refira, pelo menos não principalmente, aos ídolos dos povos pagãos. Aqueles a quem ele estava escrevendo, fossem judeus ou gentios, não corriam muito esse risco. Depois do cativeiro babilônico, os judeus mostraram uma constante e profunda aversão à idolatria; e os gentios, depois de se voltarem para o Deus vivo, tinham absoluta repulsa pelos seus antigos ídolos. Deixando de lado os ídolos pagãos, quais são aqueles sobre os quais somos aqui advertidos pelo apóstolo? As palavras no versículo anterior nos mostram o significado delas: "Este é o verdadeiro Deus..." (v.20); Deus, o fim último de todas as almas que Ele fez, o centro de suas vidas, o único fundamento da felicidade presente e eterna. Nosso coração deve ser somente dele. Assim, o que quer que tire nosso coração do Senhor, ou que o divida com Ele, é um ídolo. Em outras palavras, ídolo é tudo aquilo em que buscamos a felicidade, que não seja Deus.

John Wesley

QUEM SÃO OS ÍDOLOS?

*...porque tudo que há no mundo,
a concupiscência da carne, a concupiscência
dos olhos e a soberba da vida,
não procede do Pai, mas procede do mundo.*

1 JOÃO 2:16

A primeira espécie de idolatria que encontramos na primeira epístola de João se chama concupiscência da carne. Somos propensos a entender esse mal em um sentido muito estreito, mas essa expressão significa também a busca da felicidade pela satisfação de qualquer um dos cinco sentidos. A segunda espécie de idolatria mencionada pelo apóstolo é a concupiscência dos olhos, isto é, a busca da felicidade pela gratificação da imaginação. Isso é alcançado por objetos que são grandiosos, belos ou singulares. Mas toda novidade trazida por eles logo empalidece e precisa ser substituída por outra. A terceira espécie é a soberba da vida. De forma geral, isso significa a pompa e o esplendor de uma vida ostentosa. Costumamos chamar isso de "sede de glória" ou "cuidado com a reputação". Em termos simples, é a busca pela honra que vem dos homens, em vez daquela que vem somente de Deus. Tendo considerado o que são esses ídolos que o apóstolo fala, devemos entender como podemos nos manter longe deles. Caso você esteja profundamente convencido de que nenhum desses ídolos traz felicidade, pare e pondere sobre o que você está fazendo. Acorde do sono e sacuda o pó de sobre si! Liberte-se dessa idolatria miserável e escolha a melhor parte! Resolva buscar a felicidade no verdadeiro Deus, a fonte de toda bem-aventurança! Ore para que você conheça a Deus como também é conhecido por Ele. Quando você possuir essa convicção genuína, todos os seus ídolos perderão seu encanto, e você se perguntará como pôde se apoiar por tanto tempo nesses falsos fundamentos, que tantas vezes ruíram sob você.

John Wesley

VOCÊ É AMIGO DO MUNDO?

*Infiéis, não compreendeis
que a amizade do mundo é inimiga de Deus?*
TIAGO 4:4

Não me surpreende essa advertência de Tiago ser tão pouco compreendida em nossos dias, mesmo entre os cristãos, pois não conheço nenhum autor, antigo ou moderno, que tenha escrito sobre isso. Não me lembro de ter estado na companhia de alguém cuja conversa se voltasse explicitamente para essa questão, mesmo que por um instante. No entanto, há poucos assuntos de importância tão grande; poucos que, tão de perto, dizem respeito à própria essência da fé cristã, sobre a vida de Deus na alma do homem. Junto à falta de instrução quanto a isso, seguem-se as consequências mais destrutivas. De fato, tais consequências não afetam aqueles que ainda estão mortos em seus delitos e pecados; elas recaem pesadamente sobre muitos daqueles que estão verdadeiramente vivos para Deus. Por falta de compreensão desse conselho do apóstolo Tiago (espero que seja mais por isso do que por desprezo), muitos desses crentes estão espiritualmente enfermos e muitos dormem. É necessário que despertem e deem conta de sua alma a Deus. Para mim, é difícil explicar o que tenho observado com frequência: que muitos dos que antes estavam vivos para Deus, cuja mente estava no Céu e tinham suas afeições colocadas nas coisas do alto e não nas da Terra, decaíram gradual e imperceptivelmente (como a aboboreira de Jonas, quando o verme comeu a raiz dela), de modo que, agora, estão menos vivos para Deus do que estavam 10, 20 ou 30 anos atrás. Mas isso é facilmente explicado, se observarmos que sua amizade com o mundo aumentou à medida que aumentaram seus bens — o que, de fato, deve ser sempre o caso, a menos que o grande poder de Deus interfira. Na mesma proporção em que eles aumentaram em suas posses, a vida de Deus diminuiu em sua alma.

John Wesley

FUJA DA APARÊNCIA DO MAL

*Põe guarda, Senhor, à minha boca;
vigia a porta dos meus lábios.*
SALMO 141:3

A amizade do mundo frequentemente envolve os homens novamente na prática daqueles pecados que eles haviam vencido, ao se tornarem participantes dos pecados de outros homens, mesmo que eles mesmos não o cometam. Gradualmente, diminui sua aversão ao pecado e, assim, eles vão se tornando presas fáceis de qualquer forte tentação. Eles são expostos aos pecados de omissão, dos quais seus amigos mundanos são culpados. Essa insensibilidade ao pecado leva à diminuição da oração íntima, do dever familiar, do jejum, de sua participação no culto público e na Ceia do Senhor. Seus amigos os influenciarão cada vez mais, mesmo que eles não digam uma palavra para recomendar sua própria prática (o que dificilmente acontece). O amigo do mundo é quase continuamente levado a conversas inúteis, sim, e sem caridade; até que não haja mais guarda à sua boca e vigia à porta de seus lábios; até que eles possam juntar-se a calúnias, fofocas e maledicências, sem qualquer inquietação da consciência e tenham entristecido o Espírito Santo de Deus com tanta frequência que já não se importam mais com isso. Se você continuar por muito tempo nessa atmosfera, por assim dizer, dificilmente poderá escapar de ser contaminado. O contágio se espalha de alma para alma, assim como de corpo para corpo, mesmo que não seja esse o desejo ou a pretensão do doente. Não é uma verdade notória que os homens do mundo (exceto poucos) desejam ansiosamente tornar seus companheiros como eles mesmos? Sim, essa é sua pretensão; também usam todos os meios, com sua maior habilidade e diligência, para realizar seu desejo. Portanto, voe para longe deles para salvar sua vida! Não brinque com o fogo; fuja antes que as chamas o traguem.

John Wesley

NÃO SEJA ARROGANTE, MAS TEMA

*Aquele, pois, que pensa
estar em pé veja que não caia.*
1 CORÍNTIOS 10:12

No começo desse capítulo, o apóstolo declara, por um lado, as tremendas misericórdias de Deus sobre os israelitas e, por outro, a ingratidão sem igual desse povo desobediente e rebelde. Todas essas coisas, como observa o apóstolo, "foram escritas para advertência nossa…" (v.11), para que possamos evitar seus graves pecados e escapar de seu terrível castigo. Ele, então, acrescenta aquele solene e importante alerta: "Aquele, pois, que pensa estar em pé veja que não caia". Se observarmos atentamente essas palavras, não aparecerá uma dificuldade considerável nelas? Pois, se alguém apenas *pensa* que está de pé, não é possível que ele caia, já que, de fato, não está de pé. A mesma dificuldade ocorre, de acordo com a nossa interpretação, naquelas bem conhecidas palavras de nosso Senhor: "Pois ao que tem se lhe dará, e terá em abundância; mas, ao que não tem, até o que tem lhe será tirado." (MATEUS 13:12). O homem não pode perder o que ele só pensa ou parece ter. Essa dificuldade pode, a princípio, parecer impossível de ser superada, mas ela desaparece se observarmos o significado adequado da palavra original. Examinando cuidadosamente todos os textos do Novo Testamento em que essas palavras ocorrem, fico convencido de que seu sentido não é de "aquele que parece estar de pé", mas de "aquele que seguramente está de pé"; aquele que permanece tão firme que não parece estar em perigo de cair; aquele que diz como Davi: "Jamais serei abalado" (SALMO 30:6-7). No entanto, assim nos diz o Senhor: "Não te ensoberbeças, mas teme" (ROMANOS 11:20). Do contrário, a segurança que você tem será tirada de você. Por mais firme que você realmente esteja, cairá no pecado, se não no inferno.

John Wesley

O SENHOR ESTARÁ SEMPRE AO NOSSO LADO

Não vos sobreveio tentação que não fosse humana; mas Deus é fiel e não permitirá que sejais tentados além das vossas forças... 1 CORÍNTIOS 10:13

Para que ninguém seja desencorajado ao considerar aqueles que uma vez correram bem e depois foram vencidos pela tentação, e para que os temerosos não sejam totalmente vencidos, supondo que seja impossível permanecerem de pé, o apóstolo Paulo nos deixa essas palavras de conforto e exortação. Pensemos nas palavras iniciais dessa promessa: "Não nos sobrevém tentação que não seja humana". A expressão "humana" é vertida para nossa língua sem a precisão contida no original. Acredito que seu sentido real só pode ser expresso com alguma explicação, tal como: aquilo que todo homem pode razoavelmente esperar, se considerar a natureza de seu corpo, sua alma e sua situação no mundo. Se considerarmos devidamente, não ficaremos surpresos com nenhuma tentação que tem nos alcançado, sabendo que não é outra coisa senão aquilo pelo que temos todos os motivos para esperar. Sejam quais forem os sofrimentos ou tentações que estejamos passando, nosso grande Médico nunca se afastará de nós. Ele observa todos os sintomas de nossa angústia, para que ela não ultrapasse as nossas forças, e vê exatamente o quanto podemos suportar com nossa força atual. Portanto, por causa da Sua sabedoria, bem como de Sua justiça, misericórdia e fidelidade, nada é mais certo do que isto: Ele nunca permitirá que sejamos tentados acima do que somos capazes de suportar, acima da força que Ele já nos concedeu. Que conforto é ter a máxima certeza de que Deus é fiel e não permitirá que isso aconteça! Ele sabe qual é a nossa capacidade e não pode se enganar. Deus "conhece a nossa estrutura e sabe que somos pó" (SALMO 103:14). E, se essa força não for suficiente, Ele pode aumentá-la em qualquer medida que lhe agrade.

John Wesley

ELE SEMPRE NOS DARÁ O LIVRAMENTO

*...pelo contrário, juntamente com a tentação,
vos proverá livramento, de sorte
que a possais suportar.*

1 CORÍNTIOS 10:13

A expressão *ékbasis*, traduzida para nossa língua como "livramento" ou "escape", é muito significativa. Seu sentido mais específico é de "saída", pois literalmente significa "um caminho para fora". Deus é capaz de nos livrar *da* tentação, tirando o próprio fundamento dela, e Ele é igualmente capaz de nos livrar *na* tentação, que, talvez, seja a maior libertação de todas. Isso significa que, mesmo enfrentando a situação, Ele tira de nós a amargura que ela provoca, para que não seja mais uma tentação, mas apenas uma ocasião de ação de graças. Quantas provas disso têm os filhos de Deus em sua experiência diária! Quão frequentemente nos vemos cercados por problemas, ou visitados pela dor ou pela doença! E, quando clamamos ao Senhor, às vezes, Ele afasta o cálice de nós, removendo o problema, ou a doença, ou a dor, como se nunca tivesse existido; outras vezes, Ele não faz nenhuma mudança externa; os problemas, a dor, ou a doença permanecem, mas o conforto vindo do Céu aumenta tanto que supera todos esses problemas, e podemos declarar corajosamente as palavras do cântico: "O trabalho é descanso, e a dor é doce, quando Tu, meu Deus, estás perto". Portanto, abracemos todas as provações com serena resignação e com humilde confiança de que Aquele que tem todo o poder, toda a sabedoria, toda a misericórdia e toda a fidelidade, primeiro, nos amparará em todas as tentações e, depois, nos livrará de todas. No final, todas as coisas cooperarão para o bem e entenderemos alegremente que todas essas coisas ocorreram para o nosso benefício, "a fim de sermos participantes da sua santidade" (HEBREUS 12:10).

John Wesley

A OBRA PERFEITA DA PACIÊNCIA

*Tenha, porém, a paciência
a sua obra perfeita, para que sejais perfeitos
e completos, sem faltar em coisa alguma.*
TIAGO 1:4 ARC

O que é paciência? Não é uma virtude natural nem um tipo de inércia, mas um traço de caráter gracioso, forjado no coração do crente pelo poder do Espírito Santo. É uma disposição para sofrer a fim de agradar a Deus, da maneira e pelo tempo que Ele permitir. Podemos observar que o objeto da paciência é o sofrimento, seja no corpo ou na mente. Não é apatia ou insensibilidade e está igualmente distante da inquietação ou do desânimo. Muito próximo à paciência está a mansidão, pois não devemos ter paciência nas injúrias, particularmente nas afrontas, reprovações ou censuras injustas? Ela nos capacita a não retribuir mal por mal, ou injúria por injúria; mas, no lugar dessas coisas, oferecemos bênção. Portanto, permita que a paciência realize sua obra perfeita; deixe-a manifestar-se como fruto do Espírito. E qual é o fruto que o Espírito de Deus está acostumado a produzir por meio da tentação no coração de um crente? Um resultado imediato da paciência é a paz: uma doce tranquilidade de mente, uma serenidade de espírito que não pode ser encontrada, a menos que reine a paciência. E essa paz, muitas vezes, se transforma em alegria. Mesmo em meio a várias tentações, aqueles que são capacitados com a paciência ganham sua alma e podem testemunhar não apenas de quietude de espírito, mas também de grade triunfo e exultação. Mas qual é a obra perfeita da paciência? É o perfeito amor de Deus, que nos constrange a amar cada homem, assim como Cristo nos amou. É a renovação da nossa alma segundo a imagem de Deus, à semelhança daquele que nos criou.

John Wesley

O SENHOR NOS APERFEIÇOARÁ ATÉ AQUELE DIA

Pois desta maneira é que vos será amplamente suprida a entrada no reino eterno de nosso Senhor e Salvador Jesus Cristo.

2 PEDRO 1:11

Todo aquele que nasce de Deus, mesmo sendo apenas uma criança em Cristo, tem o amor de Deus em seu coração e o amor ao próximo, juntamente com humildade, mansidão e renúncia. Todavia, tais virtudes estarão nele ainda em um nível pequeno, enquanto sua fé também for fraca, por estar misturada a dúvidas e medos. E se, para evitar essas dúvidas desconcertantes ou para afastar esses medos atormentadores, ele começar a dizer a si mesmo que o verdadeiro crente não pode naufragar na fé, mais cedo ou mais tarde, a experiência mostrará que essa confiança é apenas um bordão de cana esmagada, que não pode sustentá-lo. Porém, na mesma medida em que cresce na fé, o crente cresce em santidade, amor, humildade e mansidão, depois que ele estiver completamente convencido do pecado, da corrupção total de sua natureza. Então, Deus purificará seu coração de toda injustiça, para cumprir a maravilhosa promessa que Ele fez, primeiro, ao Seu povo escolhido, Israel: "Eu circuncidarei o teu coração e o coração da tua descendência". Então, seremos totalmente libertos de toda obra má, de toda palavra má, de todo pensamento pecaminoso, dos vestígios de uma mente carnal e seremos renovados no espírito de nossa mente, segundo a imagem daquele que nos criou, em justiça e verdadeira santidade. Ele nos guiará para as águas tranquilas e nos guardará a cada momento, para que, amando-o com todo o nosso coração (o que é a expressão de toda a perfeição), poderemos nos alegrar sempre, orar sem cessar e em tudo dar graças, até que nos seja "amplamente suprida a entrada no reino eterno de nosso Senhor e Salvador Jesus Cristo".

John Wesley

CUIDADO PARA NÃO PERDER SUA ALMA

Pois que aproveitará o homem se ganhar o mundo inteiro e perder a sua alma?
MATEUS 16:26

O que significa um homem ganhar o mundo inteiro? Talvez, à primeira vista, isso possa parecer equivalente a conquistar o mundo inteiro, mas não tem nenhuma relação com essa ideia. De fato, é puro absurdo pensarmos que alguém pode conquistar o mundo inteiro, porque a breve vida do homem não poderia ser suficiente para um empreendimento tão audacioso. Então, deixando essa ideia de lado, podemos buscar um sentido mais fácil e natural para o pensamento expresso por Jesus. Ganhar o mundo inteiro sugere ganhar todos os prazeres que o mundo pode oferecer. O homem de quem falamos presume que ganhará tudo o que pode satisfazer seus sentidos; que pode ter toda a abundância e toda a variedade de posses que o mundo oferece. O próximo ponto que devemos considerar é o que está implícito em um homem perder a sua própria alma. A primeira coisa que isso inegavelmente implica é na perda de todos os prazeres da vida cristã, tudo o que ela oferece aos homens verdadeiramente religiosos na vida presente. Mas esta vida terminará rapidamente, e sabemos que está próxima a hora quando nosso espírito será chamado a retornar a Deus, que o deu. E, quando tal homem entra na eternidade, logo se encontra com o diabo e seus anjos. Nessa hora, ou ele está preso em cadeias de trevas, esperando o julgamento daquele grande dia, ou, na melhor das hipóteses, vagueia procurando descanso, talvez como o espírito imundo que, quando sai do homem, busca lugares áridos, sombrios e desolados, mas não encontra (LUCAS 11:24). Pode tal escolha ser feita por alguém que considere bem o que é a eternidade? Esta é a pergunta que agora proponho a você, em nome de Deus: você terá uma vida miserável aqui e na eternidade? Qual é a sua escolha?

John Wesley

DESENVOLVA SUA SALVAÇÃO EM CRISTO

...desenvolvei a vossa salvação com temor e tremor; porque Deus é quem efetua em vós tanto o querer como o realizar, segundo a sua boa vontade.

FILIPENSES 2:12-13

Sobre essa grande e importante verdade, jamais devemos nos esquecer de dizer que é Deus quem a efetua em nós. O sentido desse versículo pode se tornar mais claro com uma pequena mudança na ordem das palavras: "É Deus quem, segundo a Sua boa vontade, efetua em vós tanto o querer como o realizar". Isso dissipa qualquer ideia de mérito próprio nesse processo, concede a Deus toda a glória pela obra realizada em nós e mostra claramente que Seu motivo para trabalhar está nele mesmo, em Sua própria graça e misericórdia imerecida por nós. Portanto, se Deus trabalha em você, então trabalhe junto com Ele sua própria salvação. Mas, como devemos desenvolver essa salvação? O apóstolo responde: "Com temor e tremor". Em segundo lugar, que seja feito com a máxima diligência, celeridade e exatidão, como as expressões temor e tremor requerem. Mas quais são os passos que as Escrituras nos orientam a dar no desenvolvimento da nossa salvação? O profeta Isaías nos mostra os primeiros passos que devemos dar: "...cessai de fazer o mal. Aprendei a fazer o bem..." (ISAÍAS 1:16-17). Se alguma vez você desejou que Deus operasse em você aquela fé pela qual vem a salvação pela graça, que já nos foi dada, fuja de todo pecado como da presença de uma serpente; evite cuidadosamente toda palavra e obra má; abstenha-se de toda aparência do mal; aprenda a fazer o bem; seja zeloso de boas obras, de obras de piedade, bem como de obras de misericórdia, orando e jejuando em secreto. Trabalhem, irmãos, "não pela comida que perece, mas pela que subsiste para a vida eterna" (JOÃO 6:27).

John Wesley

CUIDADO PARA NÃO NAUFRAGAR NA FÉ

*Aquele, porém, que perseverar
até o fim, esse será salvo.*
MATEUS 24:13

A presunção é uma grande armadilha do diabo. Muitos têm caído nela, amparando-se na misericórdia de Deus e se esquecendo completamente de Sua justiça. Embora as Escrituras declarem expressamente que sem santidade ninguém verá o Senhor, eles se gabam de que, no final, não será exatamente assim. Mas, mesmo que haja muitos que são destruídos pela presunção, há mais ainda os que perecem pelo desespero, isto é, por falta de esperança, pensando ser impossível escapar da destruição. Tendo lutado tantas vezes contra seus inimigos espirituais e sido vencidos, eles baixaram suas armas; não lutam mais, porque não têm esperança de vencer. Sabendo que não têm poder em si mesmos para se levantar e acreditando que Deus não os ajudará, eles se rendem sob seu fardo. Há, ainda, muitos outros cujo "coração conhece sua própria amargura..." (PROVÉRBIOS 14:10). É difícil aqueles que nunca se sentiram assim conhecerem esse sentimento; mas quem verdadeiramente conhece esse tipo de dor, a menos que já a tenha experimentado? Por consequência, são poucos os que conseguem ter empatia por aqueles que estão sob essa dolorosa provação. Eles têm alguns momentos de esperança e, enquanto isso dura, lutam para se dominar; porém, sua esperança logo falha, e eles param de lutar, sendo levados cativos por Satanás à sua vontade. Frequentemente, em todos esses casos, eles começaram a correr bem sua jornada de fé, mas logo se cansaram. De fato, muitos deles acabam se entregando ao pecado, a ponto de extinguir totalmente o Espírito Santo de Deus. No entanto, não devemos desistir totalmente deles. Conheço alguns (até entre os mais descuidados) que Deus visitou novamente e restaurou seu primeiro amor.

John Wesley

O AMOR É A CHAVE DA EXCELÊNCIA

*...procurai, com zelo, os melhores dons.
E eu passo a mostrar-vos ainda um caminho
sobremodo excelente.* 1 CORÍNTIOS 12:31

Neste capítulo da carta aos Coríntios, Paulo fala sobre os dons extraordinários do Espírito Santo, e são esses dons que o apóstolo considera tão desejáveis ao cristão. Ele exorta os coríntios a buscá-los sinceramente para que, assim, pudessem se tornar mais úteis para os cristãos e para os não cristãos. Mas, no final, Paulo diz que lhes mostraria um caminho ainda mais desejável do que todos estes juntos. Veja, você pode ter todos esses dons, o mais intensamente possível, e mesmo assim ser miserável, tanto agora quanto na eternidade. Não parece que esses dons extraordinários do Espírito Santo tenham sido comuns naquela igreja por mais de dois ou três séculos. O cristianismo acumulou riquezas, poder e honra, particularmente o clero, e, desde então, os dons cessaram quase totalmente. A causa disso não foi (como se supõe) por não haver mais ocasião para eles, porque todo o mundo se tornou cristão; a causa real era o fato de o amor de muitos, ou, quase todos os cristãos, ter se esfriado. Os cristãos não tinham mais do Espírito de Cristo do que os outros cidadãos. O caminho de amar a todos os homens por meio do amor de Deus — aquele amor humilde, gentil e paciente — é o que o apóstolo descreve tão admiravelmente no capítulo seguinte desta epístola. Ele nos assegura que, sem esse amor, toda eloquência, todo conhecimento, toda fé, todas as obras e todos os sofrimentos são tão sem valor aos olhos de Deus quanto o bronze que soa ou um címbalo que retine e não têm a menor utilidade para nossa salvação eterna. Sem isso, tudo o que sabemos, tudo em que acreditamos, tudo o que fazemos, tudo o que sofremos, de nada nos servirá no grande dia do acerto de contas com o Criador.

John Wesley

ESCOLHA O CAMINHO
DA PLENITUDE

*...para que sejais tomados
de toda a plenitude de Deus.*

EFÉSIOS 3:19

Um antigo escritor afirma que, desde o início da Igreja, há duas ordens diferentes de cristãos. Uma viveu uma vida pura, não pecaminosa, alheia aos costumes e padrões do mundo; perseveravam nas boas obras, abstendo-se do mal e atendendo às ordenanças de Deus. Eles se esforçavam, em geral, para ter uma consciência isenta de culpa. A segunda ordem não apenas se abstinha de toda aparência do mal, era zelosa de boas obras e atendia a todas as ordenanças de Deus, mas também era diligente na busca de ter a mente de Cristo, procurando andar, em tudo, como seu amado Mestre andou. Para isso, eles perseveravam no caminho da abnegação, subjugando os prazeres da carne para terem prazer somente em Deus, tomavam sua cruz diariamente e lutaram para entrar pela porta estreita. Assim procederam, sem poupar esforços, para chegar à plenitude da santidade cristã e conhecer todo o amor de Deus, que excede todo o entendimento. Estou inclinado a pensar que quem encontra redenção no sangue de Jesus, quem é justificado, tem a escolha de andar por um caminho superior ou inferior. Eu acredito que o Espírito Santo põe diante dele o caminho "sobremodo excelente" (1 CORÍNTIOS 12:31) e o estimula a andar nele, a escolher o caminho mais estreito, a aspirar às alturas e profundezas da santidade. Contudo, se ele não aceitar esta oferta, cairá, pouco a pouco, para aquela ordem inferior de cristãos. Ele ainda continuará a participar do que pode ser chamado de um bom caminho, servindo a Deus em certo nível e encontrará misericórdia no fim da vida, por meio do sangue da aliança.

John Wesley

CUIDE DO SEU CORPO E ALMA

*O mesmo Deus da paz vos santifique
em tudo; e o vosso espírito, alma e corpo sejam
conservados íntegros e irrepreensíveis
na vinda de nosso Senhor Jesus Cristo.*

1 TESSALONICENSES 5:23

Existe um meio sobremodo excelente de promover a saúde tanto do corpo quanto da mente. Observando por mais de 70 anos, aprendi que homens saudáveis necessitam, em média, de seis a sete horas de sono por dia; já mulheres saudáveis, um pouco mais: de sete a oito horas. Sei que essa quantidade de sono é importante para o corpo e para a alma. É preferível isso a qualquer medicamento que eu conheça, tanto para prevenir como para eliminar distúrbios nervosos. Dormir tanto quanto a experiência mostra que nossa natureza exige é, sem sombra de dúvida, o caminho sobremaneira excelente para nós, desafiando os padrões e costumes. Isso é indiscutivelmente útil para a saúde corporal e espiritual. E por que você não deveria andar dessa maneira? Por que é tão difícil? Na verdade, parece que é impossível para o homem, porém, todas as coisas são possíveis para Deus, e, por Sua graça, todas as coisas serão possíveis para você. Apenas continue a perseverar incessantemente em oração e você achará isso não apenas possível, mas fácil. Sim, e será muito mais fácil acordar cedo constantemente do que apenas às vezes. Contudo, você deve começar da forma certa; se você quer acordar cedo, você deve dormir cedo. Imponha a você mesmo ir para a cama em uma hora fixa, a menos que ocorra algo extraordinário. Então, a dificuldade logo desaparecerá, mas a vantagem disso permanecerá para sempre.

John Wesley

VIVA SEU CHAMADO COM EXCELÊNCIA

*Ande cada um segundo o Senhor lhe tem distribuído,
cada um conforme Deus o tem chamado...*
1 CORÍNTIOS 7:17

A maioria dos cristãos, depois de se levantar de manhã e orar, geralmente se aplica ao ofício que é sua vocação; e deve ser assim, pois a preguiça é incompatível com a fé. Portanto, como você empreende seus negócios profissionais? Se sua resposta é: "De maneira que forneça tudo o que é necessário para mim e para minha família", essa é uma boa resposta, mas isso não é suficiente. O cristão pode ir muito mais longe, trabalhando para agradar a Deus; fazendo não a sua própria vontade, mas a vontade daquele que o enviou ao mundo. Ele deve trabalhar para a eternidade, pois esse é o caminho sobremodo excelente. Por isso, pergunto-lhe outra vez: De que forma você realiza seus negócios? Confio que você faça tudo o que estiver ao seu alcance e com todas as suas forças; de forma justa, pagando a todos o que lhes é devido, em todas as circunstâncias da vida; com misericórdia, fazendo a cada homem o que você gostaria que ele fizesse a você. Tudo isso é bom, mas um cristão é chamado a ir ainda mais longe e acrescentar piedade à justiça; agregar a oração (especialmente a oração do coração) a todo trabalho de suas mãos. Sem isso, toda a sua diligência e toda a sua justiça apenas mostrarão que ele é um homem honesto; e há muitos que professam a religião cristã, mas, na verdade, estão em nível de igualdade com um homem não cristão e honesto. Mais uma vez: Com que espírito você realiza seus negócios? No espírito do mundo, ou no Espírito de Cristo? Receio que milhares daqueles que são vistos como "bons cristãos" não entendem essa pergunta. Se você age no Espírito de Cristo, você carrega o nome de Cristo em todo o seu trabalho, do início ao fim, continuamente visando à glória de Deus, e não ao prazer e à riqueza. Alguém pode negar que essa é a maneira mais excelente de buscar negócios nesta vida?

John Wesley

O AMOR MAIS PODEROSO DA TERRA

*Ainda que eu fale as línguas dos homens
e dos anjos, se não tiver amor, serei como o bronze
que soa ou como o címbalo que retine.*

1 CORÍNTIOS 13:1

Que tipo de amor é esse de que o apóstolo está falando? Muitas pessoas de eminente erudição e piedade entendem que é o amor de Deus. Mas, lendo o capítulo inteiro inúmeras vezes e considerando-o sob todas as luzes, estou completamente convencido de que Paulo se refere ao amor ao nosso próximo; porém, trata-se de um amor ao próximo que só pode brotar do amor de Deus. E como flui esse amor de Deus? Por aquela fé que Deus opera, que é a clara evidência de que Deus estava em Cristo, reconciliando consigo o mundo. Esse amor carinhosamente o constrange a amar cada pessoa como lemos nesse capítulo, não com simples consideração ou complacência, mas com amor benevolente, com terna boa vontade para com todas as almas criadas por Deus. Certamente, aquele que está cheio desse amor é gentil para com todos e disciplina com mansidão os que se opõem ao que ele mais ama — a verdade de Deus e a santidade sem a qual nenhum homem verá o Senhor — na expectativa de que Deus lhes conceda não só o arrependimento para conhecerem plenamente a verdade, mas também o retorno à sensatez. Por mais provocado que seja, ele não paga mal por mal ou injúria por injúria, mas abençoa os que o amaldiçoam e faz o bem àqueles que o maltratam e perseguem. Ele não é vencido pelo mal, mas sempre vence o mal com o bem. Quem verdadeiramente ama a humanidade olha para Aquele que sofreu por nós e, se seu inimigo tem fome, ele o alimenta; se tem sede, ele lhe dá de beber. Ao fazer isso, ele amontoa brasas de fogo (de amor ardente) sobre sua cabeça.

John Wesley

A VIDA QUE VENCE O MUNDO

...andamos por fé e não pelo que vemos.
2 CORÍNTIOS 5:7

Todos os filhos dos homens que não são nascidos de Deus andam pelo que veem, pois não têm nenhum princípio mais elevado que os guie. Andar pelo que se vê significa ser guiado pelos cinco sentidos. Por meio deles, tomamos conhecimento do mundo visível, mas o que é este mundo para nós, comparado ao mundo invisível? Quão diferente é o caso daqueles que andam pela fé! Deus, abriu os olhos de seu entendimento e derramou luz divina sobre sua alma; por isso, eles são capazes de ver Aquele que é invisível; eles podem ver Deus e as coisas de Deus. O que seus olhos não viram, nem seus ouvidos ouviram, nem lhes penetrou no coração, de tempos em tempos, Deus lhes revela, pela unção do Espírito Santo, que lhes ensina todas as coisas. Tendo entrado no lugar santíssimo pelo sangue de Jesus, por aquele novo e vivo caminho que Ele abriu, e estando unidos à "igreja dos primogênitos arrolados nos céus, e a Deus, o Juiz de todos, e aos espíritos dos justos aperfeiçoados" (HEBREUS 12:23), cada um deles pode dizer: "...não sou eu quem vive, mas Cristo vive em mim..." (GÁLATAS 2:20). Portanto, aqueles que andam pela fé não desejam as coisas que se veem; eles põem suas afeições nas coisas de cima, não nas coisas da Terra, pois sabem que as coisas que se veem são temporais e passam como uma sombra; por isso, eles não as contemplam nem as desejam. Eles controlam todos os seus impulsos e paixões, todos os seus desejos, alegrias e medos, ao andarem pela fé. Eles controlam todos os seus pensamentos e desígnios, todas as suas palavras e ações, de modo que possam estar prontos para aquele mundo invisível e eterno para o qual irão em breve. Eles não são deste mundo; são apenas peregrinos aqui.

John Wesley

ESCOLHA A MELHOR PARTE

*Pensai nas coisas lá do alto,
não nas que são aqui da terra...*
COLOSSENSES 3:2

Você tem buscado, em sua vida, as coisas lá do alto, ou as que são aqui da Terra? Quais atraem sua afeição? Se são as coisas deste mundo, você está tão seguramente no caminho da destruição assim como um ladrão ou um bêbado habitual. Meus queridos amigos, que cada homem e cada mulher entre vocês lide honestamente consigo mesmo. Pergunte ao seu próprio coração: "O que estou buscando diariamente? O que estou desejando? O que estou perseguindo: Terra ou Céu? As coisas que se veem ou as que não se veem?". Qual é o seu objetivo: Deus ou o mundo? Tão certo como vive o Senhor, se o mundo é o seu objetivo, sua religião é vã. Cuidem, então, meus queridos irmãos, para ao menos escolher a melhor parte a partir de agora. Que seu julgamento de todas as coisas ao seu redor seja de acordo com o valor real das coisas, tendo como referência o mundo invisível e eterno. Busque julgar tudo de forma adequada, tudo o que você perseguirá ou evitará, de acordo com a influência que terá em seu estado eterno. Cuide para que seus afetos, desejos, alegrias e esperanças não sejam colocados em coisas transitórias, que passam como a brisa ou como um sonho; coloque-os naquelas que são imutáveis, que são incorruptíveis e não se desfazem; naquelas que permanecerão, mesmo quando o Céu e a Terra fugirem e não se achar mais lugar para eles. Em tudo que você pensa, fala e faz, zele para que os olhos de sua alma estejam fixos naquele que é invisível e na glória que será revelada. Então, todo o seu corpo será luminoso; toda a sua alma desfrutará da luz do semblante de Deus, e você verá continuamente a luz do glorioso amor de Deus na face de Jesus Cristo.

John Wesley

TENHA UMA CONSCIÊNCIA LIMPA DIANTE DE DEUS

Porque a nossa glória é esta: o testemunho da nossa consciência... 2 CORÍNTIOS 1:12

A consciência é aquela faculdade pela qual, imediatamente, compreendemos nossos próprios pensamentos, palavras e ações (sejam bons ou maus) e, consequentemente, se eles são merecedores de elogio ou censura. Há sempre algum prazer que acompanha a compreensão deles e alguma inquietação em relação à percepção de se eles são bons ou maus, mas isso varia muito, de acordo com o grau de instrução e outras mil circunstâncias. Entretanto, o que é consciência, no sentido cristão? É aquela faculdade da alma que, pela assistência da graça de Deus, atua sobre: (1) a verdadeira natureza e qualidade de nossos pensamentos, palavras e ações; (2) as regras pelas quais devemos ser dirigidos; e (3) concordarmos ou não com tais regras. Para expressar isso mais amplamente, podemos dizer que a consciência é, em primeiro lugar, a faculdade que um homem tem de conhecer a si mesmo; de discernir, tanto de forma geral quanto particular, seus próprios sentimentos, pensamentos, palavras e ações. Todavia, isso não é possível para ele sem a assistência do Espírito de Deus; caso contrário, o amor-próprio e todas as outras paixões as disfarçariam e esconderiam inteiramente dele. Em segundo lugar, a consciência envolve um conhecimento da regra pela qual ele deve ser dirigido em cada situação; essa regra nada mais é do que a Palavra escrita de Deus. A consciência implica, em terceiro lugar, um conhecimento de que todos os seus pensamentos, palavras e ações estão em conformidade com essa regra. Em todos os ofícios da consciência, a unção do Espírito Santo é verdadeiramente indispensável. Sem isso, também não poderíamos discernir claramente nossas ações ou pensamentos; nem poderíamos julgar a regra pela qual devemos andar, ou nossa conformidade ou desconformidade com ela.

John Wesley

A PROFUNDIDADE DA FÉ EM CRISTO

Ora, a fé é a certeza de coisas que se esperam, a convicção de fatos que se não veem.

HEBREUS 11:1

Muitas vezes, pensei; muitas vezes, falei; muitas vezes, escrevi sobre essas palavras. No entanto, parece haver uma profundidade nelas que, de modo algum, sou capaz de compreender. A fé é uma convicção divina de Deus e das coisas de Deus; é uma convicção divina do mundo invisível e eterno. Esse é o maior motivo que temos para louvar o Pai das luzes; Aquele que abriu os olhos do nosso entendimento para discernir as coisas que não podem ser vistas pelos olhos naturais; Aquele que, desde os tempos antigos, resplandeceu em nosso coração e nos iluminou com a luz da glória de Deus, na face de Jesus Cristo, o autor e consumador da nossa fé, por quem Ele criou o mundo e por quem Ele agora sustenta tudo o que fez. Nós cremos no testemunho de Deus, o Criador de todas as coisas, visíveis e invisíveis; e, por esse testemunho, conhecemos as coisas que agora existem, embora ainda não vistas, bem como aquelas que existirão a seu tempo, até que este mundo visível passe, e o Filho do Homem venha em Sua glória. No geral, como devemos render graças a Deus, que concedeu essa evidência de coisas invisíveis aos pobres habitantes da Terra, que, de outra forma, teriam permanecido em completa ignorância a respeito delas! Quão inestimável é essa dádiva para os ignorantes filhos dos homens! Que alívio para a imperfeição dos nossos sentidos e, consequentemente, de nosso entendimento! A fé empresta sua luz esclarecedora às coisas desconhecidas para nossos fracos sentidos; as nuvens se dispersam, as sombras se vão, o invisível aparece à vista, e Deus é visto pelos olhos mortais!

John Wesley

CUIDE BEM DE SUA FAMÍLIA

Eu e a minha casa serviremos ao Senhor.
JOSUÉ 24:15

Lemos neste capítulo que Josué, já idoso, reuniu as tribos de Israel em Siquém, chamou os anciãos de Israel, os juízes e oficiais e lhes relatou as grandes coisas que Deus tinha feito aos seus antepassados, concluindo com aquela forte exortação: "Agora, pois, temei ao Senhor e servi-o com integridade e com fidelidade..." (v.14). Pode haver algo mais espantoso do que isto: que mesmo quando eram alimentados diariamente e guiados dia e noite por milagres, os israelitas adoravam ídolos, desafiando ao Senhor, seu Deus? Diante desse quadro, servir ao Senhor com sua casa foi uma decisão sábia, digna de um homem de cabelos brancos, que tinha grande experiência com Deus desde a juventude. Quão desejável é que todos os que provaram que o Senhor é misericordioso, todos os que Ele tirou da terra do Egito, da escravidão do pecado, especialmente aqueles que estão unidos em comunhão, adotem essa sábia decisão! Se assim for, a obra do Senhor prosperará em nossa nação, Sua Palavra correrá como um rio, e Seu nome será glorificado. As multidões de pecadores estenderão suas mãos para Deus, até que a glória do Senhor cubra a Terra, como as águas cobrem o mar. Já não vimos algumas consequências infelizes de homens bons que não adotaram essa mesma decisão? Não há em nosso meio uma geração de filhos cujos pais são piedosos, mas eles não conhecem o Senhor? Que não têm o amor divino em seu coração nem temor diante de Seus olhos? Quantos deles desprezam seu pai e zombam do conselho de sua mãe! Quantos são totalmente estranhos à fé de seus pais, à vida e ao poder que emanam dela! E não poucos abandonaram a fé e se entregaram a todo tipo de maldade! Cuidado, pois, geralmente, a maldade dos filhos se deve à falta ou negligência de seus pais!

John Wesley

CORRIJA SEUS FILHOS COM SABEDORIA

Ensina a criança no caminho em que deve andar,
e, ainda quando for velho, não se desviará dele.
PROVÉRBIOS 22:6

Enquanto seus filhos são jovens, você pode evitar o mal não apenas dando-lhes instrução, persuasão e conselho, mas também com correção — apenas é importante lembrar que este deve ser último recurso, depois de se haver tentado todos os outros, mas tenham se mostrado ineficazes. E, mesmo assim, você deve tomar o máximo cuidado para evitar a ira. Tudo o que for feito deve ser feito com brandura; caso contrário, seu próprio espírito sofrerá perda, e a criança colherá pouco fruto. Alguns lhe dirão: "Tudo isso é trabalho perdido; uma criança não precisa ser corrigida de forma alguma. Instrução, persuasão e conselho são suficientes para qualquer criança desobediente". Eu respondo que pode haver casos em que esse método pode ser bem-sucedido, mas você não deve, de forma alguma, estabelecer isso como única regra, a menos que você se ache mais sábio do que Salomão, que nos ensina: "O que retém a vara aborrece a seu filho..." (PROVÉRBIOS 13:24). Lembrando que este ensino deve ser fundamentado naquele mandamento que é dirigido a todos os que temem a Deus: "Castiga a teu filho, enquanto há esperança, mas não te excedas a ponto de matá-lo." (PROVÉRBIOS 19:18). Mas também é verdade que, se você estiver firmemente determinado a trilhar esse caminho e se esforçar por todos os meios possíveis para que você e sua casa sirvam ao Senhor e para que cada membro de sua família possa adorá-lo, não apenas em palavras, mas em espírito e em verdade, você terá toda a graça, toda a coragem, toda a sabedoria de Deus. Que você, seu companheiro de jugo e seus filhos estejam todos firmes com o Senhor, andando em todos os Seus mandamentos, até que cada um de vocês receba sua própria recompensa!

John Wesley

NOSSO AMADURECIMENTO NA FÉ

*Por isso, pondo de parte os princípios
elementares da doutrina de Cristo,
deixemo-nos levar para o que é perfeito...*
HEBREUS 6:1

Em que sentido devemos pôr à parte esses princípios? Não absolutamente, pois devemos manter o conhecimento de nós mesmos e o conhecimento de Deus até o fim da nossa vida; mas apenas relativamente, não fixando toda a nossa atenção sobre eles, pensando e falando apenas sobre eles e nada mais, como nós fizemos no início da nossa fé. O que é, então, a "perfeição" mencionada no texto? Não é apenas uma libertação de dúvidas e medos, mas, sim, do pecado — de todo pecado interior e exterior; dos maus desejos e maus impulsos, bem como de palavras e obras más, e no sentido de semear todas as boas disposições no lugar das más. Os que agem assim são aqueles a quem o apóstolo João dá o venerável título de "Pais", que conheceram "aquele que existe desde o princípio" (1 JOÃO 2:14). E aqueles que são pais em Cristo, geralmente (embora eu acredite que nem sempre), desfrutam de plena certeza de sua esperança, não tendo dúvida de reinar com Ele em glória, como se já o vissem vindo nas nuvens do Céu. No entanto, isso não impede que eles cresçam continuamente no conhecimento e no amor de Deus. Enquanto se regozijam sempre, oram sem cessar e em tudo dão graças, eles oram em secreto para que nunca deixem de vigiar, de negar a si mesmos, de tomar a sua cruz diariamente, de combater o bom combate da fé e de lutar contra o mundo, o diabo e suas várias enfermidades; até que sejam capazes de "compreender, com todos os santos, qual é a largura, e o comprimento, e a altura, e a profundidade e conhecer o amor de Cristo, que excede todo entendimento"; sim, até que possam ser "tomados de toda a plenitude de Deus (EFÉSIOS 3:18-19).

John Wesley

TENHA OLHOS BONS

*Se os teus olhos forem bons,
todo o teu corpo será luminoso; se, porém,
os teus olhos forem maus,
todo o teu corpo estará em trevas.*

MATEUS 6:22-23

Um certo homem piedoso diz: "Simplicidade e pureza são as duas asas que elevam a alma ao Céu: simplicidade na intenção e pureza nas afeições". O grande e bom bispo Taylor as recomenda com muita seriedade e insiste nelas como o primeiro ponto da verdadeira religião, sem as quais todos os nossos esforços serão vãos e ineficazes. Considerando isso, podemos muito bem dizer: Que coisa grandiosa é ser um cristão, ser um cristão real, bíblico, que tenha seu coração e sua vida conformados à vontade de Deus! E quem pode viver essas coisas? Ninguém, a menos que seja nascido de Deus! Se seus olhos forem bons; se Deus estiver em todos os seus pensamentos, se você está constantemente olhando para Aquele que é invisível, se é sua intenção agradar a Deus em todas as coisas e não fazer a sua própria vontade, mas a vontade dele, então a promessa certamente virá sobre você: "todo o teu corpo será luminoso", sua alma será preenchida com a luz do Céu, com a glória do Senhor repousando sobre você. Em todas as suas ações e conversas, você terá não apenas o testemunho de uma boa consciência para com Deus, mas também do Espírito do Senhor, testificando com o seu espírito que todos os seus caminhos são aceitáveis a Ele. E, quando sua alma estiver cheia dessa luz, você será capaz de regozijar-se sempre, orar sem cessar e em tudo dar graças. Andando nessa luz, será inevitável você crescer na graça e no conhecimento de nosso Senhor Jesus Cristo. Você avançará continuamente em toda a santidade e em toda a imagem de Deus.

John Wesley

VOCÊ CARREGA UM TESOURO INESTIMÁVEL

Temos, porém, este tesouro em vasos de barro...
2 CORÍNTIOS 4:7

Há quanto tempo o homem tem sido um enigma para si mesmo! Mas o que toda a sabedoria do homem foi incapaz de fazer foi, no devido tempo, feito pela sabedoria divina. Quando aprouve a Deus, todas as trevas desapareceram, a luz brilhou, e Ele fez o homem à Sua imagem; então, indaguemos: Que tesouro é esse que os cristãos têm? Parte desse tesouro eles têm em comum com outros homens: os vestígios da imagem de Deus. Isso não envolve tudo o que é vulgarmente chamado de consciência natural, implicando algum discernimento da diferença entre bem e mal moral, com a aprovação de um e desaprovação do outro, desculpando ou acusando. Mas não é disso que o apóstolo está falando, nem é esse o tesouro que é o assunto de seu discurso. Aqui, Paulo está falando sobre aqueles que são nascidos de Deus; aqueles que, sendo justificados pela fé, têm agora redenção no sangue de Jesus, ou seja, o perdão dos pecados; aqueles que desfrutam da paz de Deus, que excede todo o entendimento; aqueles cuja alma engrandece ao Senhor e nele se regozija com alegria indescritível. Eles sentem o amor de Deus derramado em seu coração pelo Espírito Santo, que lhes é dado. Este é o tesouro que eles receberam: uma fé no agir de Deus; uma paz que os coloca acima do medo da morte e os capacita a se alegrarem em tudo; uma esperança cheia de imortalidade, pela qual eles provam os poderes do mundo vindouro; o amor de Deus, que é derramado em seu coração juntamente com amor por cada filho do homem, e uma renovação em toda a imagem de Deus, em toda justiça e verdadeira santidade. Esse é própria e diretamente o tesouro sobre o qual o apóstolo está falando aqui.

John Wesley

CONFIE SEMPRE NO DEUS ONIPRESENTE

Ocultar-se-ia alguém em esconderijos, de modo que eu não o veja? — diz o SENHOR; porventura, não encho eu os céus e a terra? — diz o SENHOR.

JEREMIAS 23:24

Com que força e beleza essas palavras expressam a onipresença de Deus! E pode haver em todo o escopo da natureza um assunto mais sublime? Pode haver alguma consideração mais digna de toda criatura racional? Há algo mais necessário para ser considerado e para ser entendido, até onde as nossas pobres faculdades permitem? A quantos propósitos excelentes essa onipresença pode responder! Que instrução profunda pode transmitir a todos os filhos dos homens e mais diretamente aos filhos de Deus. Na verdade, esse assunto é muito vasto para ser compreendido pelos estreitos limites da compreensão humana. Podemos apenas dizer que o grande Deus, o Eterno, o Espírito todo-poderoso, é tão ilimitado em Sua presença quanto em Seu poder. Estritamente falando, o Céu dos céus não pode contê-lo; Ele está em todas as partes de seu domínio. O Deus onipresente habita no espaço universal; para que possamos dizer: "Não há qualquer ponto no espaço, seja dentro ou fora dos limites da criação, onde Deus não esteja". Esse parece ser o significado claro daquelas palavras solenes, nas quais Deus fala de si mesmo: "...não encho eu os céus e a terra?". Deus age em todos os lugares e, portanto, está em todos os lugares, governando tudo, a cada momento superintendendo tudo o que Ele fez, influenciando forte e docemente a todos e, ainda, sem destruir a liberdade de Suas criaturas racionais. Portanto, espere com alegria que Deus, diante de quem você está, sempre o guie com Seus olhos, o sustente por Sua mão protetora e o guarde de todo mal. E, mesmo tendo sofrido por um pouco de tempo, Ele o fará perfeito, o estabelecerá, fortalecerá e cuidará de você!

John Wesley